寻找裴斯泰洛齐

从启蒙主义到生命主义的职业教育话语转向

徐平利 著

生活·讀書·新知 三联书店

Copyright © 2024 by SDX Joint Publishing Company.
All Rights Reserved.

本作品版权由生活·读书·新知三联书店所有。
未经许可，不得翻印。

图书在版编目（CIP）数据

寻找裴斯泰洛齐：从启蒙主义到生命主义的职业教育话语转向 / 徐平利著. —北京：生活·读书·新知三联书店, 2024.5
ISBN 978-7-108-07786-8

Ⅰ.①寻… Ⅱ.①徐… Ⅲ.①职业教育－研究 Ⅳ.① G71

中国国家版本馆 CIP 数据核字 (2024) 第 039227 号

责任编辑	王　丹
装帧设计	赵　欣
责任校对	曹秋月
责任印制	宋　家
出版发行	生活·讀書·新知 三联书店
	（北京市东城区美术馆东街 22 号 100010）
网　　址	www.sdxjpc.com
经　　销	新华书店
制　　作	北京金舵手世纪图文设计有限公司
印　　刷	三河市天润建兴印务有限公司
版　　次	2024 年 5 月北京第 1 版
	2024 年 5 月北京第 1 次印刷
开　　本	880 毫米 × 1230 毫米　1/32　印张 8.625
字　　数	199 千字
印　　数	0,001－3,000 册
定　　价	46.00 元

（印装查询：01064002715；邮购查询：01084010542）

深圳市人文社会科学重点研究基地资助成果

目录

前言 / 1

上篇 生命启蒙：重温职业教育的本来样子 / 1

第一章　走在乡村与城市之间 / 3
第二章　关于第一所职业学校的围炉夜话 / 21
第三章　职业教育之父和平民英雄 / 40
第四章　爱的联锁与"心手脑和谐" / 60
第五章　职业教育关乎国家存亡 / 73
第六章　歌德家里的审美启蒙主义对话 / 85
第七章　职业教育生命启蒙的临终追问 / 103

下篇 话语转向：追寻职业教育的生命话语 / 113

第一章　人的生命、意义选择与教育话语 / 115
第二章　从"有教无类"到"教育分类"：职业教育政治史 / 137
第三章　职业解放、教育启蒙和职业教育"话语"的生成 / 163
第四章　从裴斯泰洛齐到黄炎培：职业教育话语体系的"移植" / 183
第五章　给工作赋予生命意义：职业教育话语建构的哲学基础 / 201
第六章　职业学校教育的话语涂层和身份焦虑 / 222
第七章　生命主义职业教育话语转向 / 239

后记 / 258

前 言

促使我写作和完成本书的根本原因，当然是我国炽烈的职业教育改革实践，但其重要触发点是笔者曾在乡下教书时的一个老同事。他是乡村社会最热忱的教育实践家，也是民间社会最纯朴的教育思想家，他对乡村教育事业有非同寻常的热情，对美好乡村建设有极大的事业心。然而，举办义务教育学校永远需要投入和奉献，尽管有政策支持和企业捐赠，尽管他把自家将要盖新房的材料用于学校，尽管全家人住进学校做志愿者，这所乡村小学的最大难题始终都是经费不足。他办学30年，可谓倾家荡产，不久前听闻他因积劳成疾而突然去世，未竟事业又面临困境，震撼而又错愕。在中国大地上，有多少这样的教育实践家？在人类历史上，有多少这样的纯朴思想家？一定有很多，只是他们默默奉献，众所未闻而已。他们举办的是什么教育？民办教育？国民教育？义务教育？职业教育？他们自己从不去命名和定义，他们只是纯朴地举办"生命"的教育。

什么是"生命"？这个问题亘古长存，研究成果海量而莫测。今天，这个问题显得尤为严峻，因为人工智能"介入"进来了！世界著名物理学家泰格马克在《生命3.0》这部书中把生命定义为"一种自我复制的信息处理系统"，并且据此把生命分作三个阶段（或三个层次）：生命1.0阶段（层次），生命软硬件全靠进化获得；生命2.0阶段（人的生命存在阶段），生命硬件靠进化获得，但大部分软件由人"自己设计"；生命3.0阶段，泰格马克认为这是科技创造美好生活的最高层次，生命将自此脱离"进化的束缚"，一种"友好的"通用人工智能全面接管生命的软硬件设计。泰格马克乐观地预测，生命3.0可能会在一个世纪之内降临，甚至可能会出现在我们的有生之年。泰格马克的身份是麻省理工学院终身教授，他创立了未来生命研究所，在当下这个咄咄逼人的人工智能时代备受推崇。然而，我却产生了一种关于生命设计的乔治·奥威尔式的悲凉情绪。在人类历史上，生命这个需要敬畏的奥秘已经被形形色色的文化设计得层层叠叠，普通人的命运在这种设计战争中一文不值，只要软件程序员敲击一下键盘就瞬间没了痕迹。这是"文化生命"的歧视吗？是的，它在我们的人之为人的生活中时时处处发生，当下每个人都会感受到。以教育为例，即使那些整天把"公平""爱""消除歧视"诉诸笔端的"教育学家"也逃不出"鄙视链"。在我个人的工作感受中，职业教育处于"教育鄙视链"底端，一个游走在底端的职业教育从业者如果逾越层次，并且试图和学术教育平起平坐，马上就会体验到强烈的边缘感和屈辱感。那么，职业教育作为一种"类型"的同等重要地位是怎么出现的呢？按照人的生命的文化设计理论，它是由"职业教育人"自己设计出来的，却也在根本上是"普通教育人"在长期的生命歧视中隔离出来的。请问，"职普融通"难上加难，"消除类型"有可能吗？也许有可能吧。庄子说，倏忽是生命，混沌也是生命，无论美丑或开窍，都是完整和自然的。如今，我们也仿佛的确希望看到，闲暇与忙碌、劳心与劳力、思想与技术、教育与工作、学校与社会的界域之冰慢慢消融，整个教育在数字技术新场景中似乎即将无"界"可"跨"，而且似乎即将无"类"可"型"。不过，我们所看到的也许并非真相。真相是，在10万年前那场认知革命中，人类就已经被大自然赋予了"设计"或"虚构"的本能，它的底色是分类分层及其爱恨情仇。不可避免地，人类社会分工文化体系总是要用某种身份标识把人的生命割裂开来，与之相应的知识分科工程也总是要用某些符号（比如考试分数）把教育的界限划分出来——其实是在制造新的趋同。应当承认，职业教育的所谓"边界"和"类型"就是用考试分数设计的"文化趋同"，而进入其中的职业教育人则在攀附心理作用下不断强化这种趋同，企图把自己的事业描述得"高大上"一些。于是，一套工具，几种体系，不同身份，竞相表演，我们每天生活其中，似乎习以为常，然而思想之域正在被技术侵占，热闹之后的孤独悄然袭来，浮躁与焦虑缠绕蒸腾，灵便的手和脚不断萎缩，人的全生命功能正在退化和异化，真善美和爱正在浑然不觉的强力抚摸中慢慢钝化。

自从人类的第二次工业革命把"经济效率主义"推上明堂宝座以来，把职业教育作为"教育类型"的趋同性文化设计就粉墨登场了，一种依附于经济效率主义的职业教育的话语体系就此建立起来。然而，值得注意的是，最新的变化清晰可见：数字化技术正在以高效率的竞争态势抢跑推进，新经济形态的不确定性、技能知识的复杂性和职场生活的非连续性大大增强，一技之长和终身职业无以为继，善于应变的通用生活技能正在不断挤压特定岗位的专业工作技能。许多人担心，"机器取代人"带来的就业市场被挤压的后果正在显现，数以亿计的劳动者何去何从？与之相应，职业教育从业者担心，职业教育何去何从？答案是，这取决于效率之域被技术占领之后，人去干什么。可以预测，几乎所有人都已经主动或被动地进入了形形色色的数字化平台,几乎所有人都在事实上变成互联网制造出来的符号化劳动者,几乎所有人都在大融通的世界中竭力寻找和创造有利于生命幸福的职业,几乎所有人都渴望在"流动的现代性"中获得一种美学生存的体验。就此而言,在效率主义职业教育话语体系中,"机器取代人"的担心是必要的;但是,在生命主义职业教育话语体系中,这种担心是多余的,因为人工智能技术的阿喀琉斯之踵没有思想,当然不可能有人类生命的丰富情感,凡是被注入思想情感的职业都会在大变局中获得新生。简言之,机器取代的是工作,而不是人!对于有爱心、有思想的人来说,新工作永远都在创造的路上。

可惜,对于这种巨变背后的生命主义逻辑,那些深陷经济效率主义思维惯性的职业教育从业者并未理解,他们通常不假思索地以"职业教育适应性"理论来应对变化。比如,当他们看到直播产业如火如荼,"网红经济"蓬勃发展的时候,第一时间要做的,往往是热血沸腾地计算直播市场有多大、直播人才有多缺等等,然后可能会急急忙忙地组建"电商直播学院",理直气壮地开设"直播带货课程",并且据此申请经费,打造标准化、高端化、持证上岗的"一流直播人才实训室"。乍一看,非常与时俱进;仔细想,实在是与时作对!试问,一流的(有生命力的)直播人才是从实训室制造出来的吗?如果不是,那该怎么办?

本书想表达以下观点:

第一,曾经行之有效的效率主义职业教育话语体系的历史使命已经完成,必须实现职业教育话语体系的新转向,否则我们将无力应对数字经济的新挑战,这不仅是理性逻辑的选择,也是感性经验的选择。试看,职业教育在我国当下很热闹,但是职业学校却没有吸引力，何也？因为职业学校把教育封闭在经济效率主义的边界文化趋同中，既制造身份焦虑，又标榜独树一帜。然而，技术在发展，经济在发展，教育在发展，大众对于职业生活的诉求在发展，原来的话语不灵了，老式的口号不响了。近些年来，"社畜""裸辞""蚂蚁族"等职场网络词语流行，就是主体感增强的青年人对于充当"工具人"表示愤懑的生动体现。那么，新时代职业教育的新话语体系是什么？一词以蔽之：生命主义。数字时代特别呼唤生命，有生命才会有创造进化的冲力，才会有人的存在和尊严。过去，生命冲力往往被效率主义文化设计机械化、工具化和外在化，就像亨利·柏格森所说，生命作为一个整体的高涨流动"被物质转变为一种涡流"是必然的，尽管会给它的自由增加负担和障碍，却终将无法阻挡生命冲力的不断向前。（《创造进化论》，新星出版社，2013）当我们把职业教育作为生命现象看待的时候，职业教育的底层逻辑就发生了变化，我们需要从人本逻辑出发，体现职业教育的生命整体理念和"生态-生长"特征。特别是，当职业教育生命真相及其价值得到彰显的时候，职业教育才能真正地"认识自己"并且"关心自己"；反过来，只有当职业教育认识并关心自己的时候，职业教育才不至于在行为上依附，在心理上浮躁和焦虑，也不会被类型和层次问题所围困，而是持续专注于自己的初心和使命，并因此赢得尊重。最终，职业教育只是手段，目的是找出职业教育背后的那些人和事，使他们、我们以及所有人都能够认识自己，然后关心自己（懂得什么是关心、如何关心和有能力关心），赢得尊重。

第二，曾经以职业学校为中心、以"重类跨界"为标识的职业教育"学校主义"（或可称之为"学历主义""身份主义"）的历史使命已经完成，必须基于知识大融通和终身学习机制，实现职业学校治理模式的新转向，建立"技能型社会"的一种"下沉式教育公共服务生态"。职业教育不能无人理睬却孤芳自赏，而要带着关怀走进平民世界；职业教育不能根基不牢"向上浮"，而要扎牢根基"向下沉"；职业教育不能强化工具理性的"外依附"，而要关心生命世界的"致良知"；职业学校不能招生困难却"高筑墙"，而要"拆除围墙通四方"；职业学校不能制造"类型趋同"和身份焦虑，而要体验"和而不同"与职业幸福。总之，职业教育需要带着全新的生命主义话语体系，带着"多重技艺""爱心奉献"和"教育救助"，像"善利万物"的流水一样，到平民世界去，到乡村世界去，到田野世界去，到小人物世界去，到中小微企业的困境世界去，到"众人之所恶"的真实场景中去。毫无疑问，所有投入"生命"的教育都难言效率主义的张扬与豪迈。笔者曾经在大城市充满豪情地投入过两年素质教育实验，尽管不缺物质条件，却体验了每月都要去医院挂吊针的理想主义者超负荷工作的折磨。

第三，若要实现职业教育话语体系和职业学校治理模式的新转向，我们首先要做的工作是转向"人的生命本身"，并由此去追寻职业教育"生命话语"，例如回到职业教育"启蒙时代"，重温职业教育"爱的初心"。职业教育源自人的"生命启蒙"，包括思想启蒙和技术启蒙两个浑然一体的方面。人的生命本质是"思想"，也是"技术"，人类是思想和技术的综合体，"全部尊严就在于思想"，而且"无可挽回地与技术联结在一起"，技术是围绕思想的技术，思想是围绕技术的思想。因此，众所周知，作为一种生命现象的职业教育生成于思想启蒙运动时代，也生成于工业技术革命时代，成为人的生命自由、权利平等和教育解放的象征。职业教育的初心是启蒙、救助、爱，职业教育培养平民英雄；职业教育初始话语体系是审美的启蒙主义，其目的不是隔离于普通教育和服务于工厂就业的工具主义、效率主义，而是全体国民教育、基本义务教育、技能谋生教育、启蒙救助教育。

第四，承接第三点，笔者想进一步说明：我们这个时代的职业教育为什么特别需要裴斯泰洛齐？除了上述原因，还有以下理由：一是很多教育人自身的工具化理性太多、圈子意识太浓，而教育激情过少，教育信仰缺乏；二是很多职业教育工作者名利心太重、庸俗气太重，却认识自己不够，关心自己不多，缺乏自主性和英雄气概；三是很多职业院校嫌贫爱富思想严重，仁爱心太少，教育救助缺乏；四是很多县域职业高中把自己和普通高中"位隔"开来，在另一赛道"往城里跑"，结果连自己也跑丢了；五是教育系统的"条块分割"比较严重，城市教育和乡村教育之间有排斥，义务教育和职业教育之间不相容，各种教育名称、概念、提法之间谁也不服谁。笔者想到了18世纪瑞士教育家裴斯泰洛齐。在周围人眼中，裴斯泰洛齐是个又丑又笨又纯粹又热情的怪人，他放弃了当时被人羡慕的城市公民特权身份，从大城市前往小乡村办学。他招收流浪孩童，把自己全部生命奉献出去，遭受无尽挫折仍矢志不移。然而，如今有多少教育工作者知道裴斯泰洛齐是谁呢？裴斯泰洛齐是职业教育思想家吗？当然，在教育史专业研究中，裴斯泰洛齐必有一席之地，有人说他是国民教育之父，有人说他是学前教育之父，有人说他是教育心理学之父，也有人说他是师范教育之父……可是有很多职业教育研究者谈论裴斯泰洛齐，却并不承认他是什么职业教育思想家，这并不奇怪，因为裴斯泰洛齐的事业很难用现行的技术性的效率主义职业教育话语体系去界定。但是，今天面对新技术、新工具和新职业的颠覆性挑战，我们郑重提出：职业教育要回到裴斯泰洛齐，回到这位为职业教育生命赢得尊重的使者，目的是重新认识和关心"自己的职业教育"，以焕发自尊、奉献、启蒙和救赎的教育生命力。

本书的关键词有：职业教育、裴斯泰洛齐、寻找、生命、启蒙、话语、转向。本书主题源自历史逻辑赋予职业教育的时代命题，是对作为"生命"现象的职业教育话语体系的审思、转向和建构，围绕两个核心点（职业教育的"生命"价值与启蒙，职业教育的"生命"话语与转向）和三条"话语"线（审美的启蒙主义职业教育，工业的效率主义职业教育，未来的生命主义职业教育）展开。

何为"话语"？话语是一种系统存在，决定身份建构，只有被诠释才能体现价值。何为"转向"？即历史性的探究、审思和建构，包含话语本源的探究、话语价值的审思和话语体系的建构。海德格尔说，只有顺应思之本有，才能转向话语本质。职业教育话语体系的生成是一个过程，也是一种诠释；职业教育话语体系及其生成过程是一种诠释存在、价值存在和历史存在。

本研究以主体诠释学作为方法论，意在使职业教育研究从自我认识和自我关心的生命体验出发，强调职业教育话语体系不存在与我们的生命体验无关的"客观"理解。因此，本研究不去解释制度文本和各种理论，更不罗列有关技术知识的论述并进行资料汇编，而主要关心本文作者所开启的生命世界。全书分为两大部分。第一部分是"生命启蒙：重温职业教育的本来样子"，主要是通过分析裴斯泰洛齐的教育论著、教育行为和心理状态（重视"进入作者的原始决定和基本动机"），讲述审美的启蒙主义职业教育话语的生成故事。第二部分是"话语转向：追寻职业教育的生命话语"，主要是通过"视域融合""语言转换"和"精神相遇"的主体性诠释，在文本阅读、历史想象和意义分析中打开一个与职业教育精神相遇的历史新视域，其间不断追寻职业教育"为什么"，进而思考现代汉语如何诠释基于西方话语体系建构起来的职业教育思想，用以激活职业教育生命主义的"血液循环"。

上 篇

生命启蒙

重温职业教育的
本来样子

第一章　走在乡村与城市之间

1

这是1780年深冬的一个阳光明媚的日子，雪山、荒原、农场闪烁着柔和的金光。距瑞士苏黎世城郊约25公里的地方，有一个名叫比尔（Birr）的小村庄。村庄旁边有个遭受了挫败的实验农场，农场主人称它为"新庄"（Neuhof）[1]。

可以感受到整个新庄都笼罩在静谧而忧伤的气氛中，零零散散的红豆草在农场干旱的土壤上顽强地生长着，几头奶牛悠闲地吃着枯草，两个小孩在不远处打着雪仗。进入一栋新葺的简陋农舍，燃烧的木柴混杂着牛粪的气味弥漫在屋内，简陋的火炉并没有抵挡多少寒气。美丽的女主人和她那善良的女仆正在忙碌[2]，一个人整理

---

[1] 诺伊霍夫（Neuhof）是裴斯泰洛齐自己取的名字，意思是"新庄"。这片土地位于苏黎世城郊约25公里的比尔村，土地不是很肥沃。裴斯泰洛齐把家安置在这里，后面无论他在哪个地方办学，这里都是他的家。裴斯泰洛齐的事业从这里起步，生命也在这个地方结束，去世后就埋葬在这个地方，校舍旁边是墓地和纪念碑。如今的诺伊霍夫农场是一所劳动教养学校，不知道这是对裴斯泰洛齐面向穷人的启蒙性职业教育的遥远回应，还是对职业教育在工具理性主义权力话语实践体系变异当中的反应。

[2] 这位女仆照料裴斯泰洛齐一家三十多年，是《林哈德和葛笃德》里女主角葛笃德的原型。裴斯泰洛齐晚年曾对人说："假如她死后不比我得到更多荣誉，我进入天堂也不快乐。"

衣物，一个人做早餐，她们要给出远门的男主人准备行囊。

男主人正是后来被称作"职业教育之父"的裴斯泰洛齐（Johann Heinrich Pestalozzi），此时他在整理一部刚刚完成的新作，他要把这个心爱的"孩子"送给远在百里之外的好朋友伊塞林先生阅读和评价[3]。

---

3 伊塞林（Isaak Iselin，1728—1782），生于没落市民望族，瑞士巴塞尔历史学家、哲学家和政治家，也是18世纪著名的启蒙思想家，与法国思想家卢梭、伏尔泰等人遥相呼应。伊塞林在巴塞尔大学和哥廷根大学学习法律和哲学，获得法学博士学位。1756年，任巴塞尔州政府秘书，提出很多改革建议，如改革教育，改革巴塞尔大学，改良政治，但大部分想法都没能实现。伊塞林创立了巴塞尔公共福利促进会，主张人人都应该有市民资格，要求以人民大众的福利而不是少数市民的利益为立法的准绳。著有《哲学和政治企图》(1760)、《人类历史》(1764)、《试论社会秩序》(1772)等多部著作，其中《人类历史》最为著名。伊塞林跳出王侯将相的历史观，将历史理解为所有人的共同产品，每一个人不管贡献大小都应该作为历史主体的一部分，并承担责任。《人类历史》让伊塞林在欧洲获得了启蒙思想家的声誉，被誉为"具有非凡影响力的德语历史哲学典籍"。伊塞林去世后，裴斯泰洛齐发表了长篇悼词，他写道："当人们谈论我只是叹气时，你带着欢乐与爱向我微笑。在那几年辛苦的全部成果毁掉，在我的理智完全混乱的风暴中，你向我伸出了手，把心和爱给了我。"瑞士紧邻法国和德国，这三个国家交往密切、影响深远，启蒙思想也是一样。从宗教改革开始，不仅是马丁·路德新教运动深入瑞士，而且另一位新教领导者加尔文正是由于法国政府对新教徒的迫害，于1535年逃往瑞士巴塞尔，1541年在日内瓦组成政教合一的共和政权，形成基督教新教中和路德宗同样重要的加尔文宗。瑞士最早的启蒙思想家是伯尔尼的哈勒（Albrecht Von Haller），他是一个天才式人物，被公认为是18世纪第一流生物学家和实验生理学之父，他撰写的诗歌和小说抨击社会现实，并提出了改进社会的建议。与之同期的还有在苏黎世文科中学和高等学校任教的博德默尔（Bodmer）和布莱丁格（Breitinger）。博德默尔对裴斯泰洛齐影响非常大，他深究史学，主张历史研究要有德性的涵养和对祖国的认识；布莱丁格以考古治理史学。两人宣传新思想，教学深受学生爱戴，裴斯泰洛齐就是其中的切慕新思想的青年之一。但是真正对裴斯泰洛齐产生影响的是卢梭于1762年出版的《爱弥儿》，当时裴斯泰洛齐16岁，他在晚年的回忆录里写道："读到这本书的时候，我的想象被激动到异样热切的程度，我把卢梭在《爱弥儿》中所要求的教育与我在家庭和学校所受过的教育相比较，我觉得一切都是何等不幸的错误啊！"

裴斯泰洛齐这年34岁，性格温柔忧郁而又异常坚毅，他的生命注定充满爱的光辉，也注定充满痛苦的磨砺。

像他的祖父和父亲一样，裴斯泰洛齐是虔诚的新教徒。父亲曾是一名外科医生，虽医术穷乏，却乐助穷人，然而可怜的父亲刚过而立之年就突然病逝。父亲去世后，家庭生活越发窘迫，年仅五岁的裴斯泰洛齐便经常去祖父那里。祖父住在苏黎世城外，是一名新教牧师，节假日的时候，祖父带裴斯泰洛齐去教区居民家里看望村民。

幼小的裴斯泰洛齐看到，年轻的村民们进城打工赚钱，那些和他年龄相仿的孩子则无人看管，有的去做童工，有的四处流浪，衣衫褴褛的孩子挣扎在饥饿和死亡的边缘，而教会的慈善学校很少能为他们做什么，孩子们贫困、无知、堕落的情形让裴斯泰洛齐刻骨铭心。祖父经常对裴斯泰洛齐说，不要嫌弃穷人，要拯救穷人，因为"根据上帝的亲自审判，贫穷并非耻辱"，裴斯泰洛齐很早就树立了用教育帮助穷人的理想。

好朋友伊塞林比裴斯泰洛齐年长18岁，既是巴塞尔州政府的官员，又是著名的启蒙思想家，还主持出版多种很有影响的刊物，对裴斯泰洛齐有知遇之恩。

几年前，裴斯泰洛齐就在伊塞林主编的刊物《人类历书》上发表了《关于贫困青年的教育》等文章。不久之前，也正是在这份期刊上，裴斯泰洛齐发表了他的《隐士黄昏》。裴斯泰洛齐感激地想到："在那些极度忙碌的日子里，我显然已快精疲力竭了，风尘满面，汗流浃背，但他是我唯一可以依靠的人，是可以使我在苦恼中挣脱出来的人。噢，我的朋友！如果没有你，我可能已深陷苦境而终生不能自拔。你和我讨论教育人民的最佳方式，鼓励我尝试各种不同的教育方式,建议我边实践边总结,你说'你为什么不试着写?你有好主意,你有话要告诉人们,你在困难时期已经有了宝贵经验,并且学到了很多东西,你只是运气不好而已'。你还说你可以提供发表阵地。是啊,这是我早就有的愿望。大学读书时,我在《愿望周刊》发文说:市民们,谁能够出一本书,用简单明白的文字,把教育的原理说出来,让最贫穷微贱的人们也能领会。同时,有钱的慈善家把书印送给大众,使人人都能够阅读。这真是何等了不起的一个愿望呵!"[4]

2

裴斯泰洛齐用完早餐,把书稿塞进已经破旧的长毛大衣口袋,戴上羽绒便帽,背上简单的行李包,与妻子、儿子、女仆一一道别,出门了。

裴斯泰洛齐从瑞士苏黎世城郊比尔村出发,前往繁华的巴塞尔城。两地相距遥远,而且雪后初晴的道路并不好走,也许需要两天或者三天,但是由于家庭财务窘迫,裴斯泰洛齐不得不步行前往。阳光照耀中,一位可亲可敬的男子汉正在远去,身材消瘦,头发凌乱,步伐快捷而坚毅……

---

[4] 本段引文出自裴斯泰洛齐. 裴斯泰洛齐教育论著选[M]. 夏之莲,等译. 北京:人民教育出版社,1992:218;吴志尧. 裴斯塔洛齐[M]. 上海:商务印书馆,1948:26。当时,伊塞林创办了一个专门探讨瑞士社会和经济问题的免费阅读期刊《死亡之星》,不过该刊曾因经费问题一度停刊,裴斯泰洛齐在上面发表了多篇论穷人教育的理论文章,其中详细描述自己所办的"工业学校",他称自己的事业是"穷人的工业学校(industrial school)"。当然,这份自身难保的免费阅读刊物也从来没有给裴斯泰洛齐支付过稿费。详细资料可见http://www.en.heinrich-pestalozzi.de/biography/overview/。

温暖的太阳高悬头顶，远处的阿尔卑斯山，近处的农田村舍，身边的树木花草，到处都是悄悄消融的雪花。裴斯泰洛齐仿佛看到，牛羊在草地上安安静静地啃食着，花的、褐的、黑的、白的、灰的，成百上千，无拘无束。想起几年前，新庄的蔬菜、果树和草药就是被这些家伙的兄弟姐妹们给糟蹋破坏的，裴斯泰洛齐有些生气。不过，裴斯泰洛齐又仿佛看到，可爱的小鼹鼠在脚边窜来窜去，小鹿在身旁若无其事地漫游，金雕在头顶自由自在地飞翔，不远处有牧人站着聊天，似乎怡然自得……

　　裴斯泰洛齐忽然想起阿尔布雷希特·冯·哈勒的诗，禁不住脱口而出：

　　　　山谷结冰，山峰积雪，
　　　　疲惫的大地等待新的馈赠。[5]

5　这两句诗引自哈勒的名诗《阿尔卑斯山》(*Die Alpen*)，全诗可见http://www.zeno.org/Literatur/M/Haller,+Albrecht+von/Gedichte/Versuch+Schweizerischer+Gedichte/4.+Die+Alpen。阿尔布雷希特·冯·哈勒（1708—1777）是瑞士解剖学家、生理学家、博物学家、百科全书编纂家、文献学家和诗人，被称为"现代生理学之父"。1728年，哈勒在巴塞尔学习数学时对植物学产生了浓厚兴趣，他开始游离瑞士各州，多次穿越阿尔卑斯山，出版了许多关于阿尔卑斯山植物的名著。1929年3月，完成诗歌《阿尔卑斯山》，该诗是欧洲人对山表示欣赏的觉醒之作（以前对山只是敬而远之）。哈勒是第一个为山脉写颂歌的瑞士人，卢梭后来在《新爱洛依丝》(1761)中对阿尔卑斯山旖旎风光与淳朴山民的渲染更是上了一个台阶，歌德、沃尔夫等作家、画家也纷纷跟上，他们激发了欧洲人对山的热情。哈勒的这首诗以抒情方式描述了阿尔卑斯山的奇绝秀美风光以及山民的简朴田园生活，意在揭露城市生活的腐朽堕落。哈勒是启蒙运动时代最勤勉、最博学、对裴斯泰洛齐有巨大影响的启蒙思想家之一，裴斯泰洛齐在路上眺望阿尔卑斯山，想起这首当时的名作是非常合理的，诗歌内容与裴斯泰洛齐的想法完全一致。

"是的，疲惫的大地等待新的馈赠！"他自言自语，脑子又回到他在苏黎世大学的学习生活，想起他的雄心壮志。那是十五年前，苏黎世大学是瑞士思想启蒙运动的主阵地之一，他年方二十，血气方刚，像其他同学一样，狂热追求卢梭、狄德罗、伏尔泰思想。作为法律专业学生和赫尔维蒂协会[6]的活跃分子，裴斯泰洛齐积极参加"爱国者"协会，被人们称为"社会活动家"。他想到在苏黎世大学的恩师博德默尔和布莱丁格[7]，两位恩师是志同道合的好朋友，他们批判法国和德国的伪古典主义文学，呼吁释放诗歌灵性和想象力，强调历史研究应增进人心挖掘和本源探究；他们很喜欢和学生讨论问题，从文学、历史到时事、政治无所不包，师生亲如家人，优秀学生在感情和学业上都深受他们影响。"但是，"裴斯泰洛齐又自言自语道，"对我今天的行动产生更多影响的，其实是卢

6　赫尔维蒂学会（Helvetische Gesellschaft），建立者包括裴斯泰洛齐的恩师博德默尔、启蒙思想家伊塞林与诗人萨洛蒙·格斯纳等20多人，于1765年春共同创立的瑞士第一个资产阶级革命组织，为法国大革命之后赫尔维蒂共和国（1798—1803）的成立奠定了基础，学会每周开会，就历史、教育、政治和伦理问题发表意见。在学会中，裴斯泰洛齐并不是一开始就与年长自己18岁的伊塞林相识，而是1774年，裴斯泰洛齐开始举办工业学校的时候，共同的理想追求使两人建立了毕生的友谊，他们经常谈论国民教育的本质和教育启蒙的方法。伊塞林的启蒙思想对裴斯泰洛齐产生了很深的影响。在伊塞林出版的杂志上，裴斯泰洛齐经常发表作品，杂志甚至成为他记录自己思想和实践的园地。对此，裴斯泰洛齐非常感激。

7　约翰·雅各布·博德默尔（Johann Jacob Bodmer, 1698—1783）是18世纪瑞士作家、学者、评论家、诗人和启蒙思想家。1725年，博德默尔成为苏黎世大学赫尔维蒂历史教授，1735年成为州议会的成员。博德默尔最重要的著作是《论诗歌中的天才》（1740）和《论诗学》（1741），还翻译了英国诗人弥尔顿的《失乐园》并给予高度评价。约翰·雅各布·布莱丁格（Johann Jacob Breitinger, 1701—1776）是瑞士语言学家、作家和启蒙思想家，最重要的著作是与博德默尔合作的《诗歌批评》。博德默尔和布莱丁格两人的合作就像后来歌德和席勒的合作一样被人称道，他们被称作"瑞士派"，对德国文学理论和新兴的天才崇拜产生了重大影响，歌德曾经专程拜访过他们。

阳光照耀中,一位可亲可敬的男子汉正在远去,身材消瘦,头发凌乱,步伐快捷而坚毅……

梭!"他自己有苏黎世公民身份,可以享受属于公民的特殊权利[8],祖父希望他能够成为一个帮助穷人的牧师,但是他要用这个公民身份去斗争,他要成为一名主持正义的律师,"为废除社会特权、争

---

[8] "1746年1月12日裴斯泰洛齐出生之际,苏黎世是个一万人口的城市。这个城市控制着周围数百个村庄,在经济上不让它们有自主权,并剥削它们。只有很少的重要家族有权成为统治者。裴斯泰洛齐一家就属于这一类,"约翰·海因里希的祖先中曾有丝绸商、市议员或教士。他的亲生父亲一生没有什么成就,是个外科医生,当市议员的辅助文书,并经营少量的葡萄酒生意……约翰·海因里希5岁时,他穷困潦倒地去世了"(布律迈尔,主编. 裴斯泰洛齐选集:第一卷[M]. 尹德新,组译. 北京:教育科学出版社,1994:12-13)。

取公民平等、贸易自由和税收改革而斗争"⁹。然而，伟大的让-雅克·卢梭让他再次改弦更张。他被卢梭的教育名著《爱弥儿》"折磨"得夜不成寐。

卢梭是主张到农村去的——到农村去，亲近自然纯洁，远离城市堕落¹⁰，远离人的腐败！卢梭认为，当人被城市欲望中那种自私的枷锁套住之后，每个人都是关爱自己胜过爱别人，自然的情愫在浮华的城市表象中消失了。卢梭主张自然教育，他希望打破贵族封锁，把教育权利还给农民。卢梭在《爱弥儿》中写道："必须像农民那样劳动，像哲学家那样思想，才不至于像蒙昧人那样无所事事过日子。教育的最大秘诀是：使身体锻炼和思想锻炼互相调剂。"¹¹

是啊，轰鸣的工业化大机器把旷野的青草地、乡间的小溪流和山中的大石头粉碎了再卷起来，抛向了古老的和新建的一个又一个城市。仿佛一夜之间，骚动的工业化让城市的问题全部暴露出来了。看看吧，连年战争、沉重赋税和城市工业严重打击了瑞士的农业生产，粗糙的工业化城市的大街小巷涌进了大量渴望就业的"农

---

9 QUICK R H. Essays on educational reformers [M]. New York: D. Appleton, 1916: 291. 瑞士特权阶层产生于17世纪，各州情况有所不同。在东北部的苏黎世和北部的巴塞尔等州，政权是操纵在同业公会手里，农村人不但没有权利参与政治，甚至连高级军职、学校教育和较大的工商业，以及其他一些能够获利的和荣誉性的职业，都无权参与。在18世纪的瑞士，只有特权阶层子弟能进入优越的学校接受教育，贫民无法接受学校教育或者只能在条件极差的学校接受初级教育，大部分农民和手工业者不识字。初级教育内容毫无实用价值，教师素质很差，教学方法简单粗暴。
10 城市生活腐败堕落，农村生活自然淳朴——卢梭的这种思想吸引了当时以及之后的大量知识分子投身农村，寻找"救国救民"道路，甚至成为平民主义（有人认为是民粹主义）的理论武器之一，其效应也深刻影响了20世纪初的中国知识精英。
11 卢梭. 爱弥儿 [M]. 李平沤, 译. 北京: 商务印书馆, 1978: 303.

民工",他们没有城市户籍,没有公民身份,纷纷沦为城市难民。

裴斯泰洛齐一个人走在通往巴塞尔的山间小路上,看路两边的山坡,冬日的皑皑白雪和冷艳绿色交相呼应,像静静的瀑布从高处温柔地流淌而下,清、凉、湿的感觉越来越重。时而,天气骤然阴冷,悲观的人很容易沮丧;时而,太阳露出了灿烂的笑脸,视野很开阔。裴斯泰洛齐看到了荒芜的天地和苦难的穷人,也看到了即将到来的救赎和希望。

18世纪,苏黎世是瑞士的缩影,瑞士是欧洲的缩影。

法国大革命以前,瑞士政治格局由封建等级结构主导,政治权利通常只限于某些阶级或地区。农民除了纳税之外,没有任何权利。欧洲各国的城市与乡村都有巨大差别,农产品被限价,农民工被压制,商品贸易只许有公民身份的市民经营,至于进入高等学校读书,以及成为牧师、法官和公务员,没有公民身份的人想都别想。裴斯泰洛齐强烈感受到自己的责任,尤其是与公民身份相关的责任[12]。

裴斯泰洛齐想起自己原本是个文弱的书生,严重不公平的社会现实让他变成了义愤填膺的勇士。1767年,他刚满21岁,因为编辑革命宣传册而被捕入狱,虽然很快出狱,但终归没有拿到大学文凭。

对于苏黎世市的公民来说,有两种表明身份的出路:公务员、

---

12 BOWERS F B, GEHRING. Johann Heinrich Pestalozzi: 18th century Swiss educator and correctional reformer [J]. Journal of Correctional Education, 2004, 55 (4): 308. 在18世纪中叶之前,或者说在法国大革命之前,不只是瑞士,欧洲各国普遍处于封建身份等级社会,即使经过了光荣革命的英国也有严重的等级制。"一个城市市民享有的权利与普通居民的不同,贵族地主的农民臣仆享有的权利与自由农民的不同,宫廷臣仆享有的权利与大学教授的不同,贵族领主和城市新贵、宗教人士和非宗教人士、男人和女人享有的权利皆有区别。每一个个体的法律地位就是其'阶级'。"(施多尔贝格-雷林格. 百年启蒙 [M]. 何昕,译. 北京:社会科学文献出版社,2022:61)

企业家。但是对裴斯泰洛齐来说，一方面是政府的拘留和打压，一方面是卢梭的强烈感召，一方面是对城市身份政治的强烈不满和反抗，他彻底放弃了有可能成为公务员的学业，也放弃了关于牧师和律师的种种筹划。

3

到农村去！裴斯泰洛齐下定决心，为了给心爱的未婚妻创造美好生活，为了给小瞧自己的未婚妻父母一个证明，为了践行卢梭的理想，为了改造蒙昧的农民，他一定要到农村去，他要开创"新农村项目"的新天地！而且，新农业种植革新家契费利（Johann Rudolf Tschiffeli）愿意收他做学徒，苏黎世银行家愿意给他提供资金支持[13]，亲爱的母亲把辛苦积攒的所有钱都拿了出来，贤惠的未婚妻也把自己积攒多年的私房钱都拿出来支持他，他有什么理由不去行动呢？有什么理由不努力做到最好呢？

精神上的支持者，除了卢梭先生，还有路德博士，路德说要"向世界输送明智的、有用的人"，只有"魔鬼才更喜爱粗鄙的傻瓜以及一无所用的人"[14]。裴斯泰洛齐相信自己绝对不是一无所用的人，他愿意像路德一样在奋斗中受难，愿意把自己作为活祭放在坛上焚

---

13 卢梭影响了18世纪中后期整个欧洲的生活方式，回归农村、自然和简朴成为瑞士上流社会的流行生活方式，青年人普遍存在崇尚自然的风尚和对农村宁静清新自然生活的向往。在苏黎世、伯尔尼和巴塞尔都成立了很多的农业社团。裴斯泰洛齐去乡村办农场，一方面是受早年随祖父在乡间传教的影响，另一方面是受社会潮流的影响，他的计划能够通过游说获得"天使投资"，也是合乎当时热潮的。

14 克伯雷，选编. 西方教育经典文献：下卷 [M]. 任钟印，译. 北京：人民教育出版社，2016：293.

烧,虽然生活贫困,穿着破烂,不能旅游,缺乏娱乐,但他从不觉得自己是悲苦的;虽然他的神情显得恍惚,曾有好几次被误认为是流浪汉而被扔进拘留所过夜,但那只是他强烈专注于思考的缘故[15]。

再次想起新庄往事,想起那些搅扰意志的情形,裴斯泰洛齐不禁潸然泪下。

那是1768年,裴斯泰洛齐22岁,他是一个梦想家,一个充满了爱与奉献精神的社会活动家,一个真正的理想主义者。他撰写了一份关于乡村建设的"商业计划书",向50多名农民购买了20公顷土地,跟着著名的契费利学习农田作业、农作物加工和销售。他离开城市,前往农村,开始他的宏伟计划[16]。

12年过去了,结果如何呢?他从乡村出来了吗?

现在,的确,裴斯泰洛齐带着刚刚平复的创伤,从乡村出来了,去往另一座城市。然而,他很快就要回到乡村,在拜见伊塞林之后旋即回到他的理想王国。

城市是什么?城市是人类选择的结果,也是人类社会有为建构的结果,城市居所原本是人类追寻美好生活的家园,原本是"为了美好生活而存在"[17]。可是,城邦是属于所有人的美好生活吗?宙

---

15 BOWERS F B, GEHRING. Johann Heinrich Pestalozzi: 18th century Swiss educator and correctional reformer [J]. Journal of Correctional Education, 2004, 55 (4): 308.

16 裴斯泰洛齐进入农村进行乡村建设实验,是当时进步青年实施自己"宏伟计划"的一部分。"可以确定的是,18世纪的农村社会经历着两大变迁:一方面,飞速发展的农村手工业和不断壮大的下层农民阶级威胁着农民社会的凝聚力;另一方面,统治者推行的塑造计划和启蒙教育大举进入农村社会,使其面临着完全陌生的价值体系的挑战。"(施多尔贝格-雷林格. 百年启蒙[M]. 何昕,译. 北京:社会科学文献出版社,2022:68)

17 尼柯尔斯. 美好生活、奴隶制与获得物[M]//刘小枫,编. 城邦与自然:亚里士多德与现代性. 柯常咏,等译. 北京:华夏出版社,2010:135.

斯派遣赫尔墨斯给城市带去尊严与正义,指示"每一个人都必须有自己的一份",还要以法律的名义"处死那些不能服从尊严和正义的人"[18]。然而,城市美好原来是一个令人心痛的身份概念。谁能够拥有并且已经拥有了城市身份?谁能够拥有却没有甚至无望拥有城市身份?"人为什么甘于不可救药的愚顽,偏要那样做呢?"裴斯泰洛齐心想,"他们只是执迷于愚昧,尽做些荒唐动作,不知自己已类似牲畜,却还要强词夺理地辩护,好像要使鬼神都信服的样子。"[19]看来,人的生命的启蒙永远不会结束,启蒙仍然在路上!

现在,裴斯泰洛齐走在城市与乡村之间,蓝宝石色的湖泊、高耸的雪山、午后的阳光……裴斯泰洛齐意识到,城市与乡村所折射的高贵与卑贱的身份认同从未停止过纠缠和撕扯。如果裴斯泰洛齐能够预知未来,那么他一定会说,尽管纠缠和撕扯在两百多年后被无所不知的网络技术遮盖了,但是身份认同的痛苦还在那里。不过,裴斯泰洛齐坚信自己的选择,从腐化堕落的城市决然进入心目中最淳朴的农村,他试图帮助农民摆脱贫穷,也试图打开教育的幸福之门,他选择了像普罗米修斯那样赢得正义的火种。

4

他因自己在坡那镇的事业并没有枉费心血而感到欢悦;他对自己的生死问题倒置之度外;在他脑子里反而引起了乞

---

18 斯蒂格勒. 技术与时间:爱比米修斯的过失 [M]. 裴程,译. 南京:译林出版社,2000:237.
19 裴斯泰洛齐. 林哈德和葛笃德:下卷 [M]. 北京编译社,译. 北京:人民教育出版社,2005:638-639.

求死而不朽的景象；他甚至产生了这样一种心情，企望大限快快来临，他自言自语地说："如果大限来临，我就算超脱了！"他喜欢说他视死如归；但是一见夫人德丽赛那样伤痛，他又对她说："我最亲爱的！你切莫因我的话而感伤。我深信，人生数十载，转瞬即逝，永垂不朽才是人生的真正意义！"又解释道："就形骸而论，凭血与肉是不能了解生命的意义的。下自蛆虫、上至人体，生命虽是一样，意义却有区别。"[20]

这是裴斯泰洛齐在书中写的故事，亚尔纳身上就有裴斯泰洛齐自己的愿望[21]。亚尔纳因过度劳累而病倒了，但是头脑清晰，想象力倍增；他视死如归，只是怕妻子伤痛。

12年前，一切都很顺利很美好。那时候，裴斯泰洛齐与相爱多年、满溢爱意的未婚妻安娜结婚了。安娜比他大八岁，家境优越，容貌美丽端庄，尽管安娜父母反对，但是安娜义无反顾。妻子成为一生贫困却激情满怀的裴斯泰洛齐的最大支持者，她帮助丈夫办教育，也像丈夫那样每天写日记。很快，他们的宝贝儿子出生，裴斯泰洛齐给他取名"让-雅克"，以向伟大的让-雅克·卢梭致敬。

---

20 裴斯泰洛齐. 林哈德和葛笃德：下卷［M］. 北京编译社，译. 北京：人民教育出版社，2005：713.
21 有研究认为亚尔纳的原型是爱国青年查尔纳（Tscharner）。查尔纳是除伊塞林之外，裴斯泰洛齐的另一个朋友和帮助者，他也比裴斯泰洛齐年长很多，出身于伯尔尼的贵族家庭。在裴斯泰洛齐写《林哈德和葛笃德》之前，查尔纳是管辖诺伊霍夫这个地区的总督，在穷人教育目标上和裴斯泰洛齐一致，但是路径不同。查尔纳的路径有些乡村牧歌式的理想化，裴斯泰洛齐写了三封很长的批驳信件，查尔纳将其刊登在同一份杂志上。

新庄初步建成之后，裴斯泰洛齐和妻子美滋滋地享受了独特的煎土豆和烤羊肉，他们一起散步，欣赏那黄澄澄的油菜花。油菜花像金黄色的梦一样在微风中轻轻摇曳，这头的花儿可爱地亲吻着他们的脖颈，那头的花儿却是连接着遥远的天际了。还有，小蜜蜂在花间嘤嘤嗡嗡地哼唱，漂亮的蝴蝶也高兴地飞过来翩翩起舞……

没有城市的喧嚣，空气中没有任何杂质，一切都是大自然无私的恩赐。他们兴奋地说，在这里不要说住上一辈子，就是住上一个月，愚人的脑子一定会变得聪明起来，因为清凉新鲜的空气和纯洁无瑕的阳光是最好的药剂。裴斯泰洛齐欢快地喊道："亲爱的安娜，我们会多么幸福啊！散步时，我们会遇到邻居，他们都会对我们友好。我们用许多小礼物让孩子们开心。"裴斯泰洛齐眼睛里闪烁着喜悦的光芒："亲爱的，我们的生活将会多么美好啊！"[22]

然而，一个才能卓著的青年碰到一个优质的商业项目，如果他想的不是经营商业，而是献身于拯救穷人的事业，那么就注定不能发财。

新庄的现实生活一点都不迷人，裴斯泰洛齐的乡村建设投资失败了，曾经幻想的田园生活并没有那般诗意。六年时间，他研究棉花、草药、蔬菜和水果种植，也研究肥料和土壤改良，他还学习纺织技术，学会了所有必要的账务计算以及与客户打交道的技巧。但是，裴斯泰洛齐购买的田地土质不好，不太适合某些作物种植，

---

[22] RUBI H. Pestalozzi's biography［EB/OL］.［2023-11-01］http://www.bruehlmeier.info/biography.htm.

而他却不懂[23]。更让他烦恼的是，村民们一开始就对他这个来自苏黎世的"有特权的公民"充满了怀疑，他们在他的农场放牧，并说这是他们的生活方式。的确是这样，落后的农业生产是要土地轮休的，不耕种的时候就在上面放牧。但是，新农业是高效生产的，不需要轮休，裴斯泰洛齐用法律维护权益，却使他和村民的关系更糟，村民们四处诋毁他[24]。

---

[23] 在裴斯泰洛齐时代的欧洲，"人口增长成为刺激农业革新和投资的重要推动力。18世纪也因而迎来了自中世纪以来的第三次大规模耕地面积扩张：沼泽被抽干，森林被开垦，海岸区建起了堤坝，就连贫瘠的地带也耕种了作物。对比耕种方式的变化，提高产量的技术革新却还没有跟上"（施多尔贝格－雷林格. 百年启蒙［M］. 何昕，译. 北京：社会科学文献出版社，2022：39）。因此，裴斯泰洛齐购买土地的土质不好他应当是知道的，这是当时的普遍现象。裴斯泰洛齐相信土质不好的先天条件可以通过技术来改善，但是结果却并未如其所愿，只能说裴斯泰洛齐没有掌握好先进的农业生产技术。不过，实验失败在当时并非什么值得大惊小怪的事情，因为这样的事情实在太普遍，估计这也应当是裴斯泰洛齐岳父岳母选择帮他还债的一个原因吧。

[24] 18世纪启蒙思想在农村地区遇到了很大的阻碍。几百年来，农民实施的是"三田经营法"，总有三分之一的土地有一年时间轮休，但是新的科学种田法打破了这种传统。根据德国科隆大学历史学教授芭芭拉·施多尔贝格－雷林格的研究，在启蒙运动时代，"和启蒙运动支持者的设想不同，农民社会对启蒙教育和政府律法并不持感激态度。他们拥有自己的一套准则，与基于不同原则的新秩序相比，同样难以改变"（施多尔贝格－雷林格. 百年启蒙［M］. 何昕，译. 北京：社会科学文献出版社，2022：65-66）。农民们坚守"自古如此"的观念，对于新生事物首先是排斥。那么，对于自以为具备自然知识和科学准则的启蒙者来说，农民的做法肯定不合理。因此，在一开始的时候，从城市来的、有特权身份的公民裴斯泰洛齐和农民发生冲突，而且越是付诸法律越糟糕，出现这样的结果是必然的。因此，裴斯泰洛齐后来与农民和解并且坚守自己对穷人教育的信仰，就是很了不起的（尽管他在说到农民的时候，经常使用"游手好闲"之类的词语）。应当指出，在最早的一批启蒙思想家中，绝大部分都是蔑视农民的，伏尔泰认为启蒙只是对少数人的启蒙，至于体力劳动者，伏尔泰认为"他们会在变成哲学家之前就饿死，甚至卢梭也认为"穷人不必接受教育"（盖伊. 启蒙时代：人的觉醒与现代秩序的诞生　下卷［M］. 刘北成，王皖强. 译. 上海：上海人民出版社，2019：575）。就穷人教育启蒙这个意义而言，裴斯泰洛齐是独一无二的启蒙思想家。

新庄的债务越来越多，裴斯泰洛齐不得不卖掉牲畜，并且把大部分土地租给村民，但是仍然没有摆脱债务。他尝试通过棉绒加工与销售生意赚钱还债[25]，但"他不是一个好商人，人们为了私利而工作，这使他良心不安，所以他又一次亏本了"[26]，银行家紧逼催债，他的生活陷入困境，不得不通过卖地以及老岳父的及时出手救助还债。

许多人讥笑他，有人甚至落井下石。理想破灭了吗？裴斯泰洛齐问自己。没有！他的理想还在，他想："尽管我内心深处受到伤害，心力交瘁，但我还能坐下来怀着一颗童心提出下列问题，我为此感到高兴：我是什么样的人？人的特性是什么？我做了什么？人做了什么？"[27]

妻子安娜没有抱怨，因为她当初选择的是崇高灵魂，她愿意和丈夫一样奉献一切，她只恨自己不能给丈夫有更多更好的帮助。安娜给父母写信："亲爱的父母，毫无疑问，我一生中最幸福的日子是和我丈夫度过的，他值得你们付出全部的爱。"[28]

---

25 在欧洲，以英国为中心，棉绒加工和纺织业是18世纪后期第一个受益于蒸汽机技术改良的产业。1768年，珍妮纺纱机可以让一个工人同时操作100个纺锤。纺织业扩张使得纺织工厂向城市集中，这样可以搞高度分工化、集约化生产。当时，瑞士的支柱产业也是纺织。裴斯泰洛齐正是在这种情况下进入了这个行业，但是用现在的话说，纺织业此时已经是"红海"，纱线已经供过于求，这个时候进入纺织业的大部分创业者都以失败告终，裴斯泰洛齐也不例外。后来，纺织行业残酷的竞争迫使工人进行技术创新，自动纺织机问世了。瓦特的蒸汽机就是在这个时间节点上出场的。

26 RUBI H. Pestalozzi's biography［EB/OL］.［2023-11-01］http://www.bruehlmeier.info/biography.htm.

27 布律迈尔，主编. 裴斯泰洛齐选集：第二卷［M］. 尹德新，组译. 北京：教育科学出版社，1996：34.

28 DE GUIMPS R. Pestalozzi: his life and work［M］. New York: D. Appleton, 1890: 33.

好朋友伊塞林最了解他,始终支持、鼓励和帮助他,因为两人的启蒙思想是相通的。

5

裴斯泰洛齐走在路上,始终关注着时局变化。

工业革命迫使手工业行会消亡[29],不愿失业的手工业者要抗争;资产阶级革命迫使封建王权消亡,不愿退出的王权要挣扎。于是,暴力强制、兵临城下、战争流血、人间悲剧……有大势所趋,有负隅顽抗,有妥协退让,有贫富分化,有贵贱翻转。总之,一切都变了,所有的挑战和应战全部摆在了历史的台面上。

他想知道,生活道路把自己塑造成了什么样的人;他想知道,生活道路按照其本来样子把人变成了什么样子;他想知道,自己的行为和认知建立在什么基础之上。他发现,没有一个问题可以用哲学原理去解决,也没有其他道路可走,上至诸侯下至贫民,没有人能按照过去的哲学原理安排他的现实生活。

想到这里,裴斯泰洛齐的精神振作起来,他对自己说:我要由我的生活经验引导而得出真理,没有什么能动摇我的决心!虽遭受挫折,但我从不后悔,因为爱永不败落[30]!

---

29 18世纪欧洲手工业行会制约主要在城市发生作用,但是农村的商业化生产却不受这种行会限制,而且更容易获得廉价的木材等资源,所以城市手工业行会制度"随着外来资本涌入和跨区域竞争的影响"被大大削弱了,"许多手工业者为外来的投资者工作,或陷入贫困境地"(施多尔贝格-雷林格. 百年启蒙[M]. 何昕,译. 北京:社会科学文献出版社,2022:43)。

30 布律迈尔,主编. 裴斯泰洛齐选集:第二卷[M]. 尹德新,组译. 北京:教育科学出版社,1996:34-35.

即将到达巴塞尔城，宽阔的莱茵河在这里把瑞士和法国、德国连接在一起。河水静静地穿过巴塞尔，缓缓向北流去。暮色中，连绵的雪山隐隐约约，似乎有几位老人坐在河边农舍的长椅上喝酒聊天，但是一切在这钢铁般的意志中都静得出奇……

第二章　关于第一所职业学校的围炉夜话

1

巴塞尔市政大厦已经清晰可见，这是一座建于16世纪初的红色砂岩哥特式建筑，据说当时工匠们完工后把一些政府官员反锁在里面，自己却狂欢于街头。想到这个传说，裴斯泰洛齐禁不住笑了。他笔下的林哈德就是一位盖房子的泥瓦匠，林哈德带领一批既老实愚昧又狡猾自私的工匠修教堂，也和政府官员之间发生了很多既糟心又可笑的事情。

马上就要见到伊塞林先生了，他的家就在市政大厦附近。

走到一栋屋子跟前，天色渐渐暗了下来，乏困的裴斯泰洛齐准备靠在墙角休息片刻，突然看到一个残疾的乞丐可怜地坐在那里。裴斯泰洛齐怔怔地看着乞丐，乞丐则仰头看着裴斯泰洛齐，然后向他伸出手来："好心的先生，请您施舍一点硬币吧！"

乞丐不知，面前这位"好心的先生"，其实经济状况也和乞丐差不了多少。他为了让流浪孩子变得体面有尊严，自己到处祈求帮助，变成了真正的乞丐。

裴斯泰洛齐心里哀叹：我也是乞丐呢！我的那些孩子们都是乞丐呢！他的脑海中又浮现出四年前的情形：家里陆陆续续来了22个儿童，他们蓬头垢面、衣衫褴褛，有的残疾，有的顽皮，年龄从6岁到18岁不等；加上不时发作癫痫病的可怜儿子让-雅克，裴斯泰洛齐家里面简直变成丐帮大本营了。

裴斯泰洛齐是主动把"小乞丐"邀聚到一起的，最多时有50多个，这是他实施雄心勃勃的教育启蒙运动的开端。早先的农场项目伊始，裴斯泰洛齐便发现有"成千上万的儿童被迫在街上流浪"，他们父母有的进城打工去了，有的进部队当兵去了。

"好心的先生！"

又一声呼唤，让裴斯泰洛齐从思绪里回过神来，乞丐还在那里，伸出一双肮脏、瘦小和衰老的手，怔怔地看着他。

裴斯泰洛齐忽然感到难过，他看了看乞丐，没有说什么，开始翻自己的破旧外套，可惜半天也没有找到一枚硬币。他低着头，若有所思，突然看到他的鞋上系有银扣。

裴斯泰洛齐慢慢弯下腰，小心翼翼地摘掉银扣，然后轻轻地放在了乞丐的手里，并让乞丐用手把银扣紧紧攥住。

裴斯泰洛齐直起腰，仍然无言，他在旁边草地上找到两枝坚韧的藤条，猛地拔下来捋了捋，尽可能地系上鞋子，继续前进。[1]

2

进入伊塞林的家，暖意弥漫着整个屋子，洛可可风格装饰无拘无束，既表明屋主注重舒适实用的现代追求，也表明屋主注重艺术典雅的不俗品味，写字台上摆放的地球仪似乎在表明屋主探索广

---

[1] RUBI H. Pestalozzi's biography [EB/OL]. [2023-11-01] http://www.bruehlmeier.info/biography.htm.

衷世界的理性启蒙价值观。

裴斯泰洛齐看了看屋子，又看了看自己的穿着，有些局促，他拉着伊塞林的手，激动地说："你是我的父亲，我的老师，我的支柱，我的精神支柱。我的朋友，如果没有你，我也许已陷入深渊，消失在痛苦的泥潭里……您看到了我的工作、我的痛苦和我的顽强；您看到了我的勇气，我的忍耐，我的竭尽全力以求战胜自我。……我向自己提出多么伟大的任务，你看到了不利的外界压力，因此你不是根据成就来评价我的作品，而是根据我的工作。当所有的人出于愚蠢来评价我时，当我为反驳那些无情的絮叨而感情上备受伤害时，噢，我的朋友，我是多么爱你啊！"[2]

看着面前这个善良诚恳并且充满奉献精神的年轻人，伊塞林很是感动，他张开双臂拥抱了他，伊塞林夫人也向朋友行了热情的亲吻礼。

裴斯泰洛齐换上妻子安娜特意为他准备的礼服，与伊塞林一家人共进晚餐。裴斯泰洛齐此时不再局促，他甚至顾不上餐桌礼仪，迫不及待地掏出书稿，表达着自己的愿望。

伊塞林看到，写在用过的账簿上的笔迹实在难以看清，而且有许多拼写错误。裴斯泰洛齐羞涩地解释说，没有钱买纸，他就填满了旧账簿的空白页面……

裴斯泰洛齐迫不及待地开始介绍他的教育小说，他说《林哈德和葛笃德》是向卢梭的《爱弥儿》致敬的作品，讲的是一个叫"坡那"（Bonnal）的镇如何从败坏变为美好的故事，主人公是工匠

---

[2] 布律迈尔，主编. 裴斯泰洛齐选集：第一卷[M]. 尹德新，组译. 北京：教育科学出版社，1994：32-33.

林哈德和他的妻子葛笃德，他们遭受了很多不公和痛苦，林哈德因无知而被坏人引诱，葛笃德为正义而勇敢斗争，最后他们借助政府改革派的力量实施工学结合的新教育，引导社会风气，帮助穷人伸张了正义。"我不知道这个故事是怎么从我的笔尖流出的，"裴斯泰洛齐激动地说，"小说写的其实正是我在诺伊霍夫经营农庄的实验和理想，在我脑子里没有任何计划，但是我相信底层劳动者的国民学校将来一定会建立起来。这本书在几周后就完成了，我根本不知道我是怎么写出来的。这是我对贫民，对全天下的父母说的一番话。"[3]

屋子里宁静而令人感动，伊塞林点点头说道："生命是一道水流，无论它是小溪还是山洪，都是自然和顺畅的，您的故事从自由与爱的生命里涌流出来，写作过程当然是迅捷的。"

裴斯泰洛齐说："农业实验项目失败后，我满脑子都是流浪儿童。几年来，和农民打交道的经历让我深知，贫穷和不公的根源是愚昧，只有给这些人举办学校教育才是最有力量的启蒙。最初，当那些村民伤害我的时候，我甚至会气愤地吼叫：用粗暴和武力赶走他们的丑恶！后来我意识到，人们首先必须学会把自己的处境看得更清楚。"[4]

裴斯泰洛齐继续说："我要尽可能多地接收这些可怜的孩子，教他们读书，教他们编织。他们需要一个温暖的家，他们要走在正道上！1773年，我开始尝试带几个可怜的孩子回家，给他们饭吃，

---

3 Lienhard und Gertrud［EB/OL］.［2023-11-01］http://www.en.heinrich-pestalozzi.de/biography/tabulation/.
4 KUHLEMANN. Pestalozzi［EB/OL］.［2023-11-01］http://www.en.heinrich-pestalozzi.de/biography/overview/.

给他们衣服穿,让他们看看如何做工作。让我印象深刻的是,一个来自苏黎世的14岁女孩子,名叫芭芭拉·布鲁纳,进校时一无所知,但是她很聪明,三年后阅读、计算、写作、纺纱样样精通,她还喜欢唱歌,厨艺也高超。"[5]

裴斯泰洛齐说:"我希望创造一个真实的学校教育环境,举办一所不同于一般慈善学校的工业学校。我们周围确实存在着用表面方法教育穷人的场所,但是我举办的学校将农业劳动和发展工业的工作联系起来。我认为由私人企业主利用正在成长的孩子的劳动力,把学校教育和工厂生产结合起来,教给孩子们工作的技能,这样他们可以在工作中挣到足够的钱支付生活费,最重要的,孩子们会感到幸福,成为好人。这是为穷孩子创办教育学校的最朴实和最可靠的路。"[6]

裴斯泰洛齐谈到了他和妻子安娜一起向亲戚朋友借钱的事情,再次感谢伊塞林的帮助,当时伊塞林呼吁公众贷款支持这项计划。裴斯泰洛齐说:"很多人认为这件事不会成功,但是没有什么能动摇我们的决心!感谢伊塞林,我亲爱的师长,您第一个做出回应,在那场使几年辛苦的全部成果毁掉,我的心犹如刀绞,我的理智完

---

[5] DE GUIMPS R. Pestalozzi: his life and work [M]. New York: D. Appleton, 1890: 63.
[6] 将农业生产和工业发展联系起来是18世纪的一个经济特征,当时的手工业经济介于农业手工和机器大工业之间,是相对高效的生产方式。由于经济发展快,人口持续增长,越来越多的人无法依靠农业耕种而生活,自由劳动力越来越多,对于技能劳动的教育需求也开始出现。这个时候的工业化被历史学家称为"原始工业化"(施多尔贝格-雷林格. 百年启蒙 [M]. 何昕,译. 北京: 社会科学文献出版社, 2022: 43),裴斯泰洛齐的"工业学校"就是指的这种原始工业化的工业学校。裴斯泰洛齐不希望教育穷人只去从事农业劳动,他看到穷人的孩子已经没有基本财产,无法施展自己的技能,他看到穷人孩子的未来在"工厂劳动"中。

一场关于全世界第一所职业学校的围炉夜话开始了

全混乱的风暴中,您向我伸出了手,提供财务支持、精神支持和思想帮助,把您的心和爱给了我,甚至把我从自杀边缘解救出来。"

这时,一直谛听的伊塞林激动地说:"亲爱的裴斯泰洛齐,您知道我是多么爱您,多么敬重您啊!是的,我在自己主编的杂志上募集善款,指出这是一项伟大创举!难道不是吗?第一所工业学校诞生了!第一所职业学校诞生了!"

3

吃完晚饭,伊塞林建议说,如果裴斯泰洛齐不困倦,两人可以在壁炉旁边继续讨论。于是,一场关于全世界第一所职业学校的围炉夜话开始了。

围炉夜话是从乞丐的故事开始的。

裴斯泰洛齐给伊塞林讲了他进城时遇到老乞丐的事情,伊塞林说也要保持一点警惕,有的乞丐会利用你施舍的机会实施抢劫。裴斯泰洛齐表示认同,他同时提出一个问题:穷人为什么贫穷,以至于沦为乞丐?这是一个关键问题,因为这个问题关乎穷人教育大厦的基石。

裴斯泰洛齐抛出问题后,又首先表达了他的看法:"穷人之所以穷,绝大部分是因为他们没有受教育,没有挣钱的能力。"然后,裴斯泰洛齐讲述了他的"贫儿之家",也就是他的"工业学校",他说学生人数在第二年秋季已经增加到50人,第三年增加到80人,说明学校是受欢迎的。裴斯泰洛齐强调,学校的使命不是救济穷人,而是穷人启蒙,他要培养学生的谋生技能和生活尊严,尽管很辛苦,但孩子们的幸福程度超过预期[7]。

伊塞林没有接裴斯泰洛齐关于工业学校的话题,而是直接说贫穷的根源,他说:"穷人之所以贫穷,可能因为愚昧和懒惰,但是我们的社会制度不公平却是根本性的原因。我预感到法国社会即将有革命爆发,为什么?因为法国多地已经爆发了穷人的反饥饿暴动,就像有些乞丐时而实施抢劫一样,只要机会成熟就会爆发。您看,英国的穷人也许比法国还多还惨,但是为什么英国社会比较稳定?因为英国富人纳税扶持他们的穷人,1572年英王室就通过征收

---

[7] 瑞士人的劳动生活深受加尔文教的影响,强调吃苦、勤劳、节俭,贬斥好逸恶劳。裴斯泰洛齐关于"生活尊严"的思想是受这种文化影响的。在裴斯泰洛齐的"工业学校"中,谋生技能只是基本出发点,更重要的是一种深入的"人的教育"。

济贫税来救济穷人,1601年更是颁布了《伊丽莎白济贫法》。那么我们国家呢?瑞士有这么多各怀鬼胎的州政府的官老爷们,他们总有一天会遭到危险阶级(dangerous classes)的革命!"

裴斯泰洛齐听出来,伊塞林不太同意他的观点,只是没有点破,他承认伊塞林说得有道理,为什么"贫儿之家"不到四年时间就办不下去了?表面原因是没有办学经费了,但是根源在于没有社会制度和国家的支持。[8]

裴斯泰洛齐说:"关于穷人的愚昧无知和自私自利我都是领教过的,所以我要举办的穷人教育不是那种贵族恩赐式的慈善教育,而是穷人自主权利的思想启蒙教育。小时候祖父带我去过济贫院、孤儿院和慈善学校,我看到那里缺乏父母之爱和真理启蒙,缺乏对双手技能的培养。的确,只有使居于茅舍草屋之人都受到启蒙教育,使人人有谋生之术和生活保障,才是有效消灭人间贫穷的根本之道。"

伊塞林说:"最近几十年来,穷人救济范围非常广,不少虔诚的市民发起组织慈善学校,但是也很混乱,我同意您的看法。那么,我想说的是,您对穷人实施教育启蒙,可能最终消解了他们的革命性,因为他们获得赚钱技能之后就有生活保障,就不再四处游荡、抢劫和爆发革命。"

裴斯泰洛齐说:"就像卢梭先生所指出的,社会上的一切特权

---

[8] 这就是全世界第一所职业教育学校的短暂生命。现代职业教育诞生是基于三个条件的,一是对象的条件,有大量迫切需要教育的底层劳动者;二是土壤的条件,有快速发展而需要大量技能劳动力的制造业工厂;三是国家的条件,有国家教育制度的认可和国家经费支持。特别是第三个条件,国家教育制度的认可和经费支持既成就了职业学校教育的快速发展,也使现代职业教育迅速从启蒙性走向训练性,从人本逻辑走向物本逻辑。

和一切赚钱的职业都被有权有势者和富人独占了，怎么不会发生革命呢？但是，我觉得愚昧的暴民革命比理性的不革命更可怕，暴民可以杀死暴君，也可以杀死哲学家。我愿意再一次指出，促使社会各阶层和所有人用心灵、头脑和双手去造福于人类的力量，乃是一个民族真正的福利与真正的力量的根本基础。我正是想通过教育启蒙唤醒底层精神，像英国光荣革命那样实现一种宽容的社会制度，人们自觉遵守制度。我对此充满信心，我认为使下层民众生计提高，使违法乱纪作奸犯科的混杂现象得到纠正的道路是切实可行的。"

裴斯泰洛齐停顿了一下，然后表达了他的重要观点："我坚信，社会改良必须来自两个方面：以教育增强人权，用立法改善环境。"[9]

伊塞林说："以教育增强人权，用立法改善环境。说得太好了！没有教育公平，何谈自由与平等？没有教育启蒙，何谈人权斗争？而且，自由应当受到法律约束，权利必须受到立法保护。孟德斯鸠爵士说得好，自由是在法律许可的范围内任意行事的权利，一切权利不受约束必将腐败，他把教育法作为应当接受的第一批法律，因为教育培养我们成为理性的公民。您通过教育使大众掌握谋生技能和获得生活自尊，这是赋予他们一种职业生存的身份，因为一个人，当他工作的时候，是在试图实现一种意义；当他选择一种职业的时候，他是在完成一种自我定义。路德博士就说过，我并非要从父母身边带走一个孩子，我仅仅是从孩子自身的好处和公众的福利考虑，认为孩子应该受到某种职业的教育，而这些职业将因为

9　QUICK R H. Essays on educational reformers [M]. New York: D. Appleton. 1916: 297.

他的勤奋结出丰硕的果实。"

裴斯泰洛齐说:"我们不禁自问,受到法律保护的,使人民高尚和普遍幸福的权利究竟是建立在什么基础上?事实表明,它建立在保障国计民生,保护个人尊严、人身安全和生命幸福的法律基础上。法律的实质一方面是保护教育机构,以便教育公民能够做到自食其力,过井井有条的体面生活,颐养天年;另一方面法律规定任何一个阶级、团体不得占有社会特权,保护每一个等级的公民利益不会受到任意的侵害。"

4

不觉已到深夜,伊塞林夫人早就进入了梦乡,两个围炉夜话者却谈兴正浓,炉火也正旺。那就继续吧!

伊塞林说:"您已经谈到了您的办学目的,那么再说说您在这所学校开创的教学方法吧!我知道它是独一无二的创造,您雇用熟练的织工教孩子们纺纱,在纺织的过程中您再教他们阅读和算术,边劳动边学习,一种新的教学方法创造出来了!而且,您让已经掌握了知识与技能的孩子去教那些还没有掌握的,一种小先生教学制度形成了!"

裴斯泰洛齐说:"时代变了,在我们这个启蒙的时代,旧教育和旧方法都不可能有什么生命力了,以前的穷人教育方法也并不能帮助穷人。您知道卢梭的批判很有力量,他说从我们最初的岁月起,就有一种毫无意义的教育在虚饰着我们的精神,腐蚀着我们的判断,我们不能再就此继续下去了!但是,卢梭认为只有先对教育本身做大量工作,教育才能做更多的事情,也就是说我们必须首先对教育方法进行改革。但是，卢梭错在哪儿呢？答案是：真理不是片面的。自由是财富，约束也同样是财富，自由应当被理性所约束。我们必须把卢梭所分割开的东西弥合起来。在社会生活中，技能和适应是必不可少的，二者在不受约束的自由之中不可能形成。在自由和约束的结合中，我带领孩子们进行专门的农场生产训练，男孩子学习园林种植和手工制造，女孩子学习纺织、缝纫和厨艺，当然还有其他职业劳动。"

喝了一口咖啡，吃了一口油酥点心，兴奋的裴斯泰洛齐又继续说："在本质上，我的方法是，教人以所有的爱去思考和以所有的思考去爱。一旦爱的感情被唤醒，它将引导穷人过一种道德的生活。"

伊塞林站起来，踱了两步，说道："裴斯泰洛齐先生，您用自由、爱和奉献的精神，开启了人类教育史上的伟大事业，一个启蒙主义工业学校的伟大事业！"

裴斯泰洛齐也站起来，他说："亲爱的朋友伊塞林先生，我与您一样，相信所有的自由都建立在正义之上，但是我在这个世界上见到的正义是没有得到保障的，是没有同单纯的爱协调的。像所有的正义都建立在爱的基础上一样，自由也同样建立在爱的基础上。"

"然而，亲爱的朋友伊塞林先生，这项事业实在是艰辛而痛苦的！"裴斯泰洛齐说，"您是知道的，我既要做校长，还要做工人、保姆、农民、制造商，多重角色的综合作用超出了我的能力。筹措办学经费越来越困难，我只能通过安娜的劳动和出售一些土地来维持生活，有时候几乎买不起食物和柴火……有的小乞丐进入了学校大门，但是通常在收到新衣服后就跑开了，继续他们的乞讨生活。大部分孩子学会工作技能后，父母就把他们领回去为家里挣钱了,或者让他们继续乞讨。很多人都是'势利眼',你好时他吹捧你,你不好时他嘲笑你。不过,最伤心的,是看到孩子们再次流落街头!"

裴斯泰洛齐流泪了,他说:"先生,我对您说这些干什么呢?您知道的,我早就立志把我的生命奉献给穷人教育,除此之外,一无所求!我没有失败,是的,伊塞林先生,我没有失败!我坚信成功的教育有赖于给孩子提供安全感和真诚的爱!"

伊塞林把双手抚在裴斯泰洛齐的肩上,他看着眼前这位比自己小了将近20岁却受了太多太多苦难的年轻人,也是泪流满面。伊塞林说:"我知道的,我知道的!亲爱的朋友,这就是探索者的孤独,这就是救赎者的代价,这就是披荆斩棘者的苦难!在瑞士、在法国、在全欧洲,看看我们的启蒙运动领袖们,他们每天斗志昂扬地高呼自由平等口号,可他们的行为对穷人又是多么不公啊!所以,我的朋友,您是成功者,不是失败者!您看,一部多么伟大的作品诞生了!您的苦难换来了别人无法企及的精神财富!"

5

对话,喝咖啡,吃点心,给壁炉添柴……用人也已入梦,两个伟大的灵魂却都没有睡意。是啊,在伟大的启蒙运动时代,哪个伟大灵魂还能睡得着呢?

伊塞林打破深夜的沉静,他说:"亲爱的朋友,那么现在,就请您把书中最精彩的内容朗读出来,让我分享您的思想成果,我相信这是最愉快的生命体验。"

两人重新坐在壁炉边,裴斯泰洛齐开始朗读作品,伊塞林聆听[10]。

"我就从'设立新学校,实行新教育制度,为了将来从事职业并赢得幸福'这段内容开始读给您听吧!"裴斯泰洛齐说。

> 他们又觉察到,无论是少尉或是别人,凡要为农民和工人办好学校的,自己就必须彻底了解手工纺纱的孩子们和耕牧的孩子们应当学会的是什么;如果自己不了解,就应当不耻下问,物色有本领的人,在身旁指点自己。
> "他们既要纺纱,还能够读书吗?"少尉问。
> "当然可以,一面纺纱一面读书认字。"葛笃德回答。

"这就是你开创的边做边学的教育方法吗?"伊塞林打断了裴斯泰洛齐的朗读,着急地问道。

"是的,后面还有更精彩的。"裴斯泰洛齐回答。

> 少尉一边握着他们因激动而颤抖的手,一边在自己脑子

---

10 即将呈现的裴斯泰洛齐"朗读"的内容,实际上是《林哈德和葛笃德》第三部和第四部的内容,分别出版于1785年和1787年。但是,"关于第一所职业学校的围炉夜话"这部分写的是1780年这个时间,这个时候裴斯泰洛齐只完成了《林哈德和葛笃德》第一部,而且还没有发表(1781年出版)。本书为了集中阐述裴斯泰洛齐在《林哈德和葛笃德》中所表达的职业教育思想,将第三部和第四部内容提前至此,设定在1780年这个对话场景中。还需要说明的是,这部分关于裴斯泰洛齐和伊塞林对话的部分内容引自伊塞林在出版裴斯泰洛齐《隐士黄昏》时的说明,关于职业教育和培训的内容引自裴斯泰洛齐《致尼·埃·查尔纳关于乡村贫苦青年教育的信》(查尔纳是《林哈德和葛笃德》中开明官员亚尔纳的原型),这两部分引文都来自布律迈尔,主编. 裴斯泰洛齐选集:第一卷 [M]. 尹德新,组译. 北京:教育科学出版社,1994. 关于《林哈德和葛笃德》的所有引述都出自人民教育出版社2005年版的《林哈德和葛笃德》下卷(北京编译社翻译)。

里浮现出了未来的远景；他要照顾全体学生，使他们将来的职业都有着落。他默默地面对着这两个学生，心里怀想着他的教育途径；他要为社会造福。要使高尚的穷人和自己精神上渴望的天下得以实现。他至死也要争取实现人类得到普遍幸福的天下。

两个学生颤抖的手紧握着校长的手，才把少尉从梦幻中唤醒。他带领着他们到钟表匠恩格尔那里，替他们订下一个双方满意的师徒合同。一个孩子不花一文学费就学成修理钟表的手艺，当然是坡那镇上破天荒的事。少尉当面跟师傅约定，他的徒弟今后仍然是学校的学生，可以到校学习算术与图画，这对他们的手艺将来是大有用处的。恩格尔师傅认为对他也有好处，因此师徒合同的条款就都照少尉的意见订下了。恩格尔并且对少尉说，学校继续这样使孩子们深造下去，他们将来的成就，一定会青出于蓝的。

少尉自从担任校长以来，总想探求一个办法，使他的学生中凡是没有恒产的都能获得一样可以谋生的手艺，这件事已完全成了他的宗旨。只要挤得出时间，他就带领学生去参观镇上的各种工艺作坊，不惜花费几个小时去观看人家如何做活，了解各种做法，从多方面研究，估计每个学生的前途。

读了上面这段内容之后，裴斯泰洛齐解释说："我们的学校应当实施职业的和谋生的教育，为所有出身贫寒的孩子着想，使他们将来的职业都有着落。这样的学校教育应当签订师徒合同，还应当实地考察和实践，否则不会有好的效果。"

伊塞林表示赞同，他问："请问在什么地方就业呢？"

裴斯泰洛齐说:"在全国各地都有工厂,它们给穷人提供了维持生计的机会。因此,穷人的教育必须适合他们日后的情况,以及日后的生活环境和需要。穷人只能在工业生产中找到工作挣钱的地方,必须发展他们为在工厂里挣钱维持生活所需的那些本领。是的,在这些地方用工业劳动的精神来教育穷人是绝对必要的。"

伊塞林说:"现在工厂环境真的很是恶劣,孩子健康会受到损害。在我看来,卢梭说得对,乡村劳动还是迷人的。"

裴斯泰洛齐说:"我对乡村劳动也比对工厂劳动更喜爱,长期以来也不赞成所有工厂工业,但是我们的生活处境使我们必须走出一条陡峭狭窄的道路。"

裴斯泰洛齐好像忽然想到了什么,他略微迟疑了一下,然后说:"我继续谈谈我的思路:在很多地方有很多工厂,这就是我劝说用工业劳动精神来教育穷人的原因。在这些地方,工厂劳动使穷人遭受巨大损害。我建议在一些地方用劳动教育贫民,并不是建议简单地把孩子送到最近的工厂里去,否则就完全被您的论断所言中。不!穷苦的孩子不仅仅是为了驱动生活的车轮才来到世上的,我不认为进行工厂生产劳动的学校把人培养成有道德的人,比其他任何学校要少。在工厂和学校同样能保持严肃的道德意义,愉快的劳动、乐于尽职,这些德行能够提高劳动产量和价值。"

裴斯泰洛齐一会儿站起来挥挥手,一会儿蹲下去烤烤火,继续说:"但是,只有单一的或很少变化的手艺劳动的工厂,不适合作为一所真正的职业学校;工业教育要求培养各种本领,包括智力和道德方面同样得到培养,不能是单一的本领,否则使人丧失人类尊严,把人降低到一个只知道挣钱糊口、野蛮而熟练的劳动工具。穷人因缺乏教育而堕落,在这种耻辱中如果只受到片面的教育,他只会变得更加粗野，还可能用伪善来掩盖自己的粗野。"

伊塞林说："毫无疑问，我们是在培养人，无论贫富，谁都不是动物。"

裴斯泰洛齐说："您说得太好啦！谁都不是动物，每个人，无论是艰辛的劳碌者，还是舒服的有钱人，每个人都有价值，每个人都值得尊敬。我们培养的是一种使人性升华的智慧，我们的职业教育使穷人善于在特殊的生活环境中应用其才能，但这样的教育要服从于人类教育的总目标。"

6

夜色深沉，炉火正旺。

伊塞林再次把话题转移到《林哈德和葛笃德》书稿上，他对裴斯泰洛齐说："您在前面朗读了书中少尉带领学生签订师徒合同、实地考察和实践的新鲜方法，还有更精彩的吗？"

裴斯泰洛齐继续朗读：

> 少尉看见每一架纺车上都放着一本书，他便问葛笃德那是做什么用的。
>
> 她望了一眼回答他说："那是他们学习用的书。"
>
> 葛笃德就说："孩子们，拿起书来，念书！"
>
> "跟往常一般，大声念吗？"孩子们问。
>
> "是的，跟往常一样，大声念。可是，要念对，不要错！"葛笃德说。
>
> 孩子们都把书翻开了，找着指定今天要读的篇页和行句。

纺车的轮盘仍然辘辘地转动不停，孩子们只用眼睛看着书本。

"这就叫边做边学法——嗯，刚才已经给您读过了，抱歉，再听下面的内容。"裴斯泰洛齐正准备向伊塞林好好解释边做边学法，忽然想到这个词伊塞林自己都已经说了，就继续朗读：

在纺纱上，很不容易学到玛格丽那样的手艺，学校这次请到了她，可算是深庆得人。遇到某个孩子因手艺差而使车轮停下的时候，她总是立刻到他跟前，纠正扶持，把他教会，到他能按部就班地工作为止。

"这是请师傅入校授课法，就是给学校请一个师傅做兼职教师。"裴斯泰洛齐说完，不等伊塞林反应，又继续朗读：

自从格吕菲任校长以来，教导人人要手做、耳闻、鼻子嗅，要使学习结合实际，相互发展。这时就有了六七个邻家的儿童，每晚上自动到那个钟表店去搅得恩格尔不得安宁，直到他准许他们问这问那和动用他的东西。

孩子们居然一说就懂，一学就会，这使恩格尔师傅不胜诧异。

读到这里，裴斯泰洛齐停住，他特别介绍说："这是直观教学法，就是调动孩子们的全身器官，到实际工作环境中去学习，这是最有效的教学。特别是贫苦人家的孩子，手、脑一般都是很巧很灵的，因为艰难困苦才能使人动脑筋，发挥手和脑的能力，借以赚取面包。"

伊塞林回应说："很精彩的方法！相比言语教学，实践教学的优越性已经明显地摆在眼前，这样的方法应该推广。"

裴斯泰洛齐说："工作和学习合一的方法，并不足奇，这是家喻户晓的自古就在各方面推行着的方法。但是我要把这种方法用在学校的教育中，现在正是农村经济走向工业经济的时代，学校使用直观教学法非常重要。"

"我所举办的是我们这个启蒙运动时代的启蒙教育，一种面向工业发展的学校教育，"裴斯泰洛齐接着说，"不仅是技能教育，更是平等教育、权利教育、信仰教育、德行教育、幸福教育，这样的启蒙教育是审美的，它使人性光辉！亲爱的朋友，世界上到处都是有用之人，然而却没有人能使这些有用之人各司其职；每个人都有思想，然而很多人的思想遭到否认。"

伊塞林禁不住赞道："裴斯泰洛齐先生，我的亲爱的朋友，您的小说处处洋溢着人性的光辉，您崇尚的是贫民大众的教育哲学，您的教育保证了人民爱好自由和幸福的意愿！您创造了边做边学的教育方法，让自古都不可能去学校接受教育的贫民和工匠子弟也有理由学习。"

伊塞林把裴斯泰洛齐拉到窗前，他拉开窗帘，指着漆黑的窗外说道："天快亮了，但是这黎明前的天色却是最黑暗的！在这黑暗里，贫弱者是社会不公平的最大受害者，他们不能享受最好的社会资源，但是贫弱者并非天生贫弱，他们只是受到了伤害，被那些幸运地迈入贵族之列的人鄙视、排斥和抛弃，他们每前行一步都要付出超常努力。您是我们这个时代真正的启蒙教育实践家，一位担当教育救助使命的伟大思想家！"

伊塞林转过身来，拿过裴斯泰洛齐的书稿，就像少尉格吕菲校长一样，因激动而颤抖的手拿着参差不齐的纸张，大声对裴斯泰洛齐说："出自生命的作品最有生命力！请尽快发表吧，瑞士需要它！全欧洲都需要它！"

第三章 职业教育之父和平民英雄

1

1781年2月25日,深受鼓舞的裴斯泰洛齐回到他那充满困难和挑战的新庄继续写作。此时,裴斯泰洛齐面色憔悴却斗志昂扬。站在农舍窗前,看着屋外阴郁的天空和随风飘散的雨雪,他心想冬季已经过去,大地正在解冻。阴冷的天气和飘散的雨雪阻挡不了正在解冻的大地。

这位可以被消灭但不能被打败的自由战士,这位已经饱受磨难却仍将用毕生精力去实践穷人教育理想的虔诚新教徒,决定把自己的作品彻底地献给历史。伊塞林先生说得好,出自生命的作品一定有生命力!如果这部作品果真是一块金子的话,就要把它抛给地动山摇的欧洲社会,疾风骤雨可以检验它的成色。

他坐在桌前,拿起鹅毛笔写道:

> 我亲爱的书啊,在你就要从我安宁静谧的手边到那只有狂风暴雨而没有平安的地方以前——我只再说一句话,亲爱的书!愿你在险恶的风暴中保重吧![1]

---

[1] 裴斯泰洛齐. 林哈德和葛笃德:下卷[M]. 北京编译社,译. 北京:人民教育出版社,2005:序言.

裴斯泰洛齐知道,《林哈德和葛笃德》是用生命的经历和思考写出生命的著作,无论它发表后遭世人冷漠、唾弃还是追捧,凡是生命的建造就一定能够经受住任何试炼!

不出所料,众声喝彩。

《林哈德和葛笃德》刚一面世,就以其强烈的时代精神和新鲜的教育方法征服了整个欧洲[2]。在启蒙运动时代,下层阶级有强烈的上升冲动,他们开始发出自己的声音,提出劳力者教育是一种权利而非慈善,"要求对体现教育财富的闲暇进行重新分配,并对劳动利益进行重新评估"[3]。此时,《林哈德和葛笃德》让渴望自由平等的人们看到了全新的未来教育图景。与卢梭的《爱弥儿》描写爱弥儿接受的家庭教师的教育方式不同,《林哈德和葛笃德》第一次把视野投向了劳动者的学校教育权利问题和工业时代的大众教育方式问题。

一夜之间,裴斯泰洛齐出名了!曾经被人嘲笑的农场主,曾经无人问津的穷教师,曾经站在农舍窗前看雨雪飘落的忧郁青年,一夜之间出名了!"成千上万的人说:小说了解人民,人民都像小说中描写的那样;小说知道人民需要什么;如果每个村庄里都有像葛笃德那样善良的母亲和明智的农村先生,那该多么好啊!"[4]

伯尔尼农学会颁给裴斯泰洛齐一枚金牌并发放了一笔奖金,

---

[2] 当时欧洲人受以卢梭为主的启蒙思想家的影响,重农主义盛行,人们对乡村教育很向往,但是到底怎么实践却很茫然。裴斯泰洛齐在《林哈德和葛笃德》中,用自己的实践体验为公众提供了一个栩栩如生的教育图景,满足了公众的阅读需要。

[3] 布鲁巴克. 教育问题史 [M]. 单中惠,王强,译. 济南:山东教育出版社,2012:93.

[4] 布律迈尔,主编. 裴斯泰洛齐选集:第二卷 [M]. 尹德新,组译. 北京:教育科学出版社,1996:163.

奥地利首相、普鲁士王后、意大利伯爵纷纷邀请裴斯泰洛齐会面，不少知识分子和深受鼓舞的青年人前来新庄拜会，表示愿意追随他的脚步[5]。

有人评价说："在为穷人工作方面，裴斯泰洛齐超过了卢梭，他是教育实践家。"也有人表示嫉妒："这个穷困潦倒的家伙，终于找到了一个赚钱的方法。"[6]

然而，这位名扬欧洲的教育思想家、实践家和小说作家此时却并不为名所喜，他依旧生活穷困，还债、看病和不时地救济穷人让家里的开销很大，他不得不经常进厂做工以贴补家用，妻子有时拖着虚弱的身体也要外出挣点零用钱。

最让裴斯泰洛齐在盛名中不得开心的是，许多人喜欢阅读他所写的那些引人入胜的故事，却没有想到如何改变他们的生活现状。就像许多人至今仍然把卢梭的《爱弥儿》当作小说来消磨时间一样，却不知《爱弥儿》是思维实验，是教育哲学。裴斯泰洛齐意识到，如果人们只是把《林哈德和葛笃德》作为小说阅读，那只是抓芝麻丢西瓜，而他也就没有实现书中倡导的建立大众教育哲学的目的[7]。

什么是大众教育哲学？大众教育哲学是利剑，是大海，也是旗帜，它斩断傲慢，消灭偏见，奔向自由，它打破精神垄断、身份界限和职业贵贱，它弘扬劳力者的精神价值。在旧时代，只有贵族

---

5 SILBER K. Pestalozzi: The man and his work [M]. London: Routledge and Kegan Paul, 1965: 254.
6 BOWERS F B, GEHRING. Johann Heinrich Pestalozzi: 18th century Swiss educator and correctional reformer [J]. Journal of Correctional Education, 2004, 55 (4): 316.
7 裴斯泰洛齐. 林哈德和葛笃德（下卷）[M]. 北京编译社，译. 北京：人民教育出版社，2005: 753.

教育哲学，没有大众教育哲学，由于国家教育掌握在教会手中，哲学在很大程度上只是身份象征。因此，只有当平民大众从教会权力中挣脱出来，并建立了国家平等教育权利的时候，大众的教育哲学才能登场。

裴斯泰洛齐希望人们真正理解他的写作意图，以便让《林哈德和葛笃德》在现实的疾风骤雨中检验成色。因此，他撰写了大量的时政评论文章，也发表了大量的时政寓言故事，当然谈论最多的仍然是大众教育。

裴斯泰洛齐指出，法国埃菲尔铁塔已经傲然屹立于巴黎城市中心，辉煌的工业革命持续进行，农业劳动和家庭经济解体，劳动大众进入工厂成为雇用劳动者，可是劳动者的孩子不能像过去那样跟在身边了，谁来看管？年龄稍大的被迫进入工厂、教养所或小作坊做童工和学徒，年龄太小的流落街头[8]。这样行吗？肯定不行！

裴斯泰洛齐呼吁，政府要把卢梭教育思想落在实处，不能像对待成人那样对待儿童，他还呼吁政府实施大众的启蒙教育，给予所有公民以美德、艺术、科学和各种必要而有用的技能教育。

然而，裴斯泰洛齐深深地意识到，写作和呼吁只是铺垫，教育实践才是关键。

2

1789年7月14日，裴斯泰洛齐正在新庄写作，邻邦法国的巴黎

---

[8] 狄更斯在《雾都孤儿》里对工业革命时期英国儿童生存状况有生动刻画，主人公奥利弗九岁时就进入英国教区教养所做童工了，大量的孤儿流浪街头被坏人引诱成为小偷。

广场，一场改变法国、改变欧洲、改变世界，当然也改变了裴斯泰洛齐人生的大革命爆发了。

据说，当巴士底狱被攻陷之后，凡尔赛宫里却没有惊慌。自信满满的路易十六若无其事地问身旁的拉罗什福科公爵："怎么，有叛乱？"公爵却纠正说："不，陛下，一场革命！"[9]

一场革命，貌似突如其来，却如同地火燃烧了很久。

法国大革命是欧洲资本主义经济和君主专制政治的矛盾冲突最彻底最激烈的爆发，这个爆发的燃点近在法国国内，远在欧洲其他地方，比如荷兰和英国。16世纪末期，荷兰尼德兰地区爆发了反抗西班牙殖民统治的资产阶级革命，这次革命让新生的荷兰共和国拔地而起，它把欧洲封建主义的城墙炸开了一道缺口。17世纪末期，正是由于荷兰执政王的军事介入，才有英国光荣革命的成功。法国与英国百年竞争较劲，关系错综复杂，当英国发生资产阶级的光荣革命后，工业经济得到了飞速发展，此事必然让法国社会深受刺激。

英国上空的自由空气吹到了法国，法国思想家集体觉醒，他们也要学习一切知识，他们声势浩大地编纂百科全书，搞起了轰轰烈烈的启蒙运动。此时的法国社会危机四伏，权贵阶层人口极少却拥有土地极多，占人口绝大多数的农民、工人、城市平民和资产阶级被沉重的赋税压迫得难以喘气。终于，似乎是在不经意间，似乎谁也没有料到的大革命爆发了。

1789年8月26日，法国制宪议会投票通过了《人权和公民权宣言》，宣布"人人生而平等"。1790年6月19日，制宪议会废除了亲

---

[9] PLATON M. Storming the bastille (July 14, 1789). Origins current events in historical perspective [EB/OL]. [2023-11-02] http://origins.osu.edu/milestones/july-2014-storming-bastille.

王、世袭贵族、封爵头衔，宣布农民、商人、工匠、教士、君王一律平等。

此时，正在瑞士写作并且时刻关注世界局势的中年人裴斯泰洛齐做何反应呢？

作为启蒙主义者，裴斯泰洛齐认为革命不可避免，因为贵族制度已经衰朽，自由平等已经深入人心。但是，裴斯泰洛齐坚决反对以暴制暴，他认为自由必须要依靠理性指导，兽性的放纵绝不是自由，他写道："尽管人的权利会受到纳入法制的国家权力的损害，却不应把对别人在体力上施行暴力去对抗社会上流行的暴力视为合法的与正当的。"[10]

然而，发生的已经发生。新建立的法国督政府决定实施弘扬理性和保障平等的"国民教育"，培养自由而负责任的公民。实施国民教育，在启蒙之火旺盛的法国社会早已不可避免。国民教育是法国革命政府表示与教皇至上主义的教会教育决裂的必然选择，是教育世俗化和国家化的象征。

那么，什么是最好的国民教育方案？卢梭的《爱弥儿》当然可以奉为圭臬，但是这部作品描述的是贵族少年而非穷人孩子，只提供思想而没有提供操作建议。拉夏洛泰的《论国民教育》大受欢迎[11]，它系统论述了解散耶稣会教团和实施国家办学的意义，也包

---

10 布律迈尔，主编. 裴斯泰洛齐选集：第二卷 [M]. 尹德新，组译. 北京：教育科学出版社，1996：12.
11 拉夏洛泰的主要身份是布列塔尼高等法院的总检察长。盖伊在《启蒙时代》中介绍说，按照拉夏洛泰的出身和当时的职位，他不可能成为启蒙哲人的宠儿，但是"为了讨好启蒙哲人，他旗帜鲜明地反对耶稣会，因此获得了与伏尔泰通信的殊荣，这算是他被启蒙哲人接纳的一个标志"（盖伊. 启蒙时代：人的觉醒与现代秩序的诞生 下卷 [M]. 刘北成，王皖强，译. 上海：上海人民出版社，2019：566）。1764年，拉夏洛泰成功促成了路易十五取缔耶稣会教团，（转下页）

括如何实施国民教育的设想，不过在涉及底层劳动者的教育方案时也含糊其辞。1774年，德国启蒙思想家巴泽多出版了附有100幅插图的四卷本《初级读本》，这是一个"按照现代方式推行大规模教育改革的方案"[12]，对法国新教育方案的制定和实施必然有一定影响。不过，这些影响都无法与《林哈德和葛笃德》在法国民众中产生的巨大作用力相媲美。

我们完全可以想象，在法国革命督政府迫切汲取全世界最先进国民教育思想和做法的时候，裴斯泰洛齐关于"工业学校"教育方法的具体论述，对法国人制定国民教育方案具有怎样的重要意义，这种意义可以通过裴斯泰洛齐收到的来自法国督政府的一份"大礼"得到证明。

1792年，法国制宪议会授予裴斯泰洛齐"法兰西共和国荣誉公民"称号，理由是《林哈德和葛笃德》以及裴斯泰洛齐的穷人教育理想，对法国国民教育做出了巨大贡献，当然与裴斯泰洛齐前期对法国大革命的支持态度不无关系。

在法兰西共和国元年，督政府授予一些外国人"法兰西共和国荣誉公民"称号，表明新政权对这些人的价值以及革命态度是高

（接上页）耶稣会垄断法国教育的局面终于结束。早在1763年，拉夏洛泰出版的《论国民教育》中就提出了关于教育国家化的诸多建议，不过涉及的具体教学方法改革较少。

12 盖伊.启蒙时代：人的觉醒与现代秩序的诞生　下卷［M］.刘北成，王皖强，译.上海：上海人民出版社，2019：566. 像裴斯泰洛齐一样，巴泽多是卢梭教育思想的拥趸，他在德国宣传和实践卢梭思想。1768年，巴泽多发表《为学校、学科及其对于公众福利之影响，敬向志士仁人呼吁书》，呼吁德国初等学校教育应由国家管理而不能由教会控制，强调编写出版包罗各种学科基础知识的初级课本的重要意义，受到莱辛、康德、歌德等著名思想家的赞赏和帮助。而后，巴泽多编写插图初级课本，举办博爱学校，实践自己的想法，成为德国博爱学校的创始人。

度认可的。与裴斯泰洛齐同时收到这一荣誉的还有：英国哲学家杰里米·边沁，英国慈善家、废奴主义者威廉·威尔伯福斯（William Wilberforce），美国首任总统乔治·华盛顿，美国宪法之父詹姆斯·麦迪逊，《人权论》作者托马斯·潘恩，德国诗人克罗卜斯托克（Klopstock），波兰民族英雄克西阿斯科（Kosciuszko）[13]，等等。督政府认为，这些人以不同方式为法国革命和国家建设做出了重大贡献，因而允许他们在法兰西共和国享有自由公民权[14]。

能够获得"法兰西共和国荣誉公民"称号，说明裴斯泰洛齐和他的《林哈德和葛笃德》经受了法国国民教育制度的检验。

而在瑞士，险恶的风暴中的检验即将来临。

3

1798年，裴斯泰洛齐已经52岁，长时间劳累和充满义愤的思考使他的身体状况很差，但他仍然精神振奋，密切关注着外界局势的巨大变化。

---

13 QUICK R H. Essays on educational reformers [M]. New York: D. Appleton. 1916: 310.
14 以托马斯·潘恩为例，他撰写的《人权论》对法国大革命建立民主共和政体起到了决定性影响。1792年9月13日，从英国逃脱追捕的潘恩乘坐邮船进入法国加莱港口时，军舰上礼炮齐鸣，士兵夹道欢迎，淑女上前献吻，官员和他拥抱，市民则冒雨迎在街道两侧，高呼"潘恩万岁"。20天后，法国国民公会选举潘恩为法兰西共和国新宪法起草小组成员。但是，后来的革命大屠杀让潘恩始料不及，非常失望。《人权论》也谈到了国民教育问题，潘恩建议国家通过免税实施义务教育，认为这样"不但可以使父母摆脱贫困，而且可以消除新一代人的愚昧无知，穷人的数目也会逐渐减少，因为借助教育，他们的才能将会提高"。再如，德国诗人克罗卜斯托克是狂飙突进运动先驱之一，通过诗篇表现人文主义思想，反对封建制度。上篇第六章将描述裴斯泰洛齐和老诗人克罗卜斯托克在歌德家中会面的情境。

1798年3月5日，一个突如其来的消息让裴斯泰洛齐大为震惊：拿破仑率军攻占了瑞士伯尔尼。法国督政府中的这个28岁的军事天才、政治明星，此时以法兰西共和国意大利方面军总司令的身份，高举"废特权，尚自由"的旗帜，率领士兵几乎没有遇到任何抵抗就占领了瑞士伯尔尼[15]。

裴斯泰洛齐的心情很痛苦、很纠结、很矛盾[16]。一方面，瑞士人的国家内政应该由瑞士人自己解决；另一方面，瑞士革命力量太弱，不靠外力难以取胜。现在，拿破仑介入了，瑞士革命成功了，如同法兰西共和国一样的瑞士"赫尔维蒂共和国"建立了。但是，毕竟是外国入侵啊！法国军队洗劫国库、烧杀掳掠，大量黄金被运往巴黎，还声称这是没收贵族老爷们的不义之财。苏黎世教士拉瓦特的声明很能代表裴斯泰洛齐的心情："贵族被推

---

15 瑞士与法国一衣带水，关系素来密切。路易十六时代，两国曾是防御同盟，瑞士联邦在法国市场享有特权。因此，法国大革命对瑞士的影响是可想而知的。当时，瑞士一些激进分子也效仿法国大革命，鼓动瑞士中产阶级和底层平民闹革命。1798年1月17日，巴塞尔乡村州首府利斯塔尔树立起自由之竿，底层平民冲入了市长宫邸。正是在这种形势下，拿破仑带着队伍，以"为瑞士人民谋幸福"的名义来了。可见，拿破仑之所以能够在瑞士长驱直入，是因为瑞士中产阶级和平民对他很配合。这个情况有点类似于100年前的英国革命，当年荷兰军队进入英国时，英国资产阶级和底层大众也是默契配合。

16 裴斯泰洛齐的痛苦反映了18世纪启蒙时代的痛苦，裴斯泰洛齐的矛盾显明了18世纪启蒙运动的矛盾，裴斯泰洛齐的纠结代表了18世纪所有启蒙思想家的纠结。裴斯泰洛齐对拿破仑并不是很反感，这倒不是因为法国督政府授予他荣誉公民称号，而是因为他清楚地看到，只有拿破仑才是欧洲各国封建顽固势力的克星。裴斯泰洛齐认为，没有法国的帮助，瑞士的反专制政治革命难以进行。裴斯泰洛齐最希望的是，法国督政府最多只能是给瑞士贵族施加压力，以促成瑞士革命成功，而不是直接派军队干涉瑞士民主进程。他很害怕，当法国军队进入之后，法国人就会对瑞士张开贪婪的嘴巴，变成欺压人民的新独裁者。不幸的是，事态朝着裴斯泰洛齐担心的方向发展——瑞士人的自由与民主斗争受制于法国人了。这期间，纠结矛盾的裴斯泰洛齐行动起来，主编了一份半官方的报纸——《赫尔维蒂人民报》(Helvetic People's Newspaper)，表达他对时局的看法。

翻,或许是极大的幸运,但是你们法国人像强盗与暴君来到瑞士……"[17]

从国家进步看,赫尔维蒂共和国是瑞士民主政权;从民族情感看,赫尔维蒂共和国是法国督政府的傀儡政权。当法国督政府在瑞士推行赫尔维蒂共和国宪法时,裴斯泰洛齐站在国家进步的立场上撰文支持这部瑞士联邦宪法。[18]该宪法除了将瑞士联邦改建为中央管理的统一国家之外,还有当时资产阶级国家所有的民主原则,包括国民主权和三权分立等。在这部宪法中,公民享有新闻和言论自由、文化和宗教自由、贸易和职业自由,拥有普遍的选举权、私人财产权,以及对侵权政府的起义权。在这部宪法中,世袭头衔和特权被禁止,不公平税收和封建行会制度被取消。在教育方面,新宪法规定,瑞士设立国家学校制度,每个州设立一个八人教育委员会,以摆脱教会影响,教育委员会独立管理每个州的学校。显然,这是法兰西共和国宪法的复制版,拿破仑把法兰西共和国的思想带到了瑞士。

有国家宪法和政府官员支持,裴斯泰洛齐比以往任何时候都希望举办教育。恰在此时,一项开办"孤儿学校"的任务摆在裴斯

---

17 布律迈尔,主编.裴斯泰洛齐选集:第一卷[M].尹德新,组译.北京:教育科学出版社,1994:54.
18 对于裴斯泰洛齐来说,他相信自己的选择是"理性的"。就像法国理性主义战士孔多塞一样,尽管被热衷于追求的革命所追杀,他却仍然坚信历史是进步的,这是按照规律运行的进步,即便有人追杀他,那只是理性暂时被癫狂所控制;即便他死亡,那也如同苏格拉底一样具有先驱者的意义。对于裴斯泰洛齐来说,尽管民族情感是重要的,但是同胞过着"食不果腹、衣不蔽体"的悲惨生活,这难道不需要尽快改变吗?回头去看,裴斯泰洛齐的这种选择的结果很可能是一场悲剧,不仅是裴斯泰洛齐本人生活的悲剧,而且是启蒙主义职业教育生命成长的悲剧。

泰洛齐面前[19],他即刻收拾行李,直接奔赴为教育理想而奋斗的新战场。他说:"我终于可以为穷人做点什么了!"[20]

4

新战场位于斯坦兹(Stanz),下瓦尔登邦首府,距离新庄大约50公里。

19 办学这件工作是裴斯泰洛齐主动争取得到的。事情的缘由是这样:赫尔维蒂共和国宪法颁布后,瑞士民众有不同意见。于是,法国督政府实行"霸王硬上弓"政策,要求瑞士各州公民于1798年7月12日集会向新宪法宣誓效忠。绝大部分地区的公民甘愿效忠,因为很多农民原本没有公民身份,只是新宪法才赋予了他们身份。但是,在施维茨和下瓦尔登地区,部分公民在教会势力煽动下拒绝宣誓。"宪法效忠"危机一触即发,为了避免流血战争,裴斯泰洛齐前往下瓦尔登进行劝说和调停,但是无济于事。8月18日,两地爆发了反对共和国的起义。9月9日,法国军队第二次开入瑞士内地,镇压了这次起义,许多男人、女人和小孩失去了生命。法国军队的这次入侵是极为可恨的,他们变成了掳掠黄金的强盗。听到下瓦尔登的灾难,裴斯泰洛齐悲伤之极,他给斯坦兹政府建议:尽快建一个孤儿院,让流离失所的孩童有家可回。他说:"我比别人更了解民众,我看到了他们的迷茫和堕落。我别无所求,只想堵塞这罪恶之源,以结束民众的疾苦。……我将成为一名教师。对此,我有信心!"(裴斯泰洛齐. 裴斯泰洛齐教育论著选[M]. 夏之莲,等译. 北京:人民教育出版社,1992:18)裴斯泰洛齐是新政府的支持者,新政府也对他的建议给予支持。更重要的是,裴斯泰洛齐的好朋友罗格朗是赫尔维蒂政府五名监督之一,此人坚信教育是国家良好秩序的根本。督政府决定为斯坦兹的孤儿设立一个机构,并拨付了专项资金,由裴斯泰洛齐管理学校。两个多月以后,孤儿院完工。这里需要特别说明,当时慈善学校教师是被人看不起的,收入很少,政府往往让退伍兵或者手工业者兼职做教师,所以当时在欧洲闻名的作家——裴斯泰洛齐欣喜地说"我将成为一名教师",是非常感人的。裴斯泰洛齐的教育思想在斯坦兹成熟并且成名,当时赫尔维蒂新政府委托一名声望很高的教授写了一篇关于裴斯泰洛齐教育实践的长篇调查报告,这份报告广泛传播,一些学者和政治家慕名前来拜访裴斯泰洛齐。

20 B. BOWERS F B, GEHRING. Johann Heinrich Pestalozzi:18th century Swiss educator and correctional reformer[J]. The Journal of Correctional Education, 2004, 55(4):312.

这是1798年12月的一个下午，鹅毛一样的雪花在空中舞动着曼妙身姿，斯坦兹的山峦、草地、溪水、屋舍和城市街道白茫茫一片，耕地比花园还要漂亮。裴斯泰洛齐来到斯坦兹，他想象未来的教育事业，感到自己仿佛进入了童话世界，这个世界曾是他在《林哈德和葛笃德》中描绘的教育理想：要照顾全体学生，使他们将来的职业都有着落；要为社会造福，要使高尚的劳动者和自己精神上渴望的天下得以实现；至死也要争取实现人类得到普遍幸福的天下。

然而，到了斯坦兹，仿佛走进了深山老林中的洞穴。裴斯泰洛齐孑然一身，没有随从，也没有物资。孤儿院其实是由一个荒废的修道院改建的，而且尚未建成，周围到处是愚昧、疾病，一切都是陌生的。

不过，裴斯泰洛齐根本不在乎环境，他关心的是孤儿们有没有受到关爱。他第一时间要做的，就是把那些流落街头的小乞丐"从粪便中提出来"[21]，让他们看到正确的方向。

1799年1月14日，斯坦兹孤儿院开始招生。

一个半月之后，80个孩子进入学校，他们中大多数从未上过学，只有几个人认识字母表。裴斯泰洛齐看到，许多孩子衣着破烂、满身虱子，头上有溃烂的伤口，他们的眼神里充满恐惧。一些孩子很粗鲁；一些孩子习惯于乞讨和欺骗；还有一些孩子娇生惯养，瞧不起穷人；还有的胆大妄为、无所顾忌，他们善于乞讨、伪装和弄虚作假。另外一些孩子被贫困压垮了，他们能够忍耐，却疑心重重，冷漠而怯懦。

---

21 QUICK R H. Essays on educational reformers [M]. New York: D. Appleton. 1916: 333.

在裴斯泰洛齐提供的平等而有规律的教育环境中，孩子们感到不舒服，裴斯泰洛齐照顾他们饮食起居，却不符合他们的习惯和愿望。大多数孩子都比较懒散，不愿干活，十个孩子中几乎找不到一个认识字母的。裴斯泰洛齐在日记中写道："大多数孩子都处于这样的状态，这是对人类最大的侮辱。"[22]

裴斯泰洛齐认为，贫穷不会赋予人道德，恰恰相反，可能会诱使人不讲道德和心理堕落。但是，穷人完全可以接受教育，这是依据人的天性，而不是财富和地位；穷人同样需要尊重，每个人都应享有爱护、照顾和尊重的权利。因此，首先要温暖他们的心，他写道："人的天性中最美好的天赋和才能就是在粗野的泥沼中和蛮化的蹂躏中也可得到发展，而且我在我的那些处在未启蒙状态的孩子们身上还看到，活跃的天性力量正处处显现出来。"[23]

裴斯泰洛齐在学校教的第一课是"爱的启迪"。他把父爱献给每一个孩子，每一个孩子都值得去爱。在他看来，爱心即使很少，也是强而有力的。如果毫无怜爱之心，即使强者也会分崩离析，一切关于国民教育、人民福利和关心穷人的最耀眼的设施都是建立在沙滩上的。

裴斯泰洛齐既做校长，又做教师，还要做保姆。他为孤儿们清洗污垢，治疗他们的疥疮和脓肿，给他们换上干净的衣服，让他们吃上新鲜的饭食。他安慰他们受伤的心灵，教导他们相互友爱，他就像温暖的阳光，把孩子们心中恐惧、多疑和固执的坚冰

---

22 QUICK R H. Essays on educational reformers [M]. New York: D. Appleton. 1916: 333.
23 布律迈尔，主编. 裴斯泰洛齐选集：第一卷 [M]. 尹德新，组译. 北京：教育科学出版社，1994：311.

慢慢融化了。

仅仅有爱还不够,还要教会孩子们整洁、节俭、自食其力和自尊,要让孩子们学习劳动技能,劳动不会使孩子变坏,懒惰才会。就像《林哈德和葛笃德》所写:"少尉自从担任校长以来,总想探求一个办法,使他的学生中凡是没有恒产的都能获得一样可以谋生的手艺,这件事已完全成了他的宗旨。只要挤得出时间,他就带领学生去参观镇上的各种工艺作坊,不惜花费几个小时去观看人家如何做活,了解各种做法,从多方面研究、估计每个学生的前途。"[24]裴斯泰洛齐决心把他过去20多年发展起来的教育思想付诸实践,接受这所因战争风暴而生的学校的检验。

裴斯泰洛齐在斯坦兹建了一个纺织加工场作为实践基地,目的是"把学习与劳动,把教学机构与企业机构相结合,将两者融为一体"[25]。为此,裴斯泰洛齐把上课时间安排在早晨6点到8点和下午4点到晚上8点,以便于孩子们有时间在工作和生活中学习。课程内容包括工作、观察、知觉、讲述、测量、绘画、写作、计算等,教育方法是情感(心)、行为(手)和思考(头脑)相结合。裴斯泰洛齐认为,"向着特定目标的职业教育必须服从一般教育的普通目标"[26],而实施"心手脑和谐"的教育方法不只是为了传授劳动的知识和技能,更是为了传授信仰、德行、法律、权利,以及爱和美的心。

---

24 裴斯泰洛齐. 林哈德和葛笃德[M]. 北京编译社. 北京:人民教育出版社,2005:649.
25 布律迈尔. 裴斯泰洛齐与当代教育[M]. 顾正祥,译. 北京:中央编译出版社,2013:45.
26 DE GUIMPS R. Pestalozzi: his life and work[M]. New York: D. Appleton and company, 1890: 167.

5

孤儿院终于变成了欢乐的大家庭，孩子们把头发蓬松、满脸斑痕、走路蹒跚的裴斯泰洛齐亲切地称为"父亲裴斯泰洛齐"（Father Pestalozzi）。

"父亲裴斯泰洛齐"仅仅是爱的表达吗？不只是爱的表达，还有感恩之意。

首先，裴斯泰洛齐的确是一位父亲般的老师，任何一位与他接触的老师和学生都不得不承认这一点。裴斯泰洛齐的学生兼传记作者罗杰·德·吉姆斯（Roger de Guimps）记载，他刚刚进学校教室的第一感觉并不好，因为东西破旧而且没有维修，也有些学生的声音很刺耳，但是他很快就被裴斯泰洛齐和蔼可亲、敏锐温柔的眼神，以及弥漫在整个屋子里的热情征服了。裴斯泰洛齐遇到他的第一个学生的时候，会说："你也想成为一个聪明善良的人，是吗？"常常说，我们必须与自然和谐相处，因为自然总是善良而美丽的，就像他的造物主一样。[27]

第二点，就裴斯泰洛齐举办的工业学校开辟了工业化时代的新教育领域而言，裴斯泰洛齐是"职业教育之父"。

裴斯泰洛齐在思想和实践上全面开创了职业教育之路，是职业教育的第一个倡导者和实践者。裴斯泰洛齐不仅用语言，而且用行动告诉世界：时代变了，学校教育也应当为劳力大众服务！人类的教育不是高高在上的贵族特权，教育属于全人类，穷人也有接受

---

[27] DE GUIMPS R. Pestalozzi: his life and work [M]. New York: D. Appleton and company, 1890: 389.

学校教育的权利,这才是自由与公平。

裴斯泰洛齐第一次用教育实践告诉世界:穷人之所以贫穷,不是因为懒惰,而是因为缺乏教育机会;穷人教育不是出于富人对穷人的同情、热心和施舍,而应当是全社会共同书写的爱与奉献。穷人教育不应制造懒惰,而要转向劳动教育和新时代条件下的工业教育,通过工业教育帮助穷人在工业时代就业和谋生,使他们获得爱的温暖和对美好生活的信心。裴斯泰洛齐的贡献是,把穷人教育引向职业和生活教育,就像把微光的油灯换成强光的电灯,他给静态的、僵硬的穷人教育注入了新生命的活力。

研究者普遍认为,裴斯泰洛齐够不上系统性的哲学家,他既没有康德那样系统的先验思维和严密的逻辑体系,也没有卢梭那样的天才和深邃。但是,裴斯泰洛齐具有一般哲学家所不具备的非凡热情、敏锐直觉和坚强意志。裴斯泰洛齐曾经说过,在"用字词给一些概念作哲学式的切实定义这方面"成效甚微,但他不是没有哲学探究的能力,而是现实要求他必须首先成为一个实践家[28]。事实上,从技术史的角度看,裴斯泰洛齐时代的哲学家对实践知识及其教育的认知普遍不够,因而冲在最前面的英雄一定是极其敏感和善于捕捉的实践家。关于这一点,在英国技术史家查尔斯·辛格(Charles Singer)等人主编的《技术史》第Ⅲ卷中,有一段考证之后的评论可以证明:"随着17世纪中期许多大的学术社团的成立,工匠们实践性的知识引起了经验哲学家的注意,但是这种实践性知识还继续远远超前于理论。直到18世纪,理论科学才有能力仅仅

---

28 裴斯泰洛齐. 裴斯泰洛齐教育论著选[M]. 夏之莲,等译. 北京:人民教育出版社,1992:9.

以一些次要的方式帮助实践发展。然而，现代科学的方法正是从那些处理原料的人的直觉性知识与实验观察和哲学的结合中引发出来的。"[29]

裴斯泰洛齐始终都是个普通人，从来都没有离开过普通人，甚至是个笨人，他衣着破旧，举止粗糙，口齿不清，文法不好，但是他做成了最伟大的事业。他是一个"平民英雄"。裴斯泰洛齐的不朽名言是："我像乞丐一样生活，为的是教会乞丐像人一样生活！"这就是无私的爱与奉献的力量。因此，很多访问者称呼他是"高贵的裴斯泰洛齐"。19世纪末，有位学者这样评价裴斯泰洛齐："教育史上最令人感动的故事莫过于裴斯泰洛齐的一生……他的一生实现了他的'教育的主要原则不是教而是爱'这一具有象征意义的原则。"[30]

裴斯泰洛齐的探索实践表明，他是职业教育之父，也是平民英雄。

裴斯泰洛齐第一个用实践也用理论告诉世界，为劳力大众的职业教育应当教什么和怎么教。裴斯泰洛齐发明了有利于大众学习的简化教育法，工业学校的教学内容已经远远超越了17世纪以来穷人教育的教义问答和简单读写。裴斯泰洛齐的实践证明：在工业时代，生产劳动者的教育应当与就业结合起来，促进手脑心和谐发展。

在工业化时代，职业教育面对的是资源缺乏的手工生产劳动

---

[29] 辛格. 技术史：第Ⅲ卷 文艺复兴至工业革命[M]. 高亮华，戴吾三，主译. 北京：中国工人出版社，2020：85.
[30] 克伯雷. 西方教育经典文献：下卷[M]. 任钟印，译. 北京：人民教育出版社，2016：428.

裴斯泰洛齐是职业教育之父,也是平民英雄

者,其中大部分是求生存的穷人,他们不仅需要就业技能,还需要科学理性的启蒙,当然也需要自我实现。面对多重需要,职业教育也应当有多重目的,即职业教育不只是帮"人"连接"工作"的中介,其更深层的意义在于生命救赎。毫无疑问,人与工作之间是有意义的,其中的意义因人而异,一个没有意义的人或者没有意义的工作都不完全,没有意义的人也不快乐。在贵族教育时代,奴隶受教育的意义被否认了;在工业教育时代,任何人和他们的工作都应当是有教育价值的,任何人都有权利通过教育和就业获得他们的幸福生活。

前来裴斯泰洛齐的工业学校里接受教育的大都是孤儿。为了使孤儿们成为对社会有用的公民,裴斯泰洛齐从道德和能力两方面实施教育。裴斯泰洛齐指出:"良好的公民教育必须有两条路线:必须在道德上教育人民,并且必须培养他们从事专门职业的实践能力,使他们成为社会的有用成员。"[31] 为此,裴斯泰洛齐把职业教育的目标指向"日后幸福所必需的一切"。

6

裴斯泰洛齐是探索职业教育"生命"之火的普罗米修斯,也是一把熊熊燃烧的火炬。普罗米修斯双手高举着熊熊燃烧的火炬,但是浑身伤痕累累。

事实上,《林哈德和葛笃德》的理想在斯坦兹很难实现。第一个原因是学校缺乏工作人员和教学设施,很难顾及全体学生,最多只能是部分学生在部分时间进行纺纱之类的练习。第二个原因其实是更大的不幸,开学不足半年,由于反法同盟军试图攻入瑞士,法军居然把简陋不堪的学校征作后方医院了。裴斯泰洛齐非常愤怒,他去控诉,但是毫无悬念地遭到了驱逐。

裴斯泰洛齐对法国人很失望,对瑞士新政府也很失望,但是除了柔弱的肉体和坚定的信念之外,他一无所有。

"想象一下我是怀着怎样的心情离开斯坦兹的,"裴斯泰洛齐在《斯坦兹和布格多夫的试验》的信中写道,"就像一个翻船落水的人,经历了无数个疲惫、焦虑的黑夜以后终于见到了大帝,顿时激起了生的希望,而这时偏偏又遇到了倒霉的大风,他又被刮入了无边无际的海洋。"而且,无人施救,只有嘲笑和叹息。

有人嘲笑:"一个人30岁时写了些有价值的东西,就指望他到

---

[31] SILBER K. Pestalozzi: the man and his work [M]. London: Routledge and Kegan Paul. 1960: 63.

50岁时必然能做点什么,那是荒唐可笑的。"

有人叹息:"他似乎能工作好几个月,但毕竟好景不长!"[32]

险恶的风暴啊,你让这位高举劳力工人教育理想奔走呼号的启蒙主义者保重吧!他像一个翻船落水的人,刚点燃希望又卷入深海,他有惊恐情绪中极度灰暗无助的孤独感,又有愤怒情绪中近乎妄想的自怜自艾,他在观看那一片废墟,"确信自己能够建造一座崭新的、更辉煌的城市",但是眼前的景象让他有些伤感,这个地方毕竟与自己的生命追求有关,想到自己曾支持拿破仑,间接地帮助摧毁了这个地方和它的学校,他又有强烈的负罪感。

站在轰轰烈烈的18世纪末端,像启蒙运动战将卢梭一样,命运多舛的裴斯泰洛齐的内心在挣扎,是"以放大和扭曲的方式体现了多数启蒙哲人不能幸免的那种挣扎"[33]。

---

32 DE GUIMPS R. Pestalozzi: his life and work [M]. New York:D. Appleton and company,1890:173.
33 盖伊. 启蒙时代:人的觉醒与现代秩序的诞生 上卷[M]. 刘北成,王皖强,译. 上海:上海人民出版社,2019:85.

第四章　爱的联锁与"心手脑和谐"

1

裴斯泰洛齐是大众教育启蒙者、职业教育开创者，也是愈挫愈坚的奋斗者。尽管斯坦兹孤儿院被迫关闭使裴斯泰洛齐深受打击，但是他很快从情绪低谷中精神抖擞地走出来，再次把全部精力投入实现教育理想的战斗中。

1799年7月底，裴斯泰洛齐来到伯尔尼附近的布格多夫城郊的一所贫民学校任教。当时的贫民学校条件非常差，教师通常由退伍士兵、工匠或者无业者担任。裴斯泰洛齐来到的学校其实是在一个铁匠家里开设的贫儿识字班，铁匠一边干活儿一边给学生讲解《新教教义问答》。裴斯泰洛齐则按照学生心理和兴趣进行教学，他让孩子们边做边学，通过游戏激发孩子思考问题。但是，铁匠对裴斯泰洛齐很不满，他说裴斯泰洛齐蛊惑学生，煽动家长反对裴斯泰洛齐。于是，刚来没几天的裴斯泰洛齐不得不离开。几经辗转，裴斯泰洛齐来到布格多夫城北一所初等学校，负责一个"后进班级"的教学。裴斯泰洛齐开始探索更好的教学方法，他认为教育意味着完整的人的发展，只有把生活作为最伟大的教育者才能取得最好的成效。他尝试把所有课本都收起来，调动孩子们的感官去体验环境。八个月后，他的学生参加了一次考试，成绩非常好，甚至好于高年级学生的成绩。

1800年5月4日，裴斯泰洛齐接替病逝的老校长费舍尔，亲自领导布格多夫师范学校。此后，布格多夫的教育实验取得了巨大成效。在伯尔尼政府支持下，裴斯泰洛齐在布格多夫城堡（Burgdorf Castle）创办新式国民学校。布格多夫城堡建在山上，周围有繁荣的制造工业和勤劳节俭的清教徒。在布格多夫学校，裴斯泰洛齐实施生活教育、工作教育和体验教育，探索"心手脑和谐"教育方法。他使用可移动字母教授拼写和阅读，使用视觉和触觉辅助教授算术，带领学生爬上砂岩，下到河里，在全国各地旅行，使自然之子融入自然。裴斯泰洛齐此时写的《葛笃德怎样教育她的子女》广为传播，奠定了裴斯泰洛齐作为国民教育改革家的地位。

2

在裴斯泰洛齐这里，"心手脑和谐"阐述了教育的三重范畴——审美、技能和理性。首先，教育必须要有审美，审美是热爱的源泉、工作的动力、职业的信仰、生活的艺术。裴斯泰洛齐从人性出发，从"心"出发，从苦难出发，从"向善"出发，从人作为"第一原理"出发，将教育情感化，将课程生活化，将教学心理化。其次，教育必须赋予学生技能，技能是动手，是工作，是生活，是手段。裴斯泰洛齐要求每个学生都要学会一门谋生的技能，比如种植的技能、纺纱的技能、维修的技能等。再次，教育必须有理性启蒙价值，理性是确定性知识寻求和启蒙，也是天赋的才能，裴斯泰洛齐将知识启蒙作为对抗神权专制的手段，将职业教育作为启迪穷人天赋才能的路径。

在裴斯泰洛齐这里,"心手脑和谐"既是教育方法,也是教育思想和目标;实现"心手脑和谐",需要"爱的联锁"。

有一次,裴斯泰洛齐带学生去远游,雪下得很大,天色已晚,他们住在非常简陋挡不住风雪的房舍里,也没有饭吃。裴斯泰洛齐发现,那些最贫穷最无知的孩子却是抱怨得最厉害的,反而那些受过一些教育的人则很快适应了环境[1]。把疲惫不堪、饥肠辘辘的孩子们安顿入睡之后,裴斯泰洛齐靠在墙边开始写日记,他看着孩子们,思考教育是什么。

裴斯泰洛齐写道:我虽然已经54岁,看上去像个很老的老头子一样,但是我的身体状况很好。我们在大自然中经历风霜雨雪,这就是生活本身,生活本身就是一部自然的书籍,生活是伟大的教育者,学校如果不把它的工作建立在生活这个基础之上,就会误入歧途。我不禁要问:人的教育是什么?人性是什么?人类的内心得到满足,共同的人类本性得到力量和纯洁,人类的生存得到福泽,这些并非梦想!追求和寻找这些东西,无疑是人类的真正职业,至少我自己的心愿的归宿就在其中。

困乏的裴斯泰洛齐靠在墙边睡着了……

裴斯泰洛齐身无分文,一大堆穷孩子围着他,个个面黄肌瘦。裴斯泰洛齐很心疼,不得不去找一位有钱的朋友。站在朋友面前,裴斯泰洛齐非常为难,支支吾吾道:"可否先借500古尔登?"朋友给了他1000古尔登,叮嘱说:"这是我支持您的,不是借的,不过要精打细算哦,可别让那些伪装的乞丐骗走。"

---

1 HAYWARD F H. The educational ideas of Pestalozzi and Frobel [M]. London: Palph Holland & Co. Temple Chambers, E. C. 1904: 29.

两个小时之后，裴斯泰洛齐又找到朋友，涨红了脸，说："是的，太巧了，刚从您这里出去，就遇到一个可怜的农民，前几天他家被一场大火烧得精光，我问他需要多少钱，他说要1000古尔登，我就把从您这里借来的钱都给了他。"朋友问："那人叫什么名字？"裴斯泰洛齐不安地跳起来，说："啊呀，我忘记问了，但是我发誓他是诚实的人，我看得出来！"看到裴斯泰洛齐的囧样，朋友忍不住大笑起来，又给他1000古尔登，说："这次的1000古尔登是我借给您的啊！"

从朋友家出来，天上飘起雪花，天色黑沉沉的。裴斯泰洛齐把头缩进脖子里，高一脚低一脚地走着。他穿过一个葡萄园，天色越发黑沉，看不见远处，他在小路上边走边沉思。突然，两匹快马拉着一辆货车轰隆隆疾驰而来，像电闪雷鸣一样，裴斯泰洛齐急忙躲闪，然而他的身体被猛地撞了一下，他被卷入了马腿之下……然而，裴斯泰洛齐感到，似乎有一股神奇力量把他拖起来，然后甩到一边，他站起身来，发现自己除了衣服刮破，其他完好无损。裴斯泰洛齐一瘸一拐地继续往前走，他喃喃自语："哦，一切都是天意！我应该平静从容，充满信心！"

"啊！谁？！"裴斯泰洛齐蓦地一震，他呆立在原地，心咚咚乱跳。一个面目狰狞的怪物……拦住了裴斯泰洛齐的去路，嘴里露出金牙，身上写满了使用说明，屁股冒着黑烟，全身披红戴绿，很可怕。"不要怕！"怪物说，"我曾是您的那个工业学校啊，我原本是您的那个心手脑和谐的生命体啊！"裴斯泰洛齐很惊讶地问："可是，我亲爱的孩子，为什么弄成了这个可怕的样子？"怪物没有回答，倏忽不见了，就像融入空气当中一样。正疑惑间，怪物一下子贴上来，似乎要把裴斯泰洛齐整个吞噬——分明已经把他吞噬。然而，怪物其实只是贴在裴斯泰洛齐的耳朵上，怪物开始说话，每一个字都好像要把裴斯泰洛齐的耳膜震裂。"我来自两百年以后。"怪物说。"两百年以后？那是一个怎样的世界呢？"裴斯泰洛齐好奇地问。"哎呀，那个世界到处都是信心满满的专家！他们每个人都有花样繁多的训练之法，经过他们重新打造和装扮，我成了您看到的这个样子！他们把我制成漂亮的陀螺机，一边举鞭抽我旋转，一边高声叫卖。"怪物继续说："人们都怕我，孩子们见到我就跑！可是最该害怕的是我呀！裴斯泰洛齐先生，今天我是来向您求救的！"裴斯泰洛齐很愤怒，却也很悲凉，他说："可怜的孩子，如果没有心的供氧而只在那里手舞足蹈，就很可能变成强大又邪恶的巨型怪物。来吧，孩子，到我这里来！"裴斯泰洛齐去拉怪物，可是什么也抓不到，似乎有一股青烟袅袅升腾。"来吧，孩子，我们一起重新出发！"裴斯泰洛齐一边喊叫，一边向前奔跑……

"来吧，孩子，我们一起重新出发！"裴斯泰洛齐忽然听到耳边有许多声音和他一起喊，他睁开眼睛，发现孩子们正站在他的身旁笑。"起来吧，亲爱的父亲裴斯泰洛齐！您又在说梦话了！"一个学生笑着说。

裴斯泰洛齐站起来，天色已经明亮，也不下雪了。昨天晚上他一直在做梦，难道是感冒发烧了吗？坚定向前吧，他招呼同学们整理行装，向不远处的小城进发。裴斯泰洛齐告诉自己：教育理想又一次艰难地经受住了风暴的考验。

3

1802年夏，瑞士内战爆发，赫尔维蒂政府解散，法国军队再次进驻，稳定了瑞士政局。显然，拿破仑变成了瑞士的实际统治者。不久，拿破仑下令瑞士派代表前往巴黎参加会议。

裴斯泰洛齐被布格多夫镇和苏黎世镇推举到巴黎开会，他正有很多想法要和拿破仑面谈。他要特别建议拿破仑，国家应当建立国民职业教育制度，同时必须有健全的司法和财政支持[2]。然而在闹哄哄的巴黎，拿破仑却没有接受裴斯泰洛齐的面谈申请，这位征服者声称自己无暇和一位教师谈ABC之类的问题，他似乎只关心他的巴黎综合理工学院[3]。

回国后，政治风云再次变幻，瑞士中央政府失去效力，各州被允许有自己的法律。伯尔尼州政府决定把布格多夫学校作为县长官邸，要求裴斯泰洛齐限期离开城堡。裴斯泰洛齐带着三名骨干教师离开伯尔尼，在汝拉山下的伊佛东小镇创建了一个新的教育机构——伊佛东学院[4]。

半年后，其他教师和学生都转到了伊佛东。

1807年至1809年，伊佛东学院处于鼎盛时期：有165名中学学生，31名教师和职员，还有32名师范学校学员，再加上教师家属，

---

2 吴志尧. 裴斯塔洛齐［M］. 上海：商务印书馆，1948：57.
3 巴黎综合理工学院建于1794年，初始校名为"中央公共工程学院"，是大革命之后督政府为解决工程师和干部缺乏问题而开办的。1805年，拿破仑将学校变为军校，并且取消了学校免费制度，代之以高昂的年学费制度，平民出身的拿破仑一世认为"给那些不是出身富裕家庭的孩子以先进的教育，这是危险的"。现在，这所大学被誉为法国精英教育的巅峰。
4 伊佛东（Yverdon-les-Bains）小镇位于汝拉（Jura）山脉下，现属于汝拉州，是瑞士西部地区最重要的温泉度假区。神圣罗马帝国时，汝拉州曾是帝国内的一个主权国家，1648年成为瑞士邦联的"汝拉地区"。1814年至1815年的维也纳会议将汝拉地区划归伯尔尼州，此举激起强烈抗议。1978年全国公投后正式与伯尔尼州分离。如今，裴斯泰洛齐纪念馆和伊佛东学院遗址仍然是游客必到之地。

总共约有250多人[5]。裴斯泰洛齐在伊佛东继续"心手脑和谐"的教育实践，目的是建立教育与工作的生命联系。

不过，办学经费少得可怜，因为裴斯泰洛齐收取很低的学费，而且近三分之一的穷学生还没有支付任何学费。所有教师都是义务劳动，学校只管他们食宿。裴斯泰洛齐设想，将学校与工厂合并，师生一起边学习边做工，这样可以用做工赚的钱支付学校开支。

伊佛东学校拥有自己的印刷厂和装订车间，教师和学生都是车间工人。除此之外，学生还被允许养兔子、山羊，以及在附近的湖里游泳，在学校旁边建冰雪城堡和生活花园。

整个学校就像一个大家庭，裴斯泰洛齐妻子安娜是家庭主妇。教师们都是追随裴斯泰洛齐的青年人，大家快乐地生活在一起，勤奋工作、节俭实用是基本原则。学校禁止员工侮辱和体罚学生，师生同吃同住，所有人没有生命的高低贵贱之分，也没有职业的闲暇忙碌之别。60岁的裴斯泰洛齐和同事们干工作很勤奋，也很兴奋，大家经常工作到凌晨两三点钟，在"教育圣地"没有人感到辛苦，因为每个人都有成就感和尊严感。

在课堂教学上，裴斯泰洛齐实施分组教学，把在同一科目有特长和兴趣的学生分成一组。每周的上课时间很长，周课时总计约60小时[6]。虽然课时量大，但是学校的教学日程安排很灵活，学生有很多时间自主学习和活动。师生活动的一项重要内容是徒步旅行，旅行通常持续几周，学生们会被带到阿尔卑斯山和周边国家。不过，这些旅行仍然是科学和地理课程的一部分，因此每次旅行前都要进

---

[5] MONROE P. A brief course on the history of education [M]. New York: MacMillian, 1912: 318.

[6] 这个周学时数是目前瑞士普通学校的三倍。

行充分的课程准备，学生要学会认识各种动植物和地理现象，学会使用各种常用工具，如锯子、锤子、刀子、绳索、帐篷等。

不长时间，伊佛东学校名扬四海。首先是德国（特别是普鲁士地区），很快也辐射到了法国、西班牙、意大利、英国、俄罗斯和美国，欧洲各地都有人慕名前来学习，赫尔巴特、福禄贝尔、费希特、欧文等许多大学者和一些国家的政府领导人纷纷前来参观访问和交流学习。美国教育家威廉·C. 木桥于1820年和1825—1829年两次长时间待在欧洲，他访问伊佛东之后评价说："他在伊佛东的学校获得了各民族人士的赞誉，不仅仅受到被鼓舞了他的那同一种冲动所引导的人们的赞誉，而且受到那些来到伊佛东以熟悉他的理论，以便在各国成为他的追随者的国王和贵族的代理人和公共机构的赞誉。"[7]

裴斯泰洛齐留给学习者印象最深的是什么？或者说，赞誉者对裴斯泰洛齐最大的赞誉是什么？一个字总结：爱。真诚无私的爱，以及由这种爱所带来的奉献精神，是一种能够点石成金的魔法，是可以接合"心手脑"的精灵，"爱"使人成为他自己。在裴斯泰洛齐看来，爱既是教育的方法，也是教育的目的，爱胜过一切方法和目的，因为爱是人生意义（成就和尊严）的底层逻辑。裴斯泰洛齐的动手能力并不强，甚至经常出错，闹出一些笑话，但是裴斯泰洛齐"一切为人，无有为己"的爱弥补了一切不足，也消弭了教育"位隔"，他的博爱信仰以及由爱而生的信任征服了所有人。有一个家长到伊佛东学校看孩子，惊奇地说："哈！这里所有人都

---

[7] 克伯雷. 西方教育经典文献：下卷[M]. 任钟印，译. 北京：人民教育出版社，2016：529.

像是相亲相爱的一家人!"

1818—1819年,美国纽约一所学校的管理者约翰·格里斯康访问欧洲和伊佛东学校,他对伊佛东的教学法评价道:"这种教学法的成功主要仰赖于教学人员的个人条件。这里没有兰卡斯特制[8]中的机械主义,没有制定管理班级的明确规则等。它完全靠心智和感觉,它的安排必定总是根据学生的年龄、才能和倾向,而又要求教师有最勤奋的最忠诚的注意力。首先,教师要把自己看作他的学生的父亲和知心朋友,要生气勃勃,对他的学生有益的事要充满最深情的愿望。裴斯泰洛齐本人就完全是这样的,他的心洋溢着这样一种精神,这位善良的老人几乎抑制不住要亲吻他所关心的一切人。他在多种场合向他的学生伸出双手,他们爱他,就像一个孩子爱他的母亲,他的教学法恰恰适合于家庭的炉边。一位父亲或母亲坐在中间,一圈幸福的儿童围绕着他们。"[9]

4

裴斯泰洛齐教学法的精髓在于"爱的联锁"。

1819—1822年,英国牧师查理·马约在伊佛东和裴斯泰洛齐一起工作,他写道:"我看到了他的学生围绕在他周围,我注意到了他的洋溢着的亲切,我从无数次温厚的品质中看到了他的经历的证

---

[8] 兰卡斯特制,即"导生制",由英国人兰卡斯特在1798年创立,这是在学生人数过多、学校又无足够教师的情况下,使年长且成绩好的学生去教其他学生的方法,影响非常大。因英国牧师贝尔最早使用了这种方法,故一般称为"贝尔-兰卡斯特制"。在中国,陶行知先生最早使用这种教学方法,他称之为"小先生制"。
[9] 克伯雷. 西方教育经典文献:下卷[M]. 任钟印,译. 北京:人民教育出版社,2016:528.

据。我亲眼看见了动人的质朴,目睹了他在谈到他为人类所做的一切和打算做的一切时的无拘无束。假如我能把我对他感受到的情绪传达给别人,裴斯泰洛齐就一定会得到他理应得到的爱和崇敬。三年与他亲密的接触,每一天都是标志着他的慈爱的见证,都能将我的心和他的心紧紧地联系在一起……"[10]

裴斯泰洛齐学校吸引力的根源在于"良心"。裴斯泰洛齐说:"良心是根本的根本,理性只有在良心的统帅之下才不至于受到欲望的蒙蔽,是教学方法的灵魂,我相信无论什么方法如果抛开良心都是花言巧语的。卢梭就说,理性由良心统领。"良心是根本的根本,是天赋的力量,是才能的泉源。良心需要爱的唤醒和引启。

"心手脑和谐"是裴斯泰洛齐教育思想的灵魂,也是审美的启蒙主义职业教育话语体系的灵魂。1805年,裴斯泰洛齐专门写了《方法中的灵魂与核心》一文,他反对从外面进行知识灌输,认为"心手脑和谐"教育的重点是激发内在天赋;他反对只根据教学成绩来评价学校,认为最重要的是那些无法测量的东西:爱己及人,幸福快乐。在谈到"心手脑和谐"教育的哲学基础时,裴斯泰洛齐说:"唤醒各种天赋最内在的能力,这就是我的方法的本质。"[11]乍一看,"唤醒各种天赋最内在的能力"这句话是从天赋观念的先验论出发的,然而它恰恰是从对先验论的批判出发的。裴斯泰洛齐继承了洛克经验主义的"白板说",承认人的"天赋能力"而非"天赋观念",

---

10 克伯雷. 西方教育经典文献: 下卷 [M] 任钟印, 译. 北京: 人民教育出版社, 2016: 531. 关于裴斯泰洛齐受赞誉的内容, 上文还引用了美国人威廉·C. 木桥、约翰·格里斯康的记录, 引文出处分别来自克伯雷这部文献的第529页和第528页。

11 布律迈尔, 主编. 裴斯泰洛齐选集: 第二卷 [M] 尹德新, 组译. 北京: 教育科学出版社, 1996: 169.

强调激发学生主动探究学习的主观能动性，对于"以学生为本"的教育思想的形成具有奠基性的意义。裴斯泰洛齐认为，在每个人的天赋之中，本来就存在着足够的力量和手段，能够使人获得一个满意的生活。例如，眼需要看，耳需要听，脚需要走，手需要做，脑需要思，心需要爱，爱可以消灭手和脑的隔离，实现"心手脑和谐"。

裴斯泰洛齐的"心手脑和谐"教育思想，被福禄贝尔用来建构幼儿教育理论[12]，被赫尔巴特用来建构教育心理学理论[13]，被第

---

12 福禄贝尔（Friedrich Wilhelm August Frobel, 1782—1852），裴斯泰洛齐嫡传弟子，他把伊佛东称作"教育的圣地"。1805年在法兰克福任教时得知裴斯泰洛齐，开始尝试应用裴氏教学法，8月底第一次访问伊佛东，受到了裴斯泰洛齐及其他教师的友好接待；1808年带着法兰克福某贵族家庭的三个孩子一起来到瑞士伊佛东学校，跟随裴斯泰洛齐学习，他看到裴斯泰洛齐是"慈祥而受人尊重的父亲"，他说："在我的心里，没有什么事情比得上与裴斯泰洛齐一起生活一段时间。"他印象最深的是裴斯泰洛齐每天傍晚与老师们一起带学生散步，过段时间又一起在山上长距离散步，他在自传中回忆："当裴斯泰洛齐讲话时，他所产生的那种有力的、不可抗拒的、激励人的和使人振奋的影响力，能使一个人的心灵受到鼓舞而去追求一种更高尚的生活。"1810年底，福禄贝尔和他的三个学生离开伊佛东回国之前，裴斯泰洛齐与福禄贝尔在湖边谈话，他深情地对福禄贝尔说："你将做得更好，但不要太匆忙，你将是一位伟大的教师，但你首先必须了解你自己。"离开时，福禄贝尔看到老人眼里充满泪水，依依不舍。1811年，福禄贝尔回国任柏林普拉曼舍尔中学教师，此后更换了多个任教单位，不断研究和实践裴氏思想，写了大量教育论著。1831年再次来到瑞士，老师已逝，精神长存，他在瑞士沃滕建了一个教育机构，1835年搬到裴氏曾工作过的伯尔尼布格多夫，任教于布格多夫孤儿院，在此编杂志写文章，总结教育理论；1836年回到德国，完全致力于幼儿教育事业。福禄贝尔把裴斯泰洛齐看作他的教育灯塔，他的幼教理论处处显有裴斯泰洛齐的工作教育和生活教育思想：讲奉献、畅自然、顺本性、设环境、多活动、重操作，"恩物"这一伟大的教育发明其实也正是裴氏"心手脑和谐"发展理论的具体化。

13 赫尔巴特（Johann Friedrich Herbart, 1776—1841），德国哲学家、心理学家、教育学家，"科学教育学之父"，1793年跟随费希特在耶拿大学学习哲学，1797年大学毕业后在瑞士某贵族家庭中任三个孩子的家庭教师，开始总结和（转下页）

斯多惠用来建构师范教育理论[14]，被格伦特维用来建构大众教育理论[15]，被霍瑞斯·曼、巴纳德用来建立免费、普及的美国公共教育

（接上页）研究教育现象。1798年，赫尔巴特结识了裴斯泰洛齐，他在1798年1月28日的信函中写道："在苏黎世，我既没有见到拉瓦特尔，也没有见到黑格尔，但是却有机会结识了著名的裴斯泰洛齐。"两位年龄相差30岁的教育家成为忘年交，经常探讨教育问题。1799年，赫尔巴特专程到布格多夫学习。赫尔巴特是裴斯泰洛齐的著作在德国的第一个翻译者。赫尔巴特于1802年发表的第一篇教育论文就是《裴斯泰洛齐关于直观的初步观念》，两年后又撰写了《评裴斯泰洛齐教学方法》。赫尔巴特强调"技术知识"学习和职业教育。赫尔巴特说："技术是自然观念人类目的之间的重要环节，每个青少年应当学习使用木匠最常用的工具，应当像使用直尺与圆规一样出色。"（赫尔巴特. 普通教育学·教育学讲授纲要［M］. 李其龙，译. 北京：人民教育出版社，1989：331）1804年，赫尔巴特写的《裴斯泰洛齐的直观教学ABC》一文在哥廷根出版，其中写道，他第二次去布格多夫裴斯泰洛齐学校，很担心实验失败，进入课堂听课，又很担心乱哄哄，但是一切出乎所料，孩子们的阅读声很悦耳、很清晰，他说："我也不由自主地忘记了自己是一个旁观者和观察者，而变成了一个学生和孩子。"

14 第斯多惠（Friedrich Adolf Wilhelm Diesterweg，1790—1866），德国教育家和思想家，德国师范教育之父，1813—1818年在法兰克福模范中学任教时结识了裴斯泰洛齐，自此成为裴氏信徒，终生实践推广裴斯泰洛齐教育思想，为德国国民教育而奋斗。第斯多惠先后任两所师范学校校长将近30年时间，他把裴斯泰洛齐的爱与奉献作为师范教育的基本原则，提出教育要与社会、工作和生活建立紧密联系，他抨击社会不平等，主张使所有劳动者"直到最后一个短工"组成各种互助团体。

15 格伦特维（Nikolai Grundtvig，1783—1872），丹麦主教、作家、诗人、哲学家、历史学家、教育家、政治家，他的作品敏锐地反映丹麦工业化时期的社会现实，对丹麦文化和社会影响非常深远，被认为奠定了19世纪丹麦的新民族主义基础。格伦特维致力于丹麦国家的穷人教育事业，他被称为哥本哈根济贫院牧师。格伦特维反对培养少数社会精英的教育模式，举办"平民高中"，被称作"平民高中之父"。格伦特维受到裴斯泰洛齐教育实践和思想的影响，提出教育应当培养学生实用技能，让学生积极参与大众生活，而不是做教育学者。他为成年人提供免费的生涯教育，建立了丹麦独具特色的大众化教育机构，该机构为丹麦全民扫盲起到决定性作用，影响到瑞典、挪威，甚至德国、奥地利、法国和美国。

制度[16]，被凯兴斯泰纳用来建立德国劳作学校制度[17]。不过，"心"在后来的效率主义职业教育话语体系中丢失了，只剩下"手"和"脑"被行为科学量化为各种评分表和说明书上的指标体系。尽管当代神经生理学和教育心理学研究成果支持了"心手脑和谐"教育思想，但是沉重的效率主义教育惯性仍然有很大的破坏力。

---

16 霍瑞思·曼（Horace Mann，1796—1859），美国南北战争之前最重要的教育改革家，"美国公共教育之父"，座右铭是"渴望幸福是人类的天性法则"，他深受裴斯泰洛齐影响，对底层大众的职业教育的重视超过了对传统的"自由教育"的重视，因此遭到很多抵制。他呼吁国家要给不幸的穷人提供免费的和普及的职业教育机会，帮助学生为未来就业做准备，他认为这是劳工幸福之路。巴纳德（Frederick Augustus Porter Barnard，1809—1889），美国数学家、化学家、物理学家、教育家，很早就失去听力，却是著名演说家，他早先坚持"自由教育"传统，推崇古典文学和数学课程，反对职业教育课程，但是当他于1864年任纽约哥伦比亚学院第十任校长后，彻底改变了看法，他扩大课程范围，推出许多职业教育课程，并加强基础科学研究，使学校从最初的150人发展到1000多人。

17 凯兴斯泰纳被视为"劳作学校"先驱和"德国职业教育之父"。1905年，凯兴斯泰纳首次正式提出"劳作学校"概念；1912年，凯兴斯泰纳出版"劳作学校"理论奠基之作《劳作学校要义》。凯兴斯泰纳明确表示，"劳作学校"的理论资源主要取自裴斯泰洛齐，而且裴斯泰洛齐是他的精神领袖。1908年，在瑞士纪念裴斯泰洛齐大会上，凯兴斯泰纳作了题为"裴斯泰洛齐精神中的未来学校——劳作学校"的报告，提出学校应变成"中心车间"，儿童在其中既学习又劳动，由此引发了一场"劳作学校运动"。1919年，德国宪法正式规定把公民课和劳动课列入中小学课程。特别需要强调的是，凯兴斯泰纳的"劳作"并非以实际的工业世界或技术为目的，而是以与手工艺密切相关的"创造性活动"为中心，这一"劳作"思想正得益于裴斯泰洛齐审美启蒙主义的"心手脑和谐"思想精髓。

第五章 职业教育关乎国家存亡

1

在一般读者的认知中,裴斯泰洛齐一生大约只去过四个地方(诺伊霍夫、斯坦兹、布格多夫、伊佛东),做了一件事(穷人教育),写了几十本书[1],这些只是教育学视野中的裴斯泰洛齐。不过,启蒙运动时期学术圈子里的裴斯泰洛齐却被忽视了。尽管裴斯泰洛齐未被列在启蒙哲人的"核心军团"当中,但是一个伟大的教育家,一定是伟大的思想家,缺少了启蒙思想的裴斯泰洛齐是不完全的,也不足以使我们深入理解启蒙主义职业教育的思想内涵。

而且,启蒙时代也是教育改革时代,几乎所有启蒙思想家都认为自己是教育改革家,因为"启蒙的逻辑在于,如果大部分人尚未做好自主准备,那就必须塑造他们"[2]。关于启蒙运动思想家学术

---

1 裴斯泰洛齐一生写了长短不一、带有时代回响的作品300多部。1927年至1996年,包括31卷作品集和14卷6460封书信,以及类似于书信的档案等的《裴斯泰洛齐全集》出版。关于裴斯泰洛齐的研究,目前已有20000份学术文本,其中包括5000本专著和数部传记。详见瑞士裴斯泰洛齐协会理事、德国斯图加特传媒大学教授库勒曼撰写的《裴斯泰洛齐:从18世纪到现在的网络在线》(肖郎,赵卫平,主编. 跨文化视野中的教育史研究:裴斯泰洛齐教育思想国际研讨会论文集[M]. 杭州:浙江大学出版社,2011:236)。
2 盖伊. 启蒙时代:人的觉醒与现代秩序的诞生 下卷[M]. 刘北成,王皖强,译. 上海:上海人民出版社,2019:553.

圈子里的裴斯泰洛齐，我们不仅能够从裴斯泰洛齐对外发表的书信和文章中找到，也能够从裴斯泰洛齐与启蒙思想家的交往和对话中找到。在18世纪，欧洲启蒙运动掀起了"对话"热潮，写作风格是对话的，学者生活是对话的，频繁的旅行、拜访、沙龙活动都是对话的表现形式，在对话中产生思想的交锋、撞击和成长。

1792年，裴斯泰洛齐46岁，他计划着如何再次开始理想的教育行动，他实在坐不住了，他已经坐得太久，他不能在屋子里度过余生。正是这一年，瑞士爆发了类似法国革命那样的平民争取自由权利的暴动，裴斯泰洛齐以律师的身份投身其中，他替平民与当局斡旋，但是成效甚微。他写了一篇题为《论法国大革命的原因》的论文，对瑞士革命进行反思，但是没有发表。作为启蒙时代教育改革家的裴斯泰洛齐，"多年来一直在研读的唯一一本书就是人"，他的全部哲学都是建立在人和人的经验基础上的[3]。裴斯泰洛齐想弄清楚：人是什么？他需要什么？什么使他高尚？什么使他下贱？什么使他强壮？什么使他虚弱？一个人为什么是个市民，或者手工艺人，或者农夫，而不仅仅只做个人呢？爱己及人为什么难以实现？永不败落的爱在有些人那里为什么并不放光？裴斯泰洛齐自问："作为社会产物的我是什么？作为自身产物的我是什么？我作为社会产物，在大自然的产物和我自身的产物之间摇摆。我作为一个堕落的自然人，冷酷地进入这个社会，成为一个社会人，但是只有作为道德的人，才能解决我自身的似乎存在于我本性中的矛盾。"[4]

---

3 布律迈尔，主编. 裴斯泰洛齐选集：第一卷[M]. 尹德新，组译. 北京：教育科学出版社，1994：81.
4 布律迈尔，主编. 裴斯泰洛齐选集：第二卷[M]. 尹德新，组译. 北京：教育科学出版社，1996：149-150.

裴斯泰洛齐决定去德国旅行，当然最重要的是去魏玛公国拜访几位思想大师。此时，启蒙思想之火已经燃遍德意志全域，一种混合着激情主义和国家主义的狂飙突进运动正在轰轰烈烈进行，特别是在魏玛公国，歌德、席勒、赫尔德、维兰德、费希特等一大批光彩夺目的思想家聚集于此。每个人都生活在某个圈层之中，每一个知识分子在那个时代可能都在寻求一种身份认同。裴斯泰洛齐早已被德国知识界的浪漫主义精神和除旧创新的勇气所鼓舞[5]，他要暂时离开新庄，他要寻求和启蒙思想家对话。

2

裴斯泰洛齐从瑞士苏黎世出发，来到德国启蒙思想重地莱比锡[6]。在莱比锡，裴斯泰洛齐先是参加了妹妹的婚礼，然后参观了德国几所培训学校，不过他对这些学校都不满意。之后，他去看望哲学家费希特。[7]现在，费希特在德国哲学家群体中声名大振，因为他刚刚发表了一篇研究康德批判哲学的论文，得到康德的赞赏和推荐。

---

5 QUICK R H. Essays on educational reformers [M]. New York: D. Appleton. 1916: 310.
6 在启蒙运动时期，苏黎世和莱比锡都是新思想的重镇，歌德曾多次来到苏黎世，称赞"苏黎世是无可比拟的地方"。
7 裴斯泰洛齐在写给朋友的信中表示，他与费希特的关系比一般人认为的要亲密得多。费希特娶了裴斯泰洛齐夫人的一位闺密（即德国著名诗人克罗卜斯托克的侄女约哈那）为妻。由于费希特经常待在苏黎世，这两位思想家之间产生了深厚的友谊。1794年，他们一起在瑞士东北部苏黎世州小城里希特斯维尔（Richterswil）住了几天，这一年费希特刚刚完成《学者的使命》，由耶拿迦布勒出版社出版。详见 DE GUIMPS R. Pestalozzi: his life and work [M]. New York: D. Appleton and company, 1890: 97, 105.

裴斯泰洛齐和费希特的第一次见面是在三年前，当时贫穷未名的热血青年费希特在苏黎世给某客栈老板的孩子做家教，而裴斯泰洛齐的名字已经享誉欧洲。费希特第一次见到裴斯泰洛齐非常激动，费希特认为国家昌盛的根本在于教育，而真正的教育方法就是裴斯泰洛齐所提倡的。裴斯泰洛齐也对费希特印象深刻，两人都有谦卑激越和热情奉献的性格特点，也都有果敢奔赴的行动精神。此时的费希特穷困潦倒却斗志昂扬，正是年轻版的裴斯泰洛齐，于是两人成了忘年交。费希特给裴斯泰洛齐讲说他正在研读的康德哲学，裴斯泰洛齐给费希特讲说他屡屡受挫的穷人教育事业。裴斯泰洛齐看到，费希特对康德的迷恋正像自己当年对卢梭的迷恋一样。当裴斯泰洛齐从费希特口中知道，自己所做的不仅与卢梭精神相同，也与康德思想相同——甚至比康德更有康德哲学色彩的时候，非常高兴。当然，最高兴的是他们两人关于自由与公正问题的谈话。费希特告诉裴斯泰洛齐，康德的自由哲学深受卢梭影响，康德把实现自由作为人类理性的最高目标，但自由实现需要以理性为指导。费希特说，康德关于自由的二律背反命题也许是受到卢梭"人人生而自由，但无往不在枷锁中"的启发，但是康德不应该把自由局限在道德律令上，费希特认为应当突破康德的"物自体"假设，把自我与自由统一，把自我与非我统一，把知识和行动合一，把理智和直观合一。对于费希特所说的这些，裴斯泰洛齐表示赞同，他坦诚地告诉费希特，自己还不曾阅读康德艰涩难懂的著作，但是对于卢梭他是熟悉的，其实他并不认同卢梭的某些观点，比如"自由没有边界，完全顺从儿童"……

那是三年前，他们日夜交谈，相互鼓励，手舞足蹈，时而喜悦，时而忧伤。

可以说，费希特和裴斯泰洛齐两人的相遇，标志着实践哲学和职业教育的首次相遇，标志着国民义务教育和平民职业教育的首次相遇，也标志着职业教育的国家主义和启蒙主义话语体系的首次相遇。两人的相遇注定成为教育史上的大事件。

3

再次见到裴斯泰洛齐，费希特依然如三年前那般激动。费希特询问裴斯泰洛齐的爱子让-雅克的情况，裴斯泰洛齐说孩子的身体仍然不好，不过已经在当学徒期间学了一些手艺，可以帮助他的母亲操持新庄事务。

裴斯泰洛齐对费希特说："这几天，我发现莱比锡好像有点儿不一样。"

费希特问："什么？"

裴斯泰洛齐说："有点儿沉闷，又有点儿躁动。"

费希特说："这是德国的不幸，也是德国的幸运。德国为什么会在战争中失败？最主要的原因是精神颓废！如今，德国终于有了一点躁动，我盼望这种躁动是浪漫的气息、美的气息、自由的气息，人之为人的最宝贵的气息！德意志民族多么需要这种新时代的气息啊！我坚信，德意志民族必将是新时代的开创者！"

裴斯泰洛齐说："国家权利完全是社会产物，国家兴亡与衰败像人一样，像人一样公开地繁荣、公开地堕落，到处都是手段超越目的、外表超越本质、暴力高于忠诚、狡诈高于法律、幸福高于权利、冲动情感超过理智、过分修饰超过真理，以及卑躬屈膝高于功绩，如果人们的感情被人朝着这个方向引导，社会等级就必然成为唯一标准。"

费希特沉思了一会儿,说:"振兴德国的唯一希望在于谋求道德的再生!随着教育事业的进步,将会产生道德高尚、有契约精神的民族英雄,他们不是在决斗中寻欢作乐的旧贵族,而是以提高整个人类道德风尚为己任、知识上博大精深、道德上勇敢担当的人!"

裴斯泰洛齐说:"我想起了一个寓言故事:奴隶贩子走到奴隶中间说,你们将在我的带领下过上好生活,比在你们家乡要强。奴隶们大部分沉默不语,只有一个人说,我们是由于非正义和恶势力才落入你的手里,我宁愿死也不愿意听到你这种人谈什么正义。奴隶贩子说,你这种情绪使我感到十分恼火,但我宽恕你。这个奴隶反驳说,这是你的事,真正的情况是,只要我们还被束缚在你的船上,就不存在公道。奴隶贩子又说,为什么我不能把公道与正义给予在我船上受我管辖的人呢?舵手,返航!所有人都会得到自由,但是你,高贵的人,我不能给你自由,因为你的心已经使你摆脱了我的控制,获得了自由。"

费希特沉默未语。两人默默地走着。

费希特和裴斯泰洛齐前往不远的耶拿小城和古老的耶拿大学。耶拿大学已经向费希特发出邀请,希望他去担任教授。裴斯泰洛齐很想去拜见仰慕已久的《强盗》剧作者弗里德里希·席勒——此时是耶拿大学历史学教授。

说到席勒,费希特表情有些凝重,他对裴斯泰洛齐说:"席勒是性情激越的审美诗人,如果有人不约而至,他一般会拒绝相见,甚至会大发雷霆。"显然,费希特对席勒有不同看法,这种看法不是出于人格,而是出于思想,但是费希特说这话的时候已经不由自主地伤害到了席勒人格——其实他想表达的意思是,席勒的审美在现实中行不通，包括在席勒自己身上也行不通。荒谬之处在于，费希特此处的"不由自主"正反映了他自己的撕裂，因为他是"自我意识与自由意志相统一"的极力推崇者。

裴斯泰洛齐似乎并没有听出费希特的话外之音，他说："席勒对启蒙运动的绝对理性主义和法国大革命的群氓主义的思考是深入的。的确，强盗不是因为凶恶才成为强盗，恰恰因为他们是人。法兰西贵族被推翻，或许是极大的幸运，在为自由而斗争的时代，摆脱暴政枷锁的人民，一旦他们的独立受到承认，就绝不应当成为无法无天的人、不知羞耻的人、盗匪、戏弄人的恶魔，而必须成为有节制、过幸福生活的人。席勒从人性的自由出发，通过审美教育和崇高信仰把分裂的人性恢复到自由与完整状态，是有一定道理的。我想，要解决我们这个时代的难题，'启蒙主义'的前面似乎应当加上'审美'二字，审美的就是顺乎自然发展的自由。"

费希特说："席勒是高尚的人，善良的人，也是遭受了坎坷痛苦的人，他在用自己的行动演绎一个真理，那就是崇高的道德同样能唤起美感，追求自由。当然，我也同意您的看法，审美在我们这个时代是必不可少的，在任何时代都是必不可少的，康德已经为审美判断建立了一条通往普遍愉悦性的道路，以审美的眼光看待一切，它们就是自由自在的、充满生机的。但是，您认为审美教育能解决我们这个时代的难题吗？不！"费希特继续说道："席勒企图以审美教育来解决时代难题，并且企图建造一个不现实的审美王国，这根本不可能！教育应当从不切实际的幻想中走出来，从贵族阶级的特权中走出来，走向全体国民，走向知行合一。毫无疑问，我们不仅要有认识，而且要按照认识而行动！在这里生存，我们需要的是行动，自我引导的行动，创造的行动，听命于自我自由精神的行动！行动决定价值！"费希特越说越激动，忽然转过身去，似乎忘记了裴斯泰洛齐的存在，接着又转回身来，面对裴斯泰洛齐说："知识从何而来？康德认为不是理性给出了知识，而是人的精神、人的本能、人的直觉给出了知识，人必须倾听内心的声音。因此，我非常推崇您的直观教育思想。我体会您的直观教育是用心去观察，用爱去启迪，启迪人的本能行为，启迪每个人的不同天赋，这是有活力的、努力的、自主的行为，也是一种自觉的和审美的创造行为。一个人在自觉与审美的创造活动中呈现的是最真实的自我，它不可能由理性逻辑推理出来。"

裴斯泰洛齐说："是的，内在力量逼着人使用它们——眼睛要看，耳朵要听，脚要走，手要动，而心也要信仰和爱。我们必须牢记，一个学生不论他属于哪个社会阶层，不论他打算从事哪种职业，人类天性中具有的某些才能对他来说都是一样的，我们没有权利限制任何人发展他的全部才能的机会，根植在人天性中的全部才能都应该得到合适的发展。"

费希特回应道："毫无疑问，人类的本质不是沉思冥想，而是按照自己的全部才能去完成自主选择的神圣工作。工作不是令人厌恶的必需品，也不是失去自我的劳苦奔波，而是实现个体价值的创造性活动。是的，我们不需要暴君，也不需要市侩，我们需要内心自由的平民英雄！"

裴斯泰洛齐说："好的教育带来洞察和思想，将会成为神圣而永恒的财富。积极促进一种适合人的天性的教育，是一个国家需要做的最重要的事情。所谓国家教育，就是为了保障国民过上体面生活而提供的制度环境。"

说到国家教育，费希特的情绪再次激动起来，他说："太好啦！尊敬的裴斯泰洛齐先生，我们必须首先将目光从教会转向国家，取消贵族的教育特权，推行国民义务教育。对于德意志民族来说，您的国民教育思想是最好的营养，是塑造民族语言、文化和精神品质的根本保证。我完全相信，德意志民族卓越的独特性使其最适合实施新教育。"

4

沿着美丽的萨莱河畔，裴斯泰洛齐和费希特边走边谈。

"告诉您一个好消息，"费希特忽然转移到了另一件事情上，他说，"普鲁士国王弗里德里希三世和夫人都阅读了您的《林哈德和葛笃德》，表示要按照您的教育思想在德意志联邦推行国民教育。路易莎王后还说，她有机会必定亲自去瑞士那个小村庄看望您，她要真诚地握着您的手，并且看着您的眼睛说一声感谢，为人类感谢您的真诚与爱心。"[8]

裴斯泰洛齐说："这是开明的君主。"[9]

费希特说："德国人应当庆幸有这样一位开明君主。伟大的康

---

8 DE GUIMPS R. Pestalozzi: his life and work [M]. New York: D. Appleton and company, 1890: 257.
9 文艺复兴之前的欧洲是"信仰高于理性"，文艺复兴之后的欧洲把理性变成了启蒙的金钥匙。启蒙思想家根据牛顿定律寻找控制人类社会的自然法则；弗朗西斯·培根非常重视经验知识、生产过程和技术应用，撰写《新工具论》和《学术的进步》，请求国王颁布命令搜集各个方面的知识；亚当·斯密在其《国富论》中提出让市场经济自由发展的自由放任口号；卢梭在其《社会契约论》中提出把人民的合法权利归还给人民的社会契约思想。受此影响，欧洲社会出现了一些开明君主，例如俄国的叶卡捷琳娜大帝经常挂在嘴边的话是"所有公民在法律面前应当平等"，"君主应当为人民服务"等。

德说得不错，他曾经说这是启蒙的时代，是弗里德里希的世纪。我不得不说，德国有虔信主义传统，康德身上有这种传统，弗里德里希身上也有这种传统。"[10]

裴斯泰洛齐说："德国要振兴，必须抛弃为帝王服务的教育和追求功名利禄的教育，而建立为穷人就业谋生考虑的国民教育。对于贫穷的劳动者，要给他们有尊严的工业教育，这不只是教育权利问题，它在根本上也是政治问题，必须由国家制度和国家财政提供保障，否则就没有生命力。我的意思是，开明君主可以使国家富强，但是不可持续，因为它的发动机是人而非制度。"

费希特回应道："先生说得极是。理性的国度不应该有穷人，但是也不应该有游手好闲的人，人人都必须工作，劳动者必须有足够的生活保障，我认为这是国民教育必须具备的基本理念。国民教育是根基，只有根基牢固了，大学教育或者学者教育才会兴旺。但是，谁来实施新教育？毫无疑问是国家，更好的方式可能是建立一套国家学校教育制度。在这个方面，拉夏洛泰大法官的《论国民教育》和孔多塞侯爵的《国民教育组织计划纲要》都提供了很好的方案。当然，亲爱的裴斯泰洛齐，尽管弗里德里希一世在1717年就

---

10 "伊曼纽尔·康德1724年出生于柯尼斯堡，家里以制作马鞯维持生计，他在九个兄弟姐妹中排行第四。康德的父母是质朴虔诚的虔信派教徒。当时，虔信主义作为路德教派的改革运动在德国的中下层阶级中有着举足轻重的影响。它主张的工作、责任和祷告的神圣性缓解了生活的艰辛；它把良知视作至高无上，这一点对康德后来的道德思维产生了持久的影响。这个教派尽管在某些方面有些反智色彩，但它却是推动17世纪晚期德国教育普及的主要力量，并且在柯尼斯堡这个地方就建立了一所虔信主义教派的学校。"（斯克鲁顿. 康德 [M] 刘华文, 译. 南京：译林出版社，2013：1）关于弗里德里希（也翻译为"腓特烈"或"菲德烈"）王室，彼得·沃森认为，从弗里德里希·威廉一世开始，就有那种感知和行事规范与虔信主义者相去无二的精神。（沃森. 德国天才 I [M] 张弢, 孟钟捷, 译. 北京：商务印书馆，2016：72）

建立了普鲁士国家教育制度,但是实践证明,您的教育思想才是最适合德国土壤的。"

裴斯泰洛齐说:"谢谢您的鼓励,我认为建立一套国家学校制度体系至少应该包括两个意思:第一,国家应该在财物和安全上为国民教育创造最好的生存环境,这就要求政府对民众普遍的福祉有普遍的正义感,如果国家没有把家家户户过富裕生活这一人类最高福祉作为最终目的,严密的国家学校制度体系就有可能变成严密的权力控制体系;第二,体系必须顺乎自然的法则,因为教育必须是生活的,所以学校必须是开放的,我们的直观教育就是要在广阔而复杂的生活世界去探索和创造。"

"您说的没错,可是,"费希特插话道,"康德先生曾经说,举世只有一位君主说'可以争辩,随便争多少,随便争什么,但是要听话!'。您注意到了吗?康德先生最后有一句'但是要听话!',他还进而强调说'到处都有对自由的限制'。"[11]

裴斯泰洛齐说:"我们这个社会的问题恰恰出在这里,生而自由的人到处都受对自由的限制,但是教育启蒙的意义也正是在这

---

11 费希特和裴斯泰洛齐讨论的是康德的著名文章《启蒙是什么》,这篇文章发表于1784年,距离两人的讨论已经十年。康德在《启蒙是什么》中说:"举世只有一位君主说'可以争辩,随便争多少,随便争什么,但是要听话!'。"指的是弗里德里希大帝的所谓"开明专制",弗里德里希大帝说:"只要我能为所欲为,就让他们畅所欲言吧。"费希特年轻的时候是激进的自由主义者,尽管德意志联邦君主弗里德里希支持启蒙运动,但是对思想自由仍然不够宽容。对此,费希特非常反感,他曾专门撰文谴责弗里德里希大帝。弗里德里希大帝指的是弗里德里希二世,"就个人启蒙来说,他被认为是最接近柏拉图的哲人王的开明君主,他不仅谙熟政治权术,而且还是一位历史学家、思想家、诗人和音乐家。他的个人兴趣和修养恐怕会让任何现代政治家都难以望其项背"。但是,"与所有专制独裁者一样,开明或不开明的,腓特烈大帝决不能容忍任何人违背他的意志。他允许甚至鼓励人们说话,但这种鸣放是有条件的"(徐贲. 与时俱进的启蒙[M]. 上海:上海三联书店,2001:416)。

里。教育可以做的事情是相信劳动者有能力根据经验来发表意见，教育应当帮助人民理解为什么该有为寻求自由而献身的精神。我是个相信共和政体的人，可是如果劳动者的能力被权力操控，就像法国革命后来发生的那样，那么教育启蒙就是不幸的。"

费希特说："毫无疑问，国民教育关乎国家存亡，因此您的教育思想在于塑造一种理智抗争且不屈不挠的国民性格，它具有完整而持续的生命能量，而非某些教养阶层满足私欲的工具。德意志的伟大不在军事而在精神，德国应当为国民教育提供足够经费和设施，甚至需要通过缩减军队和管理人员来兴办教育！"

裴斯泰洛齐笑着回应说："所以我们要培养平民英雄——平民不是平庸者和依附者，他们可以自主选择行动！"裴斯泰洛齐说完这句话，忽然转移话题："亲爱的费希特先生，您愿意去魏玛吗？拜访歌德是我德国之行的重要内容，而且据我所知，魏玛有许多人把您作为浪漫主义思想的发动者呢。"

对于去魏玛，费希特心里有点不是很情愿，他觉得那里有些人已经成了躲进艺术象牙塔的病态人，但是他仍然愿意陪同裴斯泰洛齐前往，而且耶拿和魏玛近在咫尺，目前正好有时间。于是，费希特表示："好啊！很高兴一同前往。"

第六章　歌德家里的审美启蒙主义对话

1

裴斯泰洛齐站在启蒙主义反思和狂飙突进运动崛起的交会点上。德国是裴斯泰洛齐职业教育思想和实践的最大受益者，德国职业教育的思想源头其实是在裴斯泰洛齐这里[1]。

一个问题：裴斯泰洛齐是启蒙主义思想家吗？

回答是肯定的。原因之一，裴斯泰洛齐出场的时候正是启蒙运动高潮的时候，他在思想形成期深受启蒙运动思潮影响，他在大学期间就和同学组建了孟德斯鸠、休谟、卢梭、莱辛等人的著作阅

---

[1] 德国职业教育来自国民教育，国民教育来自裴斯泰洛齐。1819—1826年，裴斯泰洛齐15卷全集在他本人的亲自过问下出版，订户有1345个，其中德国订户668个，占50%。在普鲁士，国王和主要官员对裴氏学说的关注超出了纯友谊的范围，他们希望裴氏"帮助普鲁士奠定今后事业发展的基础"；在图林根，民间发起了推行裴氏学说的教育改革运动，裴氏的把爱作为教育基础的这种思想在这里影响很深，裴氏正是在图林根的魏玛与歌德等人见面的；在法兰克福，歌德的内弟施洛塞尔是推广裴氏学说最积极的，值得注意的是法兰克福有名望而且富裕的家庭子女很多都在以裴氏思想举办的学校中上学（以上资料参见布律迈尔，主编. 裴斯泰洛齐选集：第二卷［M］. 尹德新，组译. 北京：教育科学出版社，1996：378-390）。1908年，德国职业教育奠基人凯兴斯泰纳在裴斯泰洛齐160周年诞辰纪念大会上指出，在近代教育史上第一个认识到职业教育价值，并且做出了重大贡献的是裴斯泰洛齐，他认为"将来的学校是劳作学校"，劳作学校有三个任务："第一，职业学校及其准备的任务；第二，职业教育的伦理化任务；第三，职业所行使的团体的任务。"（参见彭正梅. 德国教育学概论：从启蒙运动到当代［M］. 北京：北京大学出版社，2011：118，119）

读会，是卢梭思想的忠实追随者和实践者。原因之二，也是最重要的，裴斯泰洛齐的"全部哲学就建立在关于人和从人那里获得的体验之上"[2]，一生致力于"人自身天赋"的教育启蒙，以使人有能力"做出理智的判断"。

不过，裴斯泰洛齐够不上典型的启蒙主义思想家。首先，裴斯泰洛齐从未像巴黎的启蒙运动领袖们那样，自称为"启蒙哲人"[3]。其次，他也不像孟德斯鸠、伏尔泰、富兰克林、布封、休谟、卢梭、狄德罗、孔狄亚克、爱尔维修、达朗贝尔、霍尔巴赫、贝卡尔里、莱辛、杰弗逊、维兰德、康德、杜尔哥等"启蒙哲人"，被历史学家誉为百年启蒙运动"大型核心军团"[4]里的一个人物。准确地说，当裴斯泰洛齐的教育启蒙事业轰轰烈烈的时候，轰轰烈烈的启蒙运动作为一场运动已经基本上宣告结束了，裴斯泰洛齐不可能是那个思想运动角斗场上激烈勇猛的理性主义斗士。

典型的启蒙主义思想家有三个重要标签——崇尚古典理性的现实批判者、反对宗教神学的异教徒、传播现代理性的启蒙者，这三个标签很难完整地粘贴在裴斯泰洛齐身上，特别是"反对宗教神

---

2 布律迈尔. 裴斯泰洛齐与当代教育［M］. 顾正祥，译. 北京：中央编译出版社，2013：67.

3 "启蒙哲人"通常指的是巴黎启蒙运动领袖人物，"是一些能说会道、高谈阔论而又善于交际的世俗文人"，他们的常用词语是"启蒙""启蒙运动""启蒙哲人""启蒙世纪"等。美国历史学家盖伊在《启蒙时代：人的觉醒和现代秩序的诞生》的研究文献中认为，启蒙运动以巴黎为中心，主要涉及英法德美几个国家，核心人物是孟德斯鸠、伏尔泰、富兰克林、布封、休谟、卢梭、狄德罗、孔狄亚克、爱尔维修、达朗贝尔、霍尔巴赫、贝卡尔里、莱辛、杰弗逊、维兰德、康德、杜尔哥等，这些人组成了一个"大型核心军团"，他们在启蒙主义旗帜引导下，以古典理性来摆脱宗教束缚，以批判精神来构建现代理性。

4 西方学术界通常把启蒙运动的始末界定为英国光荣革命和法国大革命之间的100年（1689—1789），"大型核心军团"概念见注释3.

学的异教徒"这个标签。裴斯泰洛齐不像伏尔泰那样自诩为基督教"亵渎者",相反他一生都是虔信派基督徒。那么,问题来了,在声势浩大的启蒙运动"祛魅"浪潮中,裴斯泰洛齐如何实现基督徒和启蒙者两个矛盾身份的统一呢?

事实上,"虔信派"新教徒和"开民智"的启蒙者并不矛盾,在某些方面甚至有一致的目标。就像启蒙者掀起了启蒙运动一样,虔信派也兴起了虔信运动,其影响同样波及欧洲全境和美洲新大陆。启蒙运动一般认为最早开始于1689年,而"虔信运动率先出现于1670年";启蒙运动反对神职等级制度、强调科学理性主义,同样,虔信运动"反对神职等级制,以内心的明光取代教义的权威,以心灵的信仰取代头脑的宗教"[5]。甚至在教育主张方面,虔信运动和启蒙运动最终都走向了国家主义的普及教育。贝利在《现代世界的诞生》中写道:"根据启蒙运动关于普遍提高人们理性的概念,普鲁士、法国和美国东北各州成为政府资助下的普及教育的领头军。在这些国家,自由意志论者或新教虔信派倡导的普遍启蒙的哲学理念与国家教育民众的军事需求结合在了一起。"[6]

裴斯泰洛齐是基督徒信仰和启蒙者理性的融合[7],瑞士裴斯泰洛

---

5 沃森. 德国天才Ⅰ[M]. 张弢,孟钟捷,译. 北京:商务印书馆,2016:72.
6 贝利. 现代世界的诞生:1780—1914[M]. 于展,何美兰,译. 北京:商务印书馆,2013:299.
7 启蒙运动时期,"根据信仰和理性的关系,将知识分子划分为不同的群体或派别是司空见惯的",但是,"信仰代表自主判断的观点,在一定程度上弥合了启蒙运动关于理性与信仰关系的争论,它甚至开始弥合信仰和非信仰之间的鸿沟,因为无神论本身就是一种判断,而且可以被视为一种真实的信仰,而不仅仅是信仰的缺失"。其结果是什么呢?就是"导致了现代性的出现,在这种现代性中,信仰非但没有衰落,反而繁荣和扩散,殖民了自然科学和人文科学。一个新的信仰时代开始了"(沙甘. 现代信仰的诞生:从中世纪到启蒙运动的信仰与判断[M]. 唐建清,译. 北京:社会科学文献出版社,2020:231)。(转下页)

齐研究专家阿·布律迈尔就持有这种看法。布律迈尔指出，裴斯泰洛齐终生是个基督徒，其宗教观影响启蒙思想和教育行动，表现为三点：（1）认为"心"应当置于理性之上；（2）高度认同自然教育思想，毕生践行并不断完善之；（3）把"心手脑和谐"作为教育目标和方法，努力弥合信仰和理性的裂缝。裴斯泰洛齐曾经说，对自己思想影响最大的著作是两个人的，一个人是路德，一个人是卢梭。我们分析这两个人，路德毫无疑问是宗教信仰的旗帜，然而路德也是宗教改革的旗帜，是教权信仰的反叛者；卢梭也一样，他既是启蒙运动的旗帜，也是理性主义启蒙的叛将，他用激愤的语言否认了科学与艺术对于人类道德的进步作用[8]。总之，路德从信仰出

（接上页）可见，信仰在启蒙运动时期发生了转移，其能量全部被理性吸收和转化，转化为现代社会的理性主义信仰（乐观者称之为"理性权利"，悲观者称之为"现代性陷阱"）。那么，裴斯泰洛齐把基督徒信仰和启蒙理性融合，也是信仰之转移吗？布律迈尔对此做出了肯定回答，理由是裴斯泰洛齐追随卢梭的"自然宗教"（自然主义哲学），但是这种判断与布律迈尔认为裴斯泰洛齐"终生是个基督徒，始终相信人要对神负责"出现矛盾，也无法解释裴斯泰洛齐坚持的"以心（爱）为本"的教育原则。因此，裴斯泰洛齐走的是宗教信仰与理性启蒙相融合的道路，而不是理性启蒙转移为理性主义信仰的现代性道路。在裴斯泰洛齐这里，信仰既不是宗教盲从，也不是权力遵从，"信仰是一个创造性的过程"，是对救赎底层穷人的"坚定地相信"；在裴斯泰洛齐这里，"信仰可以依赖理性，也可以拒绝理性"，"美德需要这种创造性信仰"（沙甘. 现代信仰的诞生：从中世纪到启蒙运动的信仰与判断[M]. 唐建清，译. 北京：社会科学文献出版社，2020：10，258）。在启蒙运动时代，裴斯泰洛齐主张的关于信仰和理性关系的独立性，也正是本书所强调的裴斯泰洛齐职业教育作为启蒙主义职业教育的生命特殊性。

8 卢梭给冷酷无情的法国启蒙主义带来了情感主义的元素，也带来了启蒙主义和情感主义的冲突。柯林斯在他的全球学术变迁理论名著中专门分析了卢梭作为启蒙思想家的特殊意义，他给卢梭有一个特别的界定："反现代主义的现代主义者。"柯林斯指出，"卢梭扩展了自然神论的自然宗教主题"，与爱尔维修和霍尔巴赫倡导的那种科学无神论决裂了；到了18世纪60年代中期，"正当伏尔泰和狄德罗更为公开地批判宗教的时候，卢梭却站在了对立的一方，提出情感乃是宗教的基础"（柯林斯. 哲学的社会学[M]. 吴琼，齐鹏，李志红，译. 北京：新华出版社，2004：729-730）。

这是18世纪末浪漫主义启蒙思想家的聚会,是即将开启新世纪教育革命的教育改革家的聚会,是世纪之交理性主义和人文主义交融的聚会,是审美的启蒙主义者的聚会(图中人物从左至右:歌德、赫尔德、维兰德、费希特、裴斯泰洛齐、雅各比)

发,卢梭从理性出发,他们殊途同归,各自完成了信仰和理性的融合。裴斯泰洛齐也完成了信仰和理性的融合,不过与路德和卢梭不同,他是从穷人的就业教育出发的。裴斯泰洛齐性格中有柔软妥协的一面,这与其成长环境有关,但他对于穷人教育的信仰却是宛若水一般,柔软妥协而又坚定不移,处众所恶而又善利万物。

至此,我们可以得出结论:裴斯泰洛齐是启蒙运动时代以信仰实施教育启蒙的行者,或是以教育启蒙完成信仰的行者。这个判断对于我们认识裴斯泰洛齐启蒙主义职业教育的特征具有非常重要的意义,包括以下几点:(1)启蒙主义职业教育的"生命"诞生于启蒙运动时代,启蒙主义职业教育之父是孩子们眼中的"父亲裴斯泰洛齐"。(2)裴斯泰洛齐不是线性发展的启蒙主义思想家,也不是指点江山的精英主义哲学家，而是一个把精神和生命奉献于帮助穷人获得谋生技能教育事业的实干家。(3)裴斯泰洛齐既有宗教信仰，也有科学理性；既批判神权束缚，也批判理性专制。(4)裴斯泰洛齐的启蒙主义职业教育强调人的生命整体性、心手脑和谐性、爱的根基性。

用一句话概括裴斯泰洛齐开创的启蒙主义职业教育特征，即"引启天赋，善自内心"的审美启蒙主义。

2

九月的魏玛凉爽宜人。裴斯泰洛齐和费希特到达魏玛之后，遇上了雾蒙蒙的小雨，全城仿佛笼罩在绿色的烟幕之中。歌德的园林别墅位于伊尔姆河彼岸，在一片丘陵的西面斜坡上，南风西风送来温暖，特别是在春天和秋天，住在园林中真是舒适极了[9]。这种林中之家让裴斯泰洛齐感到亲切和兴奋，他想到自己的新庄，那里一年四季都是美景，春天郁郁葱葱，夏天动物欢唱，秋天落叶纷飞，冬天雪覆山川，非常迷人。

最让裴斯泰洛齐感到亲切和兴奋的是，他不仅见到了歌德，还见到了维兰德、赫尔德、克罗卜斯托克和雅各比，歌德在家里举行了隆重的欢迎宴会[10]。聚会者中除了费希特是30岁的青年人之

---

9 关于歌德的园林别墅的环境描写，可参考艾克曼. 歌德谈话录［M］. 杨武能，译. 石家庄：河北教育出版社，2015：69-70.
10 据裴斯泰洛齐的学生罗杰·德·吉姆斯在裴斯泰洛齐传记（*Pestalozzi: His Life and Work*）中的记载，裴斯泰洛齐这次在德国见到了歌德、维兰德、赫尔德、克罗卜斯托克和雅各比，他们都是德国狂飙突进运动的代表人物。这些人都属于博学多才、创造力旺盛的天才：歌德被誉为伟大的思想家、小说家、（转下页）

外,其他都是中老年人,克罗卜斯托克年龄最大,68岁。

这是18世纪末浪漫主义启蒙思想家的聚会,是即将开启新世纪教育革命的教育改革家的聚会,是世纪之交理性主义和人文主义交融的聚会,是审美的启蒙主义者的聚会。

在歌德家里,聚会的所有人都知道裴斯泰洛齐的大名。

不过,费希特仍然热烈地向大家介绍裴斯泰洛齐,他说:"裴斯泰洛齐先生是除了伟大的康德之外,对我的哲学思想影响最大的

(接上页)剧作家、诗人、自然科学家、博物学家、画家;维兰德是德国诗人、批评家、哲学家、出版家和翻译家,德国启蒙运动时期影响最大的文学杂志《德意志信使》主编,被誉为"魏玛古典主义第一人"和"德国的伏尔泰";赫尔德是德国诗人、评论家、哲学家,被誉为德国狂飙运动的理论指导者,美国新人文主义思想家欧文·白璧德把赫尔德看作运用卢梭教育思想来分析德国民族性起源问题的灵魂人物;克罗卜斯托克是德国启蒙运动时期的伟大诗人,最著名的作品是史诗《弥赛亚》,与裴斯泰洛齐一起被法国督政府授予"法兰西共和国荣誉公民";雅各比是德国哲学家、作家,提倡信仰和启示,反对思辨理性。这些人都与歌德关系密切,赫尔德和克罗卜斯托克对德国狂飙突进运动影响很大,影响了包括歌德和席勒在内的一批作家。还需要说明的是,歌德组织的这次宴会是笔者设计的,有三个理由:第一,歌德热情好客,经常举办宴会和茶会;第二,1792年这几个人都彼此相识,他们都是卢梭的德国信徒,观点基本一致且彼此形成影响;第三,通过设计宴会可以使裴斯泰洛齐这次旅行的几次见面和谈话得以集中呈现,因为这次旅行对裴斯泰洛齐国民教育思想的形成和完善产生了很大影响。这次德国之行的会晤中,费希特对裴斯泰洛齐本人及其学说开始充满敬意和推崇。至于歌德,有人说当全欧洲都对瑞士乡村的裴斯泰洛齐校长的社会和教育工作感到兴奋时,歌德却置若罔闻,因为这位国务大臣和贵族知识分子看不起穷人,但是也有研究者认为,这当然是对这位伟人记忆的诽谤,因为歌德扶持了很多贫穷青年,席勒出身贫穷,却成为歌德的终身挚友,《歌德谈话录》的作者也是贫苦出身。不过,歌德没有特别推崇裴斯泰洛齐,这的确是事实,主要原因可能是相对于穷人的职业教育,歌德更倾向于通过一种教化的方式实施精英养成教育,类似于孔子所提倡的通才教育或君子教育,这一点可以从歌德的《威廉·迈斯特的学习时代》中得到充分体现,在《歌德谈话录》中也可以看到歌德经常说到某某人有贵族的修养或是有教养的人,等等。费希特在高度赞美裴斯泰洛齐的同时,也认为裴斯泰洛齐"自己并没有想到这些思想,也没有创造这些思想,但他心中有永恒的思想"。

人。我阅读了他的全部作品,和他有过深入交谈,他已经为平民找到了一种教育,依靠他的天才和爱的力量,他已经创造出了一种真正的国民教育,这种教育是能够拯救民族和人类的。是的,我要强调,裴斯泰洛齐的教育波及广泛的贫困阶层,使公平的国民教育成为可能。裴斯泰洛齐的思想比我们所知道的伟大得多,他的思想不是他自己想出来的,而是他那永恒的仁爱喷涌出来的;他的爱使他找到了比他所寻找的更多的东西。"

费希特激情洋溢地挥舞双臂,继续说道:"裴斯泰洛齐先生就是我们中间的成员,是我们的亲密战友,他那伟大的灵魂里装满了爱的浓汁,他那消除奴役枷锁的教育思想和方法值得德意志国家借鉴。在普鲁士,包括在耶拿、魏玛以及其他地方,旧教育仍然横行霸道,旧教育制度既没有真正的注意人的品德培养,也没有使大多数的普通国民享有受教育权利。我们应当像裴斯泰洛齐先生那样实施新教育,这种新教育应该由国家举办,惠及全体国民,无论贫富贵贱。我认为裴斯泰洛齐不只属于瑞士,他也是德国教育家,是能够与马丁·路德比肩的德意志民族救星!裴斯泰洛齐最能代表德意志精神的基本特征,裴斯泰洛齐倡导的新教育有能力帮助全人类走出现在所处的苦难深渊,德意志民族需要裴斯泰洛齐的心手脑和谐教育学说,裴斯泰洛齐的国民教育思想是给予德意志民族精神的最好食粮!"

费希特的话很有煽动性,所有人的目光都投向裴斯泰洛齐。

裴斯泰洛齐说:"我没有那么伟大,我是个微不足道的穷人,也是个被痛苦折磨的罪人,不过今天我是最幸福的人,与德国最伟大的启蒙思想家相遇,我怀有无限的崇敬和感激!从青年时代起,我的心就像一股湍急的溪流孤单而又寂寞,朝着我唯一的目标滚滚流动。我看到周围的劳动大众陷入泥沼,就立志要堵塞那悲惨之源。但是当时我还年轻,既不知道需要计划,也不知道制订计划的注意事项,更不知道实现计划的基本技能。我的理想只是深入农村、工厂和作坊。但是,我在那三个方面的试验只能表明我不过像一个没有经验的儿童,我缺乏精细的、持久的、一贯的具体方法,我对工作的不能胜任的后果很快就显示出来了。用于我的目的的经费很快就化为乌有,一切比预料的都快。当我开始强烈地意识到需要有一批助手为我提供必不可少的帮助时,我已经耗尽了可能用来聘用助手的现金和存款。然而,我经受了民众所经受的苦难,而民众也如实地向我揭示了他们的不幸。我在这无数的抗争中认识到无穷的真理和经验,我的心朝着我的目标毫不动摇地一往直前,这些我在《林哈德和葛笃德》一书中都有表述。我对自己的得失毫不在意,我为巨大的激情所驱使,但是由于我的笨拙,我还没有打下坚实的基础;由于我仅仅从外部来探索,任凭对真理和正义的挚爱变成激情,使我颠簸其上,就像一根被连根拔起的芦苇一样。是的,我必须承认,我似乎日益陷入了对那些装腔作势借以拯救人类的欺骗和喧嚣的崇拜当中。亲爱的朋友们,除了穷人教育,我一无所有!"[11]

裴斯泰洛齐眼睛转向歌德,说:"亲爱的歌德先生,请问我的恩师雅各布·博德默尔是您的朋友吗?那时候,他在制革工人行会里组织我们成立了爱国者团体,我们一起阅读孟德斯鸠、休谟和卢梭的著作,当我们受到威胁压制的时候,博德默尔保护我们。我永远记得他在《死亡对话录》里的那句名言:你到底做什么?我寻找

---

11 这段话可参考:裴斯泰洛齐教育论著选[M]. 夏之莲,等译. 北京:人民教育出版社,1992:12–18.

幸福！"[12]

歌德对裴斯泰洛齐说："亲爱的裴斯泰洛齐先生，荣幸的是，我和您其实早有渊源，我去瑞士旅行时还曾荣幸地拜访过您的外祖父呢！后来我又去过苏黎世两次，那里是一个启蒙思想的阵地。普鲁士诗人冯·克莱斯特说过，苏黎世的天才十倍于柏林。是的，我的朋友雅各布·博德默尔就是一个天才的思想家，他在1740年发表的《论诗之奇异》非常出色。"

裴斯泰洛齐说："真是有缘！我得承认，阁下的诗作对我启发很大。曾经，当我问自己什么是国家法的时候，我就想起了您的诗句。"裴斯泰洛齐从桌边站起来，清了清嗓子，朗诵道：

> 人本高贵兮，
> 心仁而善为！
> 创造不倦兮，
> 行善且造福。
> 众生默祷意，
> 典范在夙兮！[13]

3

裴斯泰洛齐动情的诗朗诵带动了宴会的诗情气氛。

---

12 这段话的主要内容引自：DE GUIMPS R. Pestalozzi：his life and work［M］. New York：D. Appleton and company，1890：9.
13 叶隽. 18世纪欧洲文学史与思想史脉络中的"教育理想"［M］//肖郎，赵卫平，主编. 跨文化视野中的教育史研究：裴斯泰洛齐教育思想国际研讨会论文集. 杭州：浙江大学出版社，2011：131.

老诗人克罗卜斯托克站起来，他身材矮小，但体格健壮，举止庄重得体[14]。克罗卜斯托克朗诵他的《春祭颂歌》：

在那全宇宙的海洋中
我不想奔腾而去，翱翔而去。
……

壮丽的颂歌一下子把歌德的诗情点燃了，他也站起来，望着窗外，深情吟诵：

我们踱到一扇窗前。远方传来滚滚雷声，春雨唰唰地抽打在泥地上，空气中有一股扑鼻的芳香升腾起来，沁人心脾。她胳膊肘支在窗台上伫立着，目光凝视远方，一会儿仰望苍空，一会儿又瞅瞅我；我见她眼里噙满泪花，把手放在了我的手上。

"克罗卜斯托克呵！"她叹道。

我顿时想起了此刻萦绕在她脑际的那首壮丽颂歌，感情也因之澎湃汹涌起来。她仅仅用一个词儿，便打开了我感情的闸门。我忍不住把头俯在她手上，喜泪纵横地吻着。随后

---

14 克罗卜斯托克开创了德国文学的新纪元，他丰富的诗歌词汇和对韵律的关注对之后的诗人有很大的帮助，席勒和歌德在艺术上也受益于他。1775年，克罗卜斯托克在旅行途中结识了歌德。歌德在自传中记录了他对克罗卜斯托克的个人印象："他身材矮小，但体格健壮。他的举止庄重得体，但不迂腐。他的讲话既机智又令人愉快。总的来说，人们可能会把他当成一个外交家。他带着一种要完成伟大道德使命的人的自觉的尊严。他能自如地谈论各种话题，但对诗歌和文学问题避而不谈。"详见 https://en.wikipedia.org/wiki/Friedrich_Gottlieb_Klopstock#Der_Messias。

我又仰望她的眼睛。——高贵的诗人呵！你要是能看到你在这目光中变得有多神圣，就太好了；从今以后，我再不愿从那班常常亵渎你的人口里，听见你的名字。[15]

大家都知道，这是歌德《少年维特的烦恼》中最动人的情节，克罗卜斯托克的《春祭颂歌》竟然做了维特和绿蒂的媒人。

赫尔德也站起来。作为开风气之先者，赫尔德在同时代人中极具影响力，他的思想表现出浪漫主义者和人道主义者的狂热不羁。面向克罗卜斯托克，赫尔德再一次吟诵："高贵的诗人呵！你要是能看到你在这目光中变得有多神圣，就太好了！"

老诗人克罗卜斯托克，这位在聚会中很少谈论诗歌和文学的老人，这位曾与裴斯泰洛齐一起获得"法兰西共和国荣誉公民"的启蒙主义诗人，眼睛里闪烁着激动的泪花，他站起来向众人鞠躬致谢。以前，裴斯泰洛齐受恩师博德默尔的影响，认为克罗卜斯托克追求城市庸俗腐败生活[16]，今天却觉得这位老人的确有可爱的一面。

歌德转换话题，他开始谈论此次聚会的中心人物，说道："是啊，多么神圣！在裴斯泰洛齐身上，我完全能够感受到一个虔信教徒家庭的勤劳、简朴和爱心。是啊，教育需要这种爱心来浇灌，我们的民族需要这种爱心进行联结。"

---

15 这里采用的是歌德著作翻译家杨武能先生的译文（歌德. 少年维特的烦恼[M]. 杨武能，译. 石家庄：河北教育出版社，2015：22）。
16 1750年，正在创作《弥赛亚》的克罗卜斯托克欣然接受了因翻译弥尔顿《失乐园》而名声大噪的博德默尔的邀请，去苏黎世大学与他见面。在那里，原本忧郁的克罗卜斯托克受到了热情接待和尊重，因而很快就恢复了精神活力。然而深入接触之后，博德默尔却失望地发现，这位创作《弥赛亚》的年轻诗人是一个对世俗有强烈兴趣的人，两人之间的关系出现了冷淡和疏离。

歌德把头转向赫尔德，继续说："据我所知，尊敬的赫尔德先生也是在虔信教徒家庭长大，1770年以来给我带来重大影响和最有意义的事件，就是与赫尔德的结识以及亲密交往，现在我非常愿意聆听您的意见。"[17]

赫尔德说："谢谢亲爱的歌德先生！我拜读过裴斯泰洛齐先生的著作和文章，也一直关注裴斯泰洛齐的教育实践，今天有幸见面非常高兴。我认为裴斯泰洛齐先生的功绩在于发现了教育生命的生长力量，您创造了一个简易的、实用的、生活的教育世界，这个世界在我看来绝不是单纯为了穷人的慈善教育，也绝不是单纯为了某种谋生技能的学校教育，而是重视人的情感、经验、知识的国民启蒙教育，是重视心手脑和谐发展这一完整生命运动的自然教育。亲爱的裴斯泰洛齐先生，您没有从外部出发对孩子们的某些个别动作和技能进行训练，而是注重情感因素在理性中的作用，将感性和理性放在同等的地位。这些做法和我的想法完全一致，我始终认为人的天赋只有通过教育才能发展成熟，而真正的教育在于启迪人的天赋，教育启蒙就是抓住了生命生长特征的理性启蒙，就意味着在行动上和思想上完整地和谐地发挥自己的力量。"

赫尔德看了看众人，继续说道："我感觉我们这个世界越来越像一台巨型机器，人就是机器上无情运转的齿轮。那么谁在开动机器呢？是贵族吗？至少不是平民！那么贵族是罪魁祸首吗？难道平民在无情运转的齿轮上无所作为吗？"

赫尔德提出了"贵族与平民"的严峻问题，大家陷入沉思，歌德赶紧招呼大家用膳。

---

[17] 歌德这时候刚刚结识席勒，此前对歌德影响最大的人是赫尔德。

4

在饭桌上,歌德侃侃而谈,他谈了自己对贵族与平民问题的看法,说:"我们都承认,在我们这个社会中,有贵族和平民的差别。在德国,唯有贵族才能享受到某种全面的,我想说是个性化的教育。一个平民可以建立功勋,充其量使自己的精神得到培养,但是他却会丧失个性,不管他做出怎样的努力。在生活中的任何时刻,贵族都善于控制他的外表,以至于没有谁再能对他提出任何要求;其余的一切,他的才干也好,天赋也好,产业也好,都只是额外的附加之物罢了。你现在想象一下某个平民妄想也多少得到这些特权,他绝对会失败的;而且,他越是生来便有仿效贵族的能力和冲动,他就越加不幸。贵族只要亮出身份便能说明一切,平民通过身份什么也不能说明,不允许说明。贵族可以,也允许显耀;平民只能是啥就是啥,一炫耀就可笑甚至讨厌啦。贵族应该有所作为,发挥影响;平民只能多做贡献,勤勤恳恳。他只可培养单方面的能力,为人所用,前提是他的个性不和谐统一,不允许和谐统一,因为他仅需要一技之长,除此之外的一切一切,都必遭到忽视。造成这种差别的,是贵族的佞妄呢,还是平民的谦让?毫无疑问,社会结构本身才是罪魁祸首。"[18]

---

[18] 这段话引自歌德在《威廉·迈斯特的学习时代》中的议论,详见杨武能翻译、河北教育出版社2015年出版的《威廉·迈斯特的学习时代》第274—275页。在18世纪启蒙运动时代,从社会制度入手打破贵族特权,实施国民教育,培养和谐发展的国民,这是知识分子的共识,但是在教育促进社会制度建构的路径上,歌德与裴斯泰洛齐不同,歌德主张的是个性养成和自我实现教育,是漫游教育,可概括为精英式的教育之路。不过,在重视信仰(心、爱、精神)和理性的融合方面,两人是完全一致的。歌德对裴斯泰洛齐非常关注,在日记和书信中经常提及裴斯泰洛齐,但是据说歌德轻视裴斯泰洛齐的穷人教育方式,并不愿意与裴斯泰洛齐见面。

停顿了一下，歌德又说："人们说我不是法国革命的朋友，的确，因为它的暴行令我愤怒；当然我也不是专制统治的朋友，我相信进行革命的责任不在民众而在政府。如果说路易十六偷走了民心，那么罗伯斯庇尔呢？法国革命把济贫所那种可怜的慈善行为变成保障民众权利的国民教育行为，就像罗伯斯庇尔所说的，国家法律首先要保障公民的生存权利，毫无疑问，这是启蒙主义理论和实践的伟大突破，我为此欢呼雀跃，但是专制暴行为什么会发生？我搜集到了瑞士民族英雄威廉·退尔的资料，我正在考虑请席勒先生创造一部伟大的剧作——我认为只有他才能胜任，我们应当借助戏剧思考专制和反专制的问题。"

裴斯泰洛齐回应道："专制统治有两种形式：一种是残暴的，一种是文明的。两种专制的性质是一样的，那就是使用权力，不尊重人。如果我怀疑，人民会因为暴动比因政治上的欺骗变得更坏，那么我既不赞成暴动，也不赞成滥用国家权力。"

所有人的目光都转向雅各比，特别是费希特，因为雅各比曾经对作为法国革命哲学基础的纯粹理性提出了批判，当然也对费希特的恩师康德和启蒙主义提出了批判，甚至认为一切所谓完美无缺的纯粹理性都是装腔作势。

雅各比说："我是站在裴斯泰洛齐先生一边的，我对裴斯泰洛齐先生的以爱为根基、从心灵出发、强调心手脑和谐发展的教育思想高度赞同。人是感性生活的理性存在者和美好生活的体验者，不是觅食的动物、工作的机器和纯粹抽象的理性存在者。所谓纯粹理性一定是空洞的，遇到现实生活的时候就很可能被权力滥用。比如，法国革命公开宣称赋予每个公民自由平等表达意见的权利，但是如果没有平衡机制，这种权利恐怕很快就会被操控，进而引发所谓'多数人的暴力',其本质仍然是少数人的权力游戏,只不过转了个圈而已。"

此时,小说家兼莎士比亚著作翻译家维兰德说:"从雅各比关于纯粹理性的看法,我想到另一个问题,那就是有没有一种纯粹的实用知识?卢梭说真正的知识是实用知识,狄德罗写工匠词条时把深入工场进行访谈作为骄傲,但是工匠和他们的实用知识有没有审美存在呢?我相信,所有知识都有灵魂,失去灵魂而只剩身体的实用知识应该遭到抛弃,否则我们距离理性启蒙还很遥远。"

雅各比说:"德意志需要裴斯泰洛齐的心手脑和谐发展的国民教育。"

5

吃过晚饭,大家继续就裴斯泰洛齐的教育实践和德国国民教育问题进行交流。

对于裴斯泰洛齐的教育实践,歌德表达了一点不同看法:"裴斯泰洛齐走的是穷人教育启蒙之路,开出的药方是谋生技能教育,我非常赞同这种学有专长的教育思想。可是我要说,最根本的教育之道仍然是精神养成,行动只能为精神理解,并通过精神成型,否则只能依葫芦画瓢,作品是平庸的,人是固执的。我花了很长时间创作了一部名叫《威廉·迈斯特的学习时代》的小说,即将完成,就是专门讲逃离庸俗和追求崇高的。"

歌德说完,大家显得有些沉默。显然,歌德敬佩裴斯泰洛齐的教育精神,也赞同裴斯泰洛齐的教育追求,但是对裴斯泰洛齐的穷人教育之路不是很认可。

维兰德打破了沉默，他的年龄较大，可算是狂飙突进运动的精神导师。维兰德说："我同意歌德先生的'精神成型说'，个体应当通过知识和审美文化而获得教养，不过我也相信，裴斯泰洛齐先生的教育启蒙思想的精华同样在这里。看看我们的现状，劳动与审美脱节，手段与目的脱节，付出与报酬脱节，感性与理性脱节，理论与实践脱节，完整的人性被割裂成一块块不和谐的碎片；看看我们周围的人，有多少人碌碌无为，有多少人堕落下去，有多少人贪奢无度！"

维兰德继续说："我最近在阅读席勒的作品，这是一位非凡的作家。席勒认为，理性启蒙不是冷酷无情的一往无前，而是找到生命之泉水，然后引导其顺流而下，这是自然的、自由的流动，不仅有对重重阻碍的抗争，而且也是生命的审美过程。教育的最佳也是唯一的进路就是审美文化，理性与情感的健康联结由此而生。理性的人必须是审美的人，有生命力的教育离不开审美，审美是自然人走向理性人的桥梁，是人类天性中独一无二的高贵存在，追求审美境界就是追求美好生活中那种自由境界。"

维兰德滔滔不绝，他用席勒的审美思想把裴斯泰洛齐和歌德的教育思想统一起来，裴斯泰洛齐和歌德都很感动。

裴斯泰洛齐说："是啊，有生命力的教育离不开审美！审美是从心出发的，找到心，就找到了您所说的生命泉水的源头。在我看来，心就是美，也是爱，如果心被偷走了，审美就不存在了；如果心被偷走了，不仅手和脑是分离的，而且人就成了可随意摆布的木偶。"

歌德接过裴斯泰洛齐的话说："完全赞同！我想重复表达席勒

这句话——理性的人必须是审美的人！我还想表达一句与裴斯泰洛齐相同意思的话——理性是残酷的，心更好！"

宴会的气氛欢快自在起来。作为东道主，歌德格外殷勤和蔼。

第七章　职业教育生命启蒙的临终追问

1

时间过得很快，如同梦境一样飘忽而过。

那是20多年前——1793年3月的一天清晨，太阳刚刚从山尖露头，薄雾依然在空中不忍散去，从德国回到瑞士新庄的裴斯泰洛齐一个人走在世纪之交的原野上。青年时期那种为了人权事业和人类幸福斗争的激情，现在又在心头活跃起来。技术齿轮转个不停，民主潮流汹涌向前，他强烈地感觉到，瑞士社会已经到了非改变不可的危机边缘了，他迫切地探寻着工业教育之路，想知道自己的愿望是否能成真。

裴斯泰洛齐看到，从瑞士到法国，从法国到德国和英国，工厂里装进了数不清的纺织工人，而你掠我夺的战争杀戮也从未停歇。此时，"受过教育的工人"（educated worker）这个概念开始在欧洲流行。"人为什么要受教育？导致杀戮的原因是什么？"裴斯泰洛齐想，"难道启蒙运动有过错吗？为什么受过教育的工人像蒙眼拉磨的驴子一样转圈圈？为什么眼前有那么多流血牺牲和穷困的难民？"

从户外回到家里，裴斯泰洛齐伏案写道："我们必须牢记，教育的终极目标不是养成盲目服从的习惯，而是培养自主行为。教育应该为人的生活幸福做出贡献。"[1]写完之后,裴斯泰洛齐放下笔,又站起来在家里踱步,又开始思考"人是什么"这个被他反复思考的命题。他认为卢梭说得对,人的自然性是向善,人之所以为人,乃是因为良知和尊严,人只要致良知而且自尊自律,就不会被他人用作手段,自尊自律与贵贱无关。裴斯泰洛齐坐下来继续写:"我们教育的是人,而不是繁茂的蘑菇丛。"[2]

20多年后,似乎是同样的一天早晨,太阳刚刚从山尖露头,薄雾依然在空中不忍散去……这是在19世纪20年代瑞士新庄的原野上,一切都变了,又好像一切都没有变。老态毕现的裴斯泰洛齐披着温暖明亮的阳光,带着干瘪羞涩的行囊,缓缓走来,由远及近,再一次回到他事业的起点——新庄。

2

裴斯泰洛齐与孙子居住在一起,著书立说。回顾毕生,却有孤独和恐惧之感,他发出天鹅一样高贵的临终鸣唱,他似乎依然看到:"一个恶魔般的幽灵带给这个时代的最可怕的礼物是:有知识而没有行动的能力,有见识而没有实干或克服困难的能力。"[3]

生活并非像裴斯泰洛齐期盼的那般美好,教育也并非像裴斯泰洛齐想象的那般顺利,他感到自己总是受到伤害,时常心力交瘁。建设伊佛东学校的时候,裴斯泰洛齐已经59岁,那是他的高

---

1 裴斯泰洛齐. 裴斯泰洛齐教育论著选[M]. 夏之莲,等译. 北京:人民教育出版社,1992:368, 415.
2 同上:250.
3 同上:175.

光时刻，来自全世界的参观、学习和赞誉铺天盖地。但是，裴斯泰洛齐的痛苦并没有减轻，包括肉体的痛苦和精神的痛苦。学校经营总是入不敷出，他既不愿多收学费，又想给学生更好的学习环境，试图从学校印刷厂赚钱又失败。伊佛东维持了20年，差不多有15年时间都是在与教师们的争吵和辩论中度过的，这种状况让裴斯泰洛齐无能为力，他的身体状况越来越差，他唯一能做的就是燃烧自我，牺牲自我。

裴斯泰洛齐发现，他在变幻莫测而又矛盾重重的现实世界中所经历的一切，没有一个可以用貌似无所不能的哲学原理去解决，他只能自己思考，他又问自己这个问题："作为人，我是什么样的人？"[4]

裴斯泰洛齐一生80余载，始终想成就一番事业，从小立志做牧师，后来放弃了；想做律师，又放弃了；想做企业家，还是放弃了。最后，他选择了教育，认为教育兼顾了牧师的信仰和律师的理性；他选择了为穷人举办能让他们就业的教育，认为这样可以兼顾企业生产和学校教育，最终实现他的造福人类的伟大目标。那时候，庄稼人在败落，农场主没有能力，制造商和工匠在蛮干，可是没有人在实业经营中雇用穷人，因为很多穷人的确既懒惰又道德败坏，他们每周只愿意干两三天活[5]。但是，裴斯泰洛齐认为，人的天性中最美好的天赋才能，即便是在粗野的泥沼中和野蛮的蹂躏下也可以得到发展，他要做的是洗净污泥的工作。1812年春天，裴斯泰

---

[4] 裴斯泰洛齐. 我对人类发展中自然进程的追踪考察[M]//布律迈尔，主编. 裴斯泰洛齐选集：第二卷. 尹德新，组译. 北京：教育科学出版社，1996：35.
[5] 汤普森. 共有的习惯：18世纪英国的平民文化[M]. 沈汉，王加丰，译. 上海：上海人民出版社，2020：49.

洛齐用针缝制鼓皮的时候伤及耳朵，完全失去了知觉，病得差点死去。在病中，他写了一篇致健康读者的文章，其中有一段是这样写的："认识我的人都知道，我性格中最重要的特点是活跃在思想上的善良愿望，一种不可抗拒的想减轻周围人痛苦并使其过上乐业生活的善良愿望，凡是与此无关的我全无兴趣。为了实现我倾心的事业，我甘冒一切风险。"[6]

1827年初春的那个夜晚，仍然是疲惫的身躯，仍然是满脸憔悴，仍然是步履艰难，仍然是坚定持续！一切都已准备就绪，裴斯泰洛齐的鹅毛笔高高举起，却又缓缓放下了，他哀伤地叹道："哦，我忍受着无法形容的痛苦！没有人能理解我内心的痛楚……"此时，一个声音在他的灵魂里说："我从不因为人们的见解而与人争论。可是有一点，那能使人善良、正直、忠实、高尚，那能给人的家庭带来幸福与快乐的道理，在我想来，应该是无可争论的。"教育家手中的书和笔悄然滑落，瞬间又带着满满的祝福升到空中，像明亮的繁星在永恒里闪烁。

裴斯泰洛齐曾经写过这样一个寓言："大理石块从一座山崖上断裂下来。当人们从远方来观赏这块断裂的大理石时，山崖对大理石块说：'一钱不值的东西，你在我的腹中时，就像蚁群中的蚂蚁。你现在有什么好自鸣得意的？'大理石块回答道：'只要我在你的腹中，我就不会自鸣得意；从我脱离它起，我才自鸣得意起来。'"[7] 裴斯泰洛齐对这篇寓言的寓意的解释是：无价之宝就像遮盖在罩子

---

[6] 裴斯泰洛齐. 病中的裴斯泰洛齐致健康读者[M]//布律迈尔, 主编. 裴斯泰洛齐选集：第二卷. 尹德新, 组译. 北京：教育科学出版社, 1996：193.

[7] 布律迈尔, 主编. 裴斯泰洛齐选集：第一卷[M]. 尹德新, 组译. 北京：教育科学出版社, 1994：289.

教育家手中的书和笔悄然滑落，瞬间又带着满满的祝福升到空中，像明亮的繁星在永恒里闪烁

下面的光，只有解放出来才有价值。裴斯泰洛齐在讲教育启蒙的原理，也是讲生命解放的原理。

裴斯泰洛齐就像是从山崖上断裂的大理石，他也被嘲讽讥笑。即使今天，瑞士民间仍流传一句俗语："我不是裴斯泰洛齐。"意思是像裴斯泰洛齐那样只求付出不求回报的人，实在就是大傻瓜一个，我才不是大傻瓜！今天的瑞士有很多"裴斯泰洛齐学校"，不过"裴斯泰洛齐"这个名字只是它们的一个或多或少空洞的文字包装[8]。那个曾经寄托了裴斯泰洛齐教育理想的"新庄"如今也仅仅是

8　MARKUS R. Schmuck oder Verpflichtung：Pestalozzis Name in Schweizer Institutionen ［M］//肖郎，赵卫平，主编. 跨文化视野中的教育史研究：裴斯泰洛齐教育思想国际研讨会论文集. 杭州：浙江大学出版社，2011：212.

瑞士的一所劳动教养学校。

裴斯泰洛齐的一生,痛苦多于快乐,磨难多于称赞,他成功了吗?裴斯泰洛齐说,他是幸福的,他是平静的。然而,只要静下来,裴斯泰洛齐又会问自己:我是什么样的人?我在做什么?

3

1768年,裴斯泰洛齐在瑞士乡村购买了大片土地进行新农庄和穷人教育实验。59年后,裴斯泰洛齐在他的新农庄实验基地溘然长逝。1825年,来自英国的慈善家欧文先生(Robert Owen)变卖了所有家产,带着一家人和百余名追随者来到美国,在美国印第安纳州南部沃巴什河岸边购买了大片土地,他要建立一个前所未有的"新和谐公社",他要把长期以来萦绕心头的理想付诸实施。欧文说:"我来到这个国家是为了介绍一个崭新的社会,把愚昧而自私的社会制度改变为一种开朗的社会制度,这一种制度将逐渐把一切利益结合起来,并消除引起个人之间一切纷争的原因。我已买下了这片产业,并且亲自来到这里实行这种办法。"在"新和谐公社",欧文把教育、职业、技术和道德进步同等看待,试图做出最好的安排,使工人以及他们的家庭成员"能够恰当地、经济地得到住房、饮食、穿衣、培训、教育、就业和管理"。追随者将欧文的事业比喻为"伟大的社会道德机器的建造"[9]。像裴斯泰洛齐一样,欧文试图通过教育与职业的实验来探索社会不公问题的解决之道,

---

9 汤普森. 英国工人阶级的形成:下[M]. 钱乘旦,杨豫,潘兴明,等译. 南京:译林出版社,2013:928.

他在工厂里提供职业技能培训，他像普罗米修斯，点燃别人的灵魂，却把自己置于最底层[10]。然而，结果并不理想，四年后欧文回到英国。像裴斯泰洛齐一样，欧文感到了实验失败以及遭受误解的痛苦，他在自传中写道："工人阶级此时对于我以及我所有的观念和意图都是陌生的，他们的那些主张民主主义、多有错误的领导教导他们说，我是他们的敌人，想要在联合的互相合作的村庄里奴役他们。"[11]

什么是理想的职业教育？裴斯泰洛齐在探索，欧文在探索，几百年来，许许多多的思想家、实践家和理想主义者都在探索，这是一个永恒的命题，因为它关乎人性。启蒙主义思想家卢梭认为人性本善，但是科学和技术的进步却日益掩盖了这种善，他主张在自然状态下，按照善与自由的天性对人进行教育，培养"自然人"。另一位启蒙主义思想家康德从人既是自然存在者又是理性存在者出发，主张培养具备内在道德法则的"自由人"，他相信"人的天性将通过教育而越来越好地得到发展，而且人们可以使教育具有一种合乎人性的形式"[12]。卢梭和康德的教育主张虽有差异，但是都表明了启蒙主义教育的基本立场：承认天赋才能和教育引启的力量，认为良好的环境可以使人获得善良和高尚的性格。裴斯泰洛齐和欧文都在用实际行动检验这种立场，他们从人性出发，不可避免地选择使教育与生产劳动相结合，这是启蒙主义职业教育之旅，包括人、天赋、启迪、生活、艺术、救助、幸福等要素，获得最多的就是爱

---

10 HAYWARD F H. The education ideas of Pestalozzi and Frobel [M]. London：Palph Holland & Co. Temple Chambers, E. C. 1904：20.
11 同上：921.
12 康德. 论教育学 [M]. 赵鹏，何兆武，译. 上海：上海人民出版社，2005：6-7.

的滋养。裴斯泰洛齐实施一种"审美"的启蒙主义职业教育,它的精髓是人性与启蒙,它的"生命"价值"证明了人的天性普遍具有教育意义",并且在"拥有最崇高职业的人"那里体现出来。裴斯泰洛齐说:"拥有最崇高职业的人,毫无疑问是那些能把自己的一生献给以提高人的自然天性,提高人的文化教养作为终身职业的人。"[13]

1806年,伊佛东学校取得了令世人瞩目的成就。裴斯泰洛齐欣喜地写道:"对许多渴望良好教育的人,我可以平心静气地肯定说:'我的试验适合于渴望良好教育的人们的追求和希望。'尽管我试验的最初成果萌发于对农村穷人的同情,我为他们寻求帮助,但我的试验并不停留在这种人特别需要的狭小范围里。我帮助穷人的努力和手段来源于人的天性,这使我很快得到了自己无可辩驳的结论:它之所以能始终被视为对穷人进行教育的手段,仅仅是因为它证明了人的天性普遍具有教育意义,而无须考虑阶层和特殊状况。"[14]裴斯泰洛齐用教育行动证明:人的天性普遍具有教育意义。

然而,职业教育具有"教育性"还是"训练性"?这是关于人性与教育中是否存在"审美"的问题,这是让"人的天性普遍具有教育意义"这句话很可能大打折扣的问题,至今为止,这个根本性的问题仍然没有得到根本性的解决。我们看到,效率主义教育制度作为一种庞大的认知工具,通过"成熟的变异"而取代了审美的启蒙主义职业教育,并使自己很快纳入全社会的身份符号体系。

---

[13] 布律迈尔,主编. 裴斯泰洛齐选集:第二卷[M]. 尹德新,组译. 北京:教育科学出版社,1996:231-232.
[14] 同上:168.

4

裴斯泰洛齐所提出的许多东西在今天的学校里已经天经地义，以至于我们并不在意两个世纪以前还有那么多动人的故事。美国菲尼克斯大学高等教育研究院院长卡尔·福克纳（Carl Forkner）专门研究了裴斯泰洛齐的精神遗产，他评价裴斯泰洛齐教育工作的实质是，针对社会不公正、压迫、剥削和缺乏自由，通过"爱的奉献"而实施启蒙主义职业教育。福克纳认为裴斯泰洛齐是"职业教育之父"，指出："裴斯泰洛齐奠定了现代基础教育和职业教育的基础。"[15] 在裴斯泰洛齐这里，一个特定职业的教育必须服从于普通教育的普遍目标，职业教育实际上就是公民教育、生活教育和基础教育，它是生长在政治、经济、文化和国家命运的土壤里面的完整统一的生命体。

今天，作为一种生命现象的审美启蒙主义职业教育话语体系是被人忽视的，就像启蒙主义者裴斯泰洛齐对于职业教育的开创性贡献被人忽视一样。裴斯泰洛齐遗憾地说："我的实际目标是挖掘职业教育的生命价值，但是我无法达到这些目标。"[16] 世人记住裴斯泰洛齐的是爱的奉献精神，甚至还有一些同情和怜悯：劳碌一生，倾家荡产，疾病缠身，被人敬仰也被人嘲笑。不仅在哲学家的族谱里面找不到裴斯泰洛齐的身影，而且在教育思想家的碑林里面也很少有裴斯泰洛齐的墨宝。裴斯泰洛齐临终前写道："死并没有什么，我乐意死去，因为我感到疲劳了，想最后得到安宁。如果活着，一

---

15 FORKNER C B. Influence without fanfare: Pestalozzi's enduring contributions to education [J]. Insights to a Changing World, 2013（3）: 33-42.
16 同上。

切都消失了,什么也没有得到,只是看到一切都毁灭了,将和自己的作品一起被埋入坟墓。哦,这太可怕了!我无法表达出来,我真想哭,可已没有眼泪。我的穷人们,我的沮丧的、受蔑视与被驱逐出家门的穷人们!穷苦的人们!人们会像离开我并驱逐我一样离开你们,把你们驱逐出去。富有的人不会想到你们;他至多能给你们一块面包,其他则什么也不会给。邀请你们参加精神会餐,使你们成为真正的人这个问题还将长期地排除在日程之外。"[17]

裴斯泰洛齐临终之悲忧说明,作为生命现象的职业教育培养"成为真正的人",但是"这个问题还将长期地排除在日程之外"。今天我们需要追问的是,裴斯泰洛齐的审美启蒙主义职业教育到底是尘封已久的历史档案,还是令人失望的美丽幻象,或者也许可以是遥不可及的未来图景?裴斯泰洛齐临终之悲忧,似乎早已随风吹散,又似乎依然回响在耳边。裴斯泰洛齐之后,职业教育走过了波澜壮阔的两百年,职业教育为了工业化经济的高效快捷而殚精竭虑,但是大众的"精神会餐"在哪里呢?"成为真正的人"这个问题是否仍然被排斥在日程之外?

---

17 布律迈尔,主编. 裴斯泰洛齐选集:第一卷[M]. 尹德新,组译. 北京:教育科学出版社,1994:78.

第一章　人的生命、意义选择与教育话语

1

1782年，裴斯泰洛齐在给牧师弥克（Johann Elias Mieg）的一封信中写道："几年来我研读的书只有一本，那便是人。我的全部哲学就建立在关于人和从人那里获得的体验之上。"[1]可见，从人的生命本性出发，围绕人的更高天性，实现人的美好生活，这是裴斯泰洛齐教育的起点、路程和归宿，也是职业教育的基本立场和信念。

毫无疑问，所有关于人的工作都必须要有生命。职业教育培养人，必须要有人的生命。站在人的生命的立场上，职业教育不仅培养技术和技能，而且培养思想和感情，这是由人的生命特征决定的。

人的生命不同于动物，裴斯泰洛齐将之描述为"神圣的天性"，包括认识真理、学会爱、听从良知、实现正义、提高审美能力、创造性地工作、塑造自身的完美等。概而言之，人的生命特征是思想性和技术性，具有审美的力量。

---

[1] 布律迈尔. 裴斯泰洛齐与当代教育［M］. 顾正祥，译. 北京：中央编译出版社，2013：67. 此处的牧师弥克（1770—1842）是神学家和教员，他后来曾在伊佛东学校试图调节教员之间的纷争，裴斯泰洛齐很想把他作为自己在伊佛东的继承人。

首先，人类是思想动物。哲学家帕斯卡尔有句众所周知的名言："人只不过是一根苇草，是自然界里最脆弱的东西；但他是一根能思想的苇草。……因而，我们的全部尊严就在于思想。"[2]帕斯卡尔的意思是，人类身体先天不足，无论是力量、速度、记忆力，还是抵抗自然侵袭的其他能力，人类身体相比其他动物来说就像风中的芦苇一样脆弱，但是人类有思想，思想赋予人类生命以绝然不同的力量和尊严。

其次，人类是技术动物。技术成为人类本能缺陷的补偿者、人类生命时间的延异者，以及人类生存本质的外化者。简言之，人类必须借助外在于自身的技术而生存。社会心理学家费斯汀格（Leon Festinger）说："人类，无可挽回地与技术联结在一起，不再拥有天然的栖息地。"[3]

在思想和技术的关系中，思想具有选择和决定作用，但是思想的预判、想象和创造必须通过技术显明。没有技术，思想无法显明；没有思想，技术无法实现。比如人类控制火的技术，没有思想的想象力则无法实现。值得注意的是，技术哲学家斯蒂格勒（B. Stiegler）指出，当技术构成"人-技术"结构而不可或缺之后，其自身便基于自组织原则处在永久的进化中，这种进化表明"技术物体一经发明出来很容易就脱离人类的控制，进而改变作为发明家的人类的生活世界、政治格局、经济样态和精神文化"[4]。例如，手机的功能已经远远超出发明者最初的设想。斯蒂格勒警告，如果人类

---

2 帕斯卡尔. 思想录［M］. 何兆武，译. 北京：商务印书馆，1985：176.
3 费斯汀格. 人类的遗产："文明社会"的演化与未来［M］. 林小燕，译. 北京：中国人民大学出版社，2018：25.
4 陈明宽. 外在化的技术物体与技术物体的个性化：论斯蒂格勒技术哲学的内在张力［J］. 科学技术哲学研究，2018，35（03）：63-69.

只醉心于机器的使用效能或者干脆一味敌视技术,那么就会陷入"思想"赤贫状态,最终必然被技术架空。毫无疑问,技术不能脱离思想的轨道。

我们在职业教育话语体系中强调人的生命现象,就是强调职业教育培养人才不能把思想和技术分开。有一些人把思想和技术分开,认为思想属于学术教育范畴,技术属于职业教育范畴,这不仅是对职业教育存在地位的贬低,而且是对职业教育审美价值的剥夺。在陈腐的"二元论"话语体系中,思想和技术是分开的,凡从事体力生产劳动的人都被认为缺乏意义,因而单单训练劳动技能却不赋予其意义,这实际上就是在训练"上手的工具"。

2

思想和技术不可分开,两者结合才能产生人类存在的"意义性",对此,来自不同领域的研究有很多。科学家道金斯(R. Dawkins)在其名作《自私的基因》中指出,虽然其他动物在自私的基因作用下,也有说谎的行为,但是只有人类把虚构故事脱离了基本生存层面,"只有人类受文化,也受后天获得的以及继承下来的影响支配",并使这种意义性成为人类基因选择的一种独特方式[5]。

亚里士多德用另一判断句表明人类的生命特性,他说:"人类在本性上,也正是一个政治动物。"[6]政治动物和意义动物表达了同

---

5 道金斯. 自私的基因[M]. 卢允中,张岱云,陈复加,等译. 北京:中信出版社,2018:4.
6 亚里士多德. 政治学[M]. 吴寿彭,译. 北京:商务印书馆,1965:7.

样的意义。在亚里士多德看来，人类天生是要群体聚居的，这种聚居有动物性的一面——抱团取暖、共御强敌、弱肉强食，当然更有人性的意义生活的一面——通过图腾、神话、诗歌、音乐、故事、谎言的链锁而建立社会形态。一般的结论是，亚里士多德把人定义为政治动物的目的是强调人的理性，即思想、理智、逻各斯，理性的生命正是人类的有意义的生命，理性使人脱离蛮荒和愚昧。

理性包含在"意义性"当中。人不仅有为了活命的吃喝和为了繁衍的交媾，而且有吃喝与交媾之后的风花雪月和诗情画意；人不仅在生命面临危险时会恐惧不安，而且在生命十分安逸时会自寻烦恼。社会生物学研究认为，任何东西，只有当人赋予其意义时才有价值，"意义性"推动人类不断做出彼此竞争与合作的决定。无论"意义性"制造的故事多么荒诞不经，比如流言蜚语、八卦新闻、玄幻小说、穿帮戏剧等，都是人类生活必须具备的元素，某些看似荒唐的东西有时候甚至可以决定一个人的生与死。反过来，人类的"意义性"却不完全等于理性，"意义性"还包括宗教以及理性无法解决的其他内容。

可以说，"意义性"是熊熊燃烧的精神火焰，是慢慢折磨的恶之花，是孤独地在苍穹下仰望星空，是幸福地在黑夜里想念光明。在"意义生活"里，不同的人有不同表现。有的人狂躁，有的人安静，有的人迷恋，有的人焦虑，有的人整天乐呵呵，有的人显得蒙嚓嚓，有的人像光芒四射的太阳一样炽热，有的人像阴沟里的树叶一样自我作践。所有人都是表演者，各种各样的表演者，有的有荣耀的身份，有的像卑贱的蝼蚁；有的坚定不移地选择走左边，有的信心满满地选择走右边；有的走路迅疾如飞，有的走路慢慢吞吞；有的强壮如虎，有的软弱似羊；有的聪明机巧，有的愚拙木讷。所有人也都是观众,正在表演的观众和即将表演的观众,以及高呼口号的观众。口号像绚烂的烟花一样在所有人的头顶炸裂盘旋,总是能够调动翘首以盼的观众的亢奋情绪。

有一类人是苦力负重者,他们的职业是背负砖石上山,这似乎的确是一种惩罚性劳动。数千年来,人类社会的正统思想就是这样认为的,或者准确地说,代表了文明与正统的精英们是这样认为的。比如,希腊神话中就有此类经典故事:科林斯国王西西弗斯因泄露天机而遭受终身劳役的惩罚,被迫毕生推石上山,循环往复,永无止息。再比如,当年秦始皇下令老百姓修长城的时候,漫山遍野都是苦役犯和劳工,他们辛苦劳作,繁衍千年而生生不息。后来,诸如此类背石上山的职业逐渐减少,可是从未消失,如今在贫困山区、落后群落和城市的逼仄空间里仍可遇见。

从象征的意义上讲,其实大部分人都在从事着他们各自不同的"背石上山"的工作,似乎毫无意义,又似乎充满意义。对于同一份职业和同一件事情,处在不同层次和具有不同身份的人,看法和做法肯定不同。一个掩耳盗铃的人可以把滑稽搞得很严肃,一个自欺欺人的人可以把严肃搞得很滑稽,一个似是而非的人可能说得头头是道,一个生长在噪音环境中的人可能受不了寂静,一个认真摸象的盲人可能把真心和真实混为一谈,而对于好龙的叶公来说,虚伪、虚心和虚妄从来都是一回事。

3

"意义性"无处不在、无时不在,如山海般磅礴,如薄雾般缭绕,如妖怪般无痕,亦如汪洋里的暗流,总有办法使人陷入难以遏制的欲望当中，就像夸父追日，唯倒地而亡，化作山林，才肯罢休。在"百家争鸣"时代，儒家是守旧派，呼吁恢复传统贵族礼仪和秩序；墨家是实用派，呼吁厉行勤俭节约，反对繁文缛节；道家是空灵派，强调大美无形和大爱无疆；杨朱学派似乎站在了人权主义的立场上，强调"我的毛发我做主"。在"人工智能"时代，每个人都不可避免地选择自我与他我两种"意义"，没有一个人是完全的、纯粹的、绝对的和一致的，许多人烦不胜烦却无处可逃，不得不过着两套生活：白天一套，晚上一套；人前一套，人后一套；嘴里一套，心里一套。他们怀揣对美好生活的向往，日夜奔忙，像离弦的箭，又像沉没的船，在欲望和无望之间左右为难；像是得了不知根底的怪病，莫名其妙地无聊和烦躁！

有人每天起早贪黑辛勤劳作，别人问他什么职业，他说："洗炭工，工作任务就是去河边把黑炭洗白。"问者很诧异："炭能洗白吗？你做了一件没有意义的事情。"洗炭工说："洗炭是我谋生的工作。"又问："有人强迫吗？"回答："没人强迫。"洗炭工不抱怨、不反抗、不痛苦、不快乐、不享受、不清醒、不理性、不感性、不自由、不追求，他就这么活着，忙忙碌碌。请注意，洗炭工似乎没有莫名其妙的烦躁。因为忙碌着，所以生活着；因为生活着，所以忙碌着。忙碌着，生活着；生活着，忙碌着，把黑炭洗白，这就是洗炭工的所谓"狗屁"工作和意义生活。法国作家加缪说，这就是意义生活的荒谬性，意义性原本就有其荒谬性，然而重要的是我们必须选择，选择清晰而不昏昧，选择与荒谬抗争。

"选择"就是对生命价值或"意义性"的追寻，本身就具有人生意义。人类突然坠入不确定的意义世界当中，就像婴儿突然从母亲那温柔的子宫世界呱呱坠地，立刻面临两种处境：一是惊慌不安，不知所措，无所适从；二是孤独恐惧，渴望关爱，很想"回家"。这两种处境是人类劳苦愁烦的根源，也是人类追寻幸福的根源，当然它们也正是人类之所以发明技术和创造思想的根源。面对第一种处境，人要抓夺，不断抓夺，而且停不下来，这就促成了技术的迭代。"抓夺"的目的是给自己寻找安生之所，即生存位置，比如通过从事什么"职业"让自己活着，而这种职业最好能处于社会阶梯的最高处。面对第二种处境，人要聚居，要寻找"回家"的感觉，这就促成了思想的创造。人失去了原有的家，无法回去，就像婴儿再也无法回到母亲子宫里一样，所以人必须创造新家。创造新家的过程，就是创造美好生活的过程，也是不断探索和不断迷失的过程。人类对自己面临处境的疑问、寻找、发现和迷失，形成了形形色色的社会文化，包括教育文化。

4

选择是理性的，也是感性的。因"意义性"的不同，人在选择中分作不同层次和类别，此所谓"人以群分""志同道合"抑或"狼狈为奸"。人类基因里有分类意识，一定要构造出各种各样、大大小小的不同出来，今天社会道德谴责不公平的分类，但是无法避免。一般情况下，人类的"群分"与"亲分"合而为一，即有血缘与亲缘关系的人组成一个群体，血缘与亲缘关系越近，群体的凝聚力越强。这说明，人类求偶选择与其他动物的本质区别在于"文化因素"往往占据主导地位，比如"门当户对""共同语言""夫妻相""不是一家人不进一家门"等。但是，在"自私的基因"作用下，即便是有直接血缘和亲缘关系的一家人，一旦出现信仰不同、意见相左和利益纷争，发展到一定程度，父子能够反目、夫妻可以成仇[7]。

有分类就有不平等，这是人类意义选择的必然结果。考古发现，四万年前的人类墓穴中已经有贵重陪葬物品，这说明身份的概念出现了。进入新石器时代，黏土制作容器和人偶的技术已经发展得很娴熟，这种新技术提供了理解和再现身体的新隐喻，为身份差异提供了外显的舞台[8]。公元前3000年，人类的分类分层已经非常明显，不仅墓葬被特别用于强调逝者身份（下葬不同数量和质量的陶制品、装饰品、武器等），而且身份不平等可以用符号（例如，巫术、祭祀仪式、文字、绘画等）来表示。

从群体到个体，随着人口增多，表明身份的技术越来越丰富，任何一项新异技术的出现都为表明身份增加了新元素。这说明，技术为社会成员发挥想象力提供了武器，技术和思想相伴而长，身份被赋予越来越多的故事，社会结构也越来越复杂，包括对身份的控制，比如拥有奴隶的数量也被认为是身份的一个标识。教育也被当作制造身份不平等的工具，今天人们往往因为教育的分类和分层而产生身份焦虑，但是人类社会的集体无意识是认可这种分类的。对身份标识和分类意识的极力追求，使人类产生了一种心理上难以抹

---

7 道金斯在《自私的基因》里有如下叙述，可以作为对我们结论的补充说明："很多社会学家对于他们所研究的社会里的'亲缘关系'感到关切。他们所指的不是遗传学上的真正的亲缘关系，而是主观上的、教养上的亲属概念。人类风俗和部落的仪式通常都很强调亲缘关系：膜拜祖先的习惯流传得很广，家族的义务和忠诚在人类生活中占有主导地位。根据汉密尔顿的遗传学说，我们很容易解释氏族之间的仇杀和家族之间的争斗。"（道金斯. 自私的基因[M]. 卢允中，张岱云，陈复加，等译. 北京：中信出版社，2018：114）

8 罗布，哈里斯，主编. 历史上的身体：从旧石器时代到未来的欧洲[M]. 吴莉苇，译. 上海：格致出版社，2021：89.

去的"刻板印象"，心理学家的实验发现，即使人类意识到自己身上隐藏着某种偏见，这种意识也很难帮助人类将偏见克服[9]。

5

正因为有不平等的社会事实，才有平等的思想和行动。一直以来，人类总是试图通过意义选择来消灭不平等，然而不平等始终如影随形。例如，人类发明教育进行意义选择，教育却成了不平等的生产车间；人类需要爱的联锁，不幸的是，爱恨别离始终纠缠在一起；人的聚居需要奉献，索取却跟着出来；人的聚居需要和平，战争却跟着出来。

为什么人类的不平等难以消灭？自由至上主义者认为，不平等是自然选择和自由意志决定的不可避免的意义性的荒谬，也是合理性的荒谬，强行使之平等就会坠入集权主义陷阱，因而难以消灭。芝加哥经济学派代表人物之一托马斯·索威尔（Thomas Sowell）甚至说："就能力而言，一个人在人生的不同阶段都无法与自己相同，就更不用说他们在各自生命的不同阶段与其他人实现平等了。"[10]科学理性主义者认为，不平等恰恰是人类理性选择的"社会关系"，因为不平等更容易产生剩余财富，而人类对剩余财富的追求永无止境，所以不平等难以消灭。这是人类考古学家的研究结论，张光直先生说："社会关系越不平等，越能产生财富的集中，

---

9 莫菲特. 从部落到国家：人类社会的崛起、繁荣与衰落［M］. 陈友勋，译. 北京：中信出版社，2020：213.
10 索威尔. 歧视与不平等［M］. 刘军，译. 北京：中信出版社，2021：27.

越能产生使用于所谓文明现象的剩余财富。"[11]

然而，无论如何，所有人同样需要一种清醒的消灭不平等的努力，放弃这种努力就等于放弃了人的生命价值。人类文明史，是不平等发展史，也是平等斗争史。人类通过意义选择制造了不平等，又通过意义选择消灭不平等，这就是人类意义性的荒谬性。

进入文明时代，人类剩余财富增多，文字和书写被发明出来，一些人逐渐从劳力群体中脱离出来，成为"专门治人的劳心阶级"[12]。劳心具有高贵的意义，因为劳心者被赋予"与神对话"的能力和解释世界、接触本质的权利，劳心者有权利（有能力）带领劳力者从周围世界的恐惧和孤独当中逃离出来。与之相对，劳力者专门从事劳力活动，一般唤作"劳力大众"。劳力具有低贱的意义，

---

11 张光直. 中国青铜时代 [M]. 北京：生活·读书·新知三联书店，2013：100. 张光直先生认为，在原始时期的"村群阶段"，贫富分化已经开始，"人群与人群之间的残酷争斗（战争或其他）"已经出现，同时已有手工业的分工（轮陶）和为部落首领服务的专业巫师出现（骨卜）。"美国社会学家哈罗德·R.克博教授论证说："当人类结束游牧生活进入新石器时代后，分层、不平等、精英、剥削就出现了。毫不过分地说，文明的历史就是社会阶层化的历史。"（克博. 社会分层与不平等：历史、比较、全球视角下的阶级冲突 [M]. 蒋超，等译. 上海：上海人民出版社，2012：57）

12 考古发现，人类在新石器时期已经出现文字。"专门治人的劳心阶级"这句话详见张光直《中国青铜时代》。"劳心"和"劳力"这两个词最早出于《左传·襄公》，"君子劳心，小人劳力"。孟子在给滕文公讲治国之策时使"劳心者"和"劳力者"的分工之说广为人知。后来，马克思讲三大差别时用了"脑力劳动"和"体力劳动"这样的词。再后来，美国经济学家凡勃仑在创建他的消费经济学理论时用了"有闲阶级"和"体力生产劳动阶级"这样的词。两类人的分离和话语体系不同是从古至今的普遍现象，这种现象影响到社会生活的各个方面，包括教育制度的建立。为了叙述方便，本书采用"劳心"和"劳力"这种词语。

因为劳力大众在古代往往是奴隶[13]，被认为没有能力抓住生活的本质，只能做本质的影儿。影儿像风筝一样随风飘荡，像树叶一样顺水漂流，虽然忙个不停，却不知道为什么忙，所以既可怜又可悲。

与劳力大众的缺乏"意义"相对照，一切有关"意义"的解释都来自劳心精英，他们"倾向于认为自己所处的群体是最优越的"[14]，认为劳力大众"头脑简单，四肢发达"，没有必要"受教育"和"玩意义"。例如，汉字的"忙"意味着"亡心"，"烦"的本意是"热头痛"[15]。造字的精英认为，忙忙碌碌必然"无心"，既然"无心"，何来"头痛"？

当平等观念出现，而且"人往高处走"的通道建起来之后，劳力大众为了"增加自己的生存机会"[16]，必然选择"向上爬"而企图进入精英阶层。因此，精英总是胜者，或者归根结底，胜者都成了精英。精英总是走在大众前面，大众总是跟在精英后面。精英书写历史，在精英笔下，历史是由精英创造的，大众只是烘托精英的配角或者工具。人类学中发现的史前证据已经证明，"竞争的存在，比如军事冲突，已经成为社会的标志"[17]。翻阅史料，赢者为王输者

---

13 许倬云在其《西周史》中写道："'众'之一词，是否奴隶，仍在争论中，可能为商人平民的集体名词。众是国人的基层，受王及统治贵族的指挥与控制，平时务农，战时服役，在族的共同体下负担师田行役的责任。"（许倬云. 西周史［M］. 北京：生活·读书·新知三联书店，2018：46）
14 威尔逊. 人类存在的意义［M］. 钱静，魏薇，译. 杭州：浙江人民出版社，2018：20.
15 许慎. 说文解字［M］. 北京：中国书店，2011：1416.
16 道金斯. 自私的基因［M］. 卢允中，张岱云，陈复加，等译. 北京：中信出版社，2018：40.
17 威尔逊. 人类存在的意义［M］. 钱静，魏薇，译. 杭州：浙江人民出版社，2018：20.

寇，胜是英雄败狗熊，"胜者有理，因为胜者就是进步"[18]，人类早期就是由不同精英构成的英雄史诗，刀剑与战争是写诗的纸笔。

6

人类的意义选择具有传播能动性（亦可称之为理性的能动性），但是这种能动性不可避免地受到外力的阻挠，谁能冲破阻挠，谁就掌握"意义"。冲破阻挠的人成为精英，他们发明文字，书写历史，选择神祇，祈求保护，虚构故事，建立秩序。在人类充满竞争与合作的漫长岁月中，"意义"本身急需选择和传播，而精英希望借此解释其存在，并且炫耀、昭告和传后。比如，"苏美尔王表""汉谟拉比法典""伯里克利演讲"和"尚书"都属于此类解释。

随着人类所创造的剩余财富（特别是精神遗产）不断增加，并且随着人类的血缘亲缘纽带逐渐演变为以宗法制度为核心的国家纽带，劳心精英在国家政权的支持下，创造了传承精神遗产的"学校教育"[19]。

---

18 权力意志：重估一切价值的尝试［M］. 张念东，凌素心，译. 北京：商务印书馆，1993：113.
19 这里需要说明的是，学校教育不同于广义的人类教育。广义的人类教育属于人类的社会属性，是一个人先天具有的能力（但是与动物的"模仿""劳动"和"交往"不同，具有人类的独一性）。即是说，既然人是"意义动物"，当然也是"教育动物"，人类的这种"教育性"是在人类出现时就已有的现象，人的教育性与人的意义性是共生的。学校教育也称正规教育，需要专门场所、专门教师、专门文字和"精神产品"，这些必要条件都不可能是穷人所具备的。人类早期，除了国家之外，任何个人和团体都无法凑齐举办学校需要的所有条件。因此，最早的学校诞生于国家形成后，由王权承办，学校场所属于统治者的宫殿组团的一部分。后来，私立学校诞生，但是仍然离不开国家政权支持。孔子办学由鲁国贵族政权支持，亚里士多德办学得到了亚历山大政权的支持。

从根源上讲，学校教育是以脱离生活、脱离劳动和脱离底层来显明其尊贵身份的[20]。从生存空间上说，学校教育在城市出生，是来自军事和祭祀所必需的纪律训练[21]，"是人们在一种分类中的位置，线与行的交点"[22]，是用来表明人类文明社会分类分层的空间叙事。学校教育是人类斗争与发展过程中竞争和选择的结果，也是合作与交流的结果，由于学校教育在个体和群体选择中具有优选"意义"的权力，所以对人类的竞争与合作来说，它是一项比指南车、马车或牛车更伟大的发明，它像阿拉丁神灯一样，是所有技术创造中最有魔力的技术。

作为胜者的精英，通过学校教育及其背后的一系列技术手段确认他们的胜利。因此，学校教育在本质上是精英取向的。孟子说："人之有道也，饱食、暖衣、逸居而无教，则近于禽兽。圣人

---

20 这三个"脱离"正是工业化时代的杜威批判旧式学校教育的理由，在此批判的基础上，杜威建立了适应新时代民主社会和大众需要的职业教育哲学。
21 在古代国家形成之前，"广场"较多，它们有的可能既是集会、祭祀、演说、选举、贸易之所，也可能是军事动员和训练之处。这些地方后来大都成了城市的核心地带，有些也发展成为国家政权的标志性场所或学校教育之地〔如中国儒家典籍里所说的"成均"可能是由某个广场发展而来，柏拉图的阿卡德米学园（Academic）和亚里士多德的吕克昂学园（Lyceum）最早也都是政府兴建的体育场所，这些场所不是谁都可以随便进入的〕。这就是说，学校教育最早是与祭祀、军事密切相关的。从人类学研究成果中可知，战争胜者即王者，王者周围是祭祀长，他们掌握国家权力和社会稀缺资源。"在埃及，学校的发展是和需要书写的寺庙及国王的宫廷紧密相连，这一点非常明显。学习写字的孩子的习字簿的遗迹给予我们很好的佐证。近来，还有证据表明，在苏美尔和巴比伦王国的某些地方，也因为类似目的建立了学校，用以培养祭祀和参与国王事务的官吏。"（伯茨. 西方教育文化史 [M]. 王凤玉，译. 济南：山东教育出版社，2013：10）
22 福柯. 规训与惩罚：监狱的诞生 [M]. 刘北成，杨远婴，译. 北京：生活·读书·新知三联书店，2003：165.

有忧之，使契为司徒，教以人伦。"[23]意思是，圣人并不满足于让老百姓吃饱穿暖，还要让他们受教育、知礼节、远离禽兽，于是就委派官员实施教育。这里，孟子告诉我们，学校教育乃圣人所为。《礼记·学记》又讲："君子如欲化民成俗，其必由学。"接着讲："古之王者建国君民，教学为先。"意思是，办学校、搞教育都是君子和王者的责任。

明末清初的大思想家黄宗羲在《学校》一文中写道："学校，所以养士也。然古之圣王，其意不仅此也，必使治天下之具皆出于学校，而后设学校之意始备。"[24]尽管黄宗羲扩大了学校教育的功能，但是他仍然客观地表达了三层意思：第一，学校由古之圣王设置；第二，学校培养精英；第三，学校承担"治天下"的责任。显而易见，黄宗羲眼中的学校是属于精英和培养精英的。

7

作为一项最有魔力的技术，学校教育的发明需要具备三个基本条件：语言、文字、国家。语言和文字是人与人彼此穿越"意义"之墙，实现有目的交往的保证；国家是教育在专门场所和对象中间实施的保证，也是人类有能力从"忙碌的劳力"走向"闲暇的劳心"的保证[25]。国家形成后，会有一个职业化的统治阶级维

---

23 《孟子·滕文公上》。
24 黄宗羲. 明夷待访录[M]. 段志强, 译注. 北京：中华书局, 2011：37.
25 美国教育史学家和高等教育学权威布鲁巴克从语言文字角度分析了学校的起源，他发现在西方大部分语言中，"学校"（school）这个词都是从古希腊语的"学校"一词演变而来的，而古希腊语"学校"一词背后的隐喻是"闲暇"。他还以古犹太《德训篇》为例，进一步说明闲暇与教育有密切关系，也说明了（转下页）

系其运转。随着时间推移,统治精英们逐渐发展出一整套统治话术、书写文字、宗教礼仪和做事方式,这些东西又需要一整套的技术手段(如军事、祭祀、音乐、绘画、教育等)进行维持。因此,学校教育就是统治精英们为了保证其统治地位,并使其可持续发展而发明出来的"一种等级排列艺术,一种改变安排的技术"[26]。

通过社会生物学家所谓"多层次选择",统治精英们发现学校教育是虚构故事和传播意义的最好方式,它强化了有等级的社会行为,"不仅提高了个体的竞争力,也提高了作为一个整体的群体竞争力"[27]。当人类积攒的剩余财富还不够多,并且语言文字能力和国家形态都还不够强的时候,学校教育就是一种特别珍贵的资源,只有高层统治者才能拥有这种最有魔力的技术。例如在周代礼制中,接受学校教育具有严格的等级制度和身份限定,不仅"礼不下庶人",而且不同级别的贵族所进学校亦迥然有别[28]。因此,不得不承认,学校教育自降生起就是不公平的,它的所作所为很像是养育又

(接上页)劳力者被排斥在教育之外的原因:"有学问者的智慧来自闲暇,唯有那些不被生活事务所束缚的人,才能成为智者。一个终日要农耕、放牧、养牛或专门从事体力劳动的人,只谈论一些琐碎小事,怎么能获得智慧呢?"(布鲁巴克. 教育问题史[M]. 单中惠,王强,译. 济南:山东教育出版社,2012:81)

26 福柯. 规训与惩罚:监狱的诞生[M]. 刘北成,杨远婴,译. 北京:生活·读书·新知三联书店,2003:165.

27 威尔逊. 人类存在的意义[M]. 钱静,魏薇,译. 杭州:浙江人民出版社,2018:26.

28 "离开了等级制,也就无所谓周礼。"西周有中央国学辟雍和泮宫,还有地方官学(乡学),辟雍居中为最尊,"天子曰辟雍"。《大戴礼记·保傅》记载:"帝入东学,上亲而贵仁,则亲疏有序,而恩相及矣。帝入南学,上齿而贵信,则长幼有差,而民不诬矣。帝入西学,上贤而贵德,则圣智在位而功不遗矣。帝入北学,上贵而尊爵,则贵贱有等下不逾矣。"[梅汝莉,等主编. 中国教育通史:先秦卷 上[M]. 北京:北京师范大学出版社,2013:72-81]

温驯又可气的家猫,"只是在塑造上层社会中早已根深蒂固的顺从文化"[29]。在人类有文字记载的数千年文明史中,学校教育是一种用证书标识的身份符号和社会权利,劳力穷人在绝大部分时间里并没有接受学校教育的权利,他们被认为不需要、不配要或不想要教育。

古希腊贵族亚里士多德把人划分成有理性者和无理性者,他的所有物理学、政治学、伦理学和教育学思想都是说给有理性、有闲暇的自由民听的,奴隶无权学习,因为奴隶"自己缺乏理智,仅能感应别人的理智"[30]。春秋时代的孔子也持有相同观点,他认为必须通过学校教育使为政的君子以礼而为,底层大众必然跟从而有礼。

思想家说得有道理。曾几何时,奴隶以为他们可以有机会触摸一下高挂在学校大门上的铜钟。然而,铜钟爆响了,贵族警觉了,他们宣告说,天命不可违。范吉射是晋国贵族,一个奴隶看见范吉射高悬门上的大钟,他很生气,决定消灭身份垄断。然而,荒谬就此发生了:钟太重,他用铁锤砸;钟太响,他捂住自己的耳朵。结果顺理成章:他被抓住了。结论显而易见:奴隶缺乏理智,行为总是愚蠢可笑。威严的身份岂可践踏?最终,盗窃者否认了自己行动的合法性。

久而久之,大众逐渐形成这样的观念:客观的社会等级的观念,劳心与劳力分离的观念,精英与大众分层的观念,好东西都

---

29 柯林斯. 文凭社会:教育与分层的历史社会学[M]. 刘冉,译. 北京:北京大学出版社,2018:17.
30 亚里士多德. 政治学[M]. 吴寿彭,译. 北京:商务印书馆,1965:15.

要集中在精英手中的观念[31]，否则生命价值无法体现。《韩非子》记载，楚国人卞和挖得珍奇玉璧，他一定要献给国王，即使被砍去双脚，即使眼睛流血，也一定要献宝上去，因为他认为只有国王才配拥有它。

8

古希腊有个名叫伊索的奴隶，无身份无自由，当然没有资格接受学校教育。不过，伊索妈妈喜欢编一些有趣的动物故事讲给伊索听，伊索模仿妈妈，自己也编动物故事讲给别人听。伊索的故事寓意丰富，时间久了，伊索成了"著名奴隶"。有一天，伊索的主人突发善心，要给这位著名奴隶以自由。用亚里士多德的话说，伊索的主人是有理性的贵族，也是有闲暇的智者，像当时很多贵族一样"爱智慧"。这天，他邀请一群受过高等教育的贵族到家里吃饭，主要目的是高谈阔论。他对劳力者伊索说，如果能把世界上最好的菜和最坏的菜都买回来，就证明伊索也是有理性并且有智慧的，那么可以给他自由身份。

在古希腊时期，伊索主人的这番操作是有其社会思想和意识形态背景的。这就是：贵族之所以高贵，是因为他们受过良好教育而且德智双修；奴隶之所以卑贱，是因为他们天生蠢笨又缺乏教养。柏拉图在《理想国》第八卷谈到他心目中的理想政体是"贵族

---

[31] 考古发现，"手工业作坊，除了少数与生产工具有关，多数是青铜器、玉器、骨牙器等仪式性的作坊；它们一方面代表生产活动的分化，一方面是更清楚地表现政治权力工具的制造工业"（张光直. 中国青铜时代［M］. 北京：生活·读书·新知三联书店，2013：34）。

政体"时，就认为，受过良好教育的贵族是贤能和智慧的，他们不粗暴、不贪婪，也绝不搞专制强迫，他们通过德智双修的优越性而使奴隶自觉卑贱。显然，伊索的主人是要标榜他受过高等教育，他的水平高，他比奴隶有智慧，他要让伊索心甘情愿地承认身份差异性。

很快，伊索在交易市场买了一些猪舌头回来。伊索对主人说，舌头是最好的菜，因为巧舌可以战胜群雄；舌头也是最坏的菜，因为巧舌能够颠倒黑白。听完伊索的解释，主人无言以对。我们可以想象当时的就餐场面：一群高谈阔论的贵族，一伙自诩智慧的哲学家，正在聆听一个著名奴隶关于好与坏的哲学诠释，众人面面相觑，此时谁该鄙视谁呢？

辩论是古希腊雅典城邦自由民的重要权利，辩论不仅彰显自由民的智慧，更重要的是表明他们都是闲暇而爱"智"的自由民身份。自由民可以到集贸市场或市民广场辩论，也可以像伊索主人一样三五成群地聚集在家里辩论。伊索不是自由民，然而作为奴隶的伊索似乎终于完成了一件合法的事情，他用荒谬的表演宣示了对不平等社会的抗争。但是，伊索自由了吗？不得而知，因为故事到此为止。可以确定的是，伊索已经点中了教育的"死穴"。一直以来，教育就像猪舌头一样善辩，有些人声称它是最好的菜，而另一些人却指责它是最坏的菜。

9

古希腊最善辩的智者是苏格拉底，他认为教育是"最好的菜"，而且把"最好的菜"端到路边、集市、广场，总之哪里人多往哪里去。不过,很多自由民在辩论中表示,他们吃到了"最坏的菜"。雅典公民终于投票表决:这人在蛊惑青年,这人把"最坏的菜"端给青年,判他死刑!

苏格拉底的悲剧其实也正是教育的悲剧,其表现是:一边是理性的冷酷,一边是浪漫的狂热;一边消灭不公平,一边制造不公平;一边追求自由,一边扼杀自由;一边在上面铺路搭桥,另一边又在下面挖掘陷阱。然而,哲学家苏格拉底始终是理性和清醒的,他没有丝毫的浪漫、退缩和左右摇摆,而是视死如归地坚守他的铺路架桥工作。

苏格拉底高傲地抬起头来,他对世人宣告:为了希腊的民主和自由,我愿意成为那道"最好的菜"!苏格拉底拒绝逃跑,他愿意接受命运的安排,作为一个追求高尚灵魂并且鄙视肉体的哲学家,他选择直面死亡。对于苏格拉底的坚守品性和高贵精神,2000年后的"高贵哲学家"尼采表示敬佩,然而对于苏格拉底在知识教育和理性美德之间画等号的自以为是,这位诗意盎然的现代哲学家却表示了强烈不满,他认为最伟大的哲学家也不可能摆脱孤独与恐惧,苏格拉底也不例外。在《论我们教育机构的未来》的演讲中,尼采说道:"哲学家抬起头来,刹那间感觉到了黑夜、清凉和孤独。"[32]

1870年,尼采撰写《悲剧的诞生》的时候,却也终于愿意选择像苏格拉底那样直面痛苦和死亡,但是他摇摇晃晃地去寻根溯源,渴望回到古希腊时代那个充满酒神精神的"智慧的悲剧"当

---

[32] 尼采. 论我们教育机构的未来[M]. 周国平,译. 南京:译林出版社,2012: 70.

中[33]。尼采把暴民政治和批判苏格拉底式的"教育悲剧"结合起来，声称这是绝对理性主义的庸众教育和生计教育的悲剧[34]。尼采大胆地反复强调："我们没有教育机构，我们没有教育机构！"[35]然而，可悲的尼采在反对暴民政治和庸众教育的同时，也把关于昏昧的理性启蒙机会给剥夺了。

其实，在礼赞精英和否定庸众方面，尼采和苏格拉底以及苏格拉底的学生都没有本质不同。人类社会的许多问题争来绕去，最后都汇聚和消融在一条流淌着生命之水的河流当中。

苏格拉底饮鸩而亡，学生柏拉图在悲伤和激愤之后站了出来，他"要继续苏格拉底的工作，并将其常规化"[36]。因此，苏格拉底死而复生，终于成为启蒙运动的思想武器，但是又免不了被关进训练性的监狱[37]。尽管尼采是"越狱"的思想家，但是发疯的尼采居然从另一端与苏格拉底及其学生们会合。在会合处，尼采激动地表达

---

33 在《理想国》中，柏拉图借用苏格拉底之口说："悲剧都被认为是智慧的，而这方面欧里庇得斯还被认为胜过别人，这不是无缘无故的。"（柏拉图. 理想国[M]. 郭斌和，张竹明，译. 北京：商务印书馆，2009：353）尼采在《悲剧的诞生》中，一方面赞赏希腊悲剧的智慧和力量，把希腊悲剧作为"自然生灵合唱歌队"，一方面批判苏格拉底－柏拉图主义，认为"知识即德性"是科学乐观主义和工具理性主义的根源。在《偶像的黄昏》一书中，尼采对苏格拉底也有类似大段的批判，他批判苏格拉底从源头上制造了排斥生命直觉的工具理性主义的知识论。
34 尼采站在批判工具理性的立场上，拒绝工业时代的职业教育。尼采是职业教育的激烈反对者，也是德国版"君子不器"的拥趸，他认为"庸众就是以服从和服务为天职"，"教育的使命是使天才得到养育和支持"。但是，与其说尼采是职业教育的激烈反对者，不如说他是把人当作机器进行强制训练的所谓"职业教育"的激烈反对者，尼采希望教育要有血有肉、敢爱敢恨，要激发人的天赋才能。在这个意义上，尼采是超前的，他是生命主义职业教育的鼓吹者。
35 尼采. 论我们教育机构的未来[M]. 周国平，译. 南京：译林出版社，2012：70.
36 瑞安. 论政治[M]. 林华，译. 北京：中信出版社，2016：65.
37 张爽. 卢梭的梦与苏格拉底[J]. 中国人民大学学报，2012，26（03）：16-24.

了与柏拉图相同的意思,他说:"我们保护艺术家、诗人和但凡有一技之长的大师。但我们比这些只会干事的'生产性'的人更高等,我们可不要同他们混为一谈。"³⁸

柏拉图说什么呢?柏拉图说:"需要监督和禁止诗人,要求他们把良好气质的形象创造到诗歌中去,否则就不允许他们在我们之中写作诗词,我们也应该监督和阻止其他所有的手艺工匠们,不允许他们把乖戾的气质、倨傲不驯、鄙吝卑贱、行为不检等,或者创作在人物中,或者体现在建筑设计中,或者表露在任何其他为他们所创作的作品中。"³⁹

柏拉图吸取他的老师苏格拉底的教训,不再搞"广场教育";而是兴办"学园"(Academy),实施"哲学家教育"。自此,"学校建筑将成为一个训练机构"⁴⁰。柏拉图对"美德即知识"进行了更加具有确定性的定义,否定了"只会干事"的工匠获取知识的权利,当然也就否定了工匠在生产劳动中还有什么"美德"。与老师不同,柏拉图也不相信在广场上有权自由辩论的庸众们值得教育,他之所以建立专门的"训练机构",是因为他相信,只有像苏格拉底这样的由金子塑成的哲学精英,才能建立理想国。

亚里士多德是柏拉图的学生,他在否认工匠知识和美德方面,和老师完全一致。亚里士多德认为,艺匠和劳工属于奴隶身份,"虽为城邦所必需,他们却不具备好公民所应有的美德,不应登籍

---

38 尼采. 权力意志:重估一切价值的尝试[M]. 张念东,凌素心,译. 北京:商务印书馆,1991:143.
39 柏拉图. 理想国[M]. 顾寿观,译. 长沙:岳麓书院,2018:131.
40 福柯. 规训与惩罚:监狱的诞生[M]. 刘北成,杨远婴,译. 北京:生活·读书·新知三联书店,2003:196.

而为公民"[41]。但是，在坚决捍卫广场上自由辩论的自由民的教育权利方面，亚里士多德又站在了师祖苏格拉底一边。据此，亚里士多德提出了"自由教育"思想，包括两个要点：第一，教育对象是自由民；第二，教育目的是自由人生。两个要点可以归为一句话：把自由交给自由人。亚里士多德辩称，"自由教育"是自由人的，它可以提供自由辩论，但需要理性思考。因此，"自由教育"有两个条件：理性、自由。

在亚里士多德看来，"自由教育"这道菜也并非人人可吃。那些卑贱的奴隶[42]，既无理性，又无自由，当然不可吃。他写道："凡是赋有理智而遇事能操持远见的，往往成为统治的主人；凡是具有体力而能担任由他人凭远见所安排的劳务的，也就自然地成为被统治者，而处于奴隶从属的地位。"[43]亚里士多德的这段话让我们不禁想起孟子的名言："劳心者治人，劳力者治于人；治于人者食人，治人者食于人。"[44]孟子指出，劳心者与劳力者的这种治与被治关系，乃"天下之通义"。的确，古代天下莫不如此，每个王者的背后皆有神灵。英雄史诗上是这样写的，"凡人都已睡熟"，英雄的力命之惑由辗转反侧的天神"谋划"[45]。

---

41 亚里士多德. 政治学［M］. 吴寿彭，译. 北京：商务印书馆，2017：447.
42 奴隶必然卑贱，这在奴隶制社会是天经地义的公理。雅典人认为，"一旦把公民权赋予了下层阶级，就等于把魔鬼放出了瓶子"（瑞安. 论政治［M］ 林华，译. 北京：中信出版社，2016：26）。
43 亚里士多德. 政治学［M］. 吴寿彭，译. 北京：商务印书馆，1965：5.
44《孟子·滕文公上》。这段话是孟子和陈相谈论滕文公治国之道时说的，孟子的原意是，每个人都有自己的职分，各尽其责即是善道，这是孔子"不在其位，不谋其政"（《论语·泰伯》）观点的另一种表达，孟子在揭示统治者和被统治者关系的同时，也把心与力、思与做区分了开来。
45 荷马. 荷马史诗·伊利亚特［M］. 赵越，译. 哈尔滨：北方文艺出版社，2012：23.

第二章 从"有教无类"到"教育分类":职业教育政治史

1

在生命时间上,孔子比亚里士多德早生一百多年;在对生命的认知上,亚里士多德和孔子没有什么差异。从东方到西方,从古代到现代,从"无类"到"分类",尽管科技发展已是日新月异,尽管生存互动已经物是人非,尽管交往话语已有万千差别,但是人类寄托在"分门别类"上的关于高低贵贱的意义性选择从未有本质变化。

两千多年前的某一天,"中国文化代言人"[1]在河边漫步,他仰望日月星辰,俯视滚滚河水,仿佛看见刀光剑影、武夫执国,看见"劳心者"纯洁的血液随水而逝。对于"委质为臣"的礼崩乐坏和搏杀再起,他着急、悲伤、失望、愤怒、忧心忡忡、高度警惕,他在河边放声喊道:"逝者如斯夫,不舍昼夜。"[2]但是无人回应,又

---

[1] "中国文化代言人"是我们回溯职业教育政治史的判断。许倬云说:"孔子是中国文化的代言人,也正因为他体认了华夏文化的性格。……儒家文化的基本性格成为中国文化的基本性格。"(许倬云. 西周史[M]. 北京:生活·读书·新知三联书店,2018:329)中国社会的主流文化是儒家文化,儒家文化的源头在孔子,在政治史的意义上研究中国职业教育的文化特质,必须深入研究孔子的相关论断及其影响。

[2] 《论语·子罕》。

叹曰："凤鸟不至，河不出图，吾已矣夫！"³ 群雄肆虐、战乱不止、文人羸弱，他有些失落和泄气。但是，他至终没有放弃，他相信"武治"总是暂时现象，而随着国家统一，"文治"必然回归，"仁礼"才是正道。因此，他坚持走自己十五岁时就立定的正确之路——恢复和弘扬周公之礼制，这是关于治人与被治的礼制。

这位忧心的漫步者是孔子。孔子认为，治人之君处于庙堂之上，品德如风；被治之民处低下卑微之所，品德像草。上位决定下位，如若风过草顺；下位服从上位，恰似草随风动。《论语·颜渊》记载，治人者季康子问孔子治人之道，孔子对他说："子欲善而民善矣。君子之德风，小人之德草，草上之风，必偃。"⁴《论语·子路》记载，学生樊迟想学习农业技术，孔子批评他求小人之学而不进君子之道，说道："上好礼，则民莫敢不敬；上好义，则民莫敢不服；上好信，则民莫敢不用情。夫如是，则四方之民襁负其子而至矣，焉用稼？"⁵

孔子论述了劳心劳力的政治关系的合理性和正当性。在孔子看来，劳心与劳力的政治关系不是统治关系，而是治理关系；不是压制关系，而是礼制关系；不是分离关系，而是分工关系；不是平等关系，而是"德从"关系。孔子的政治是"道德政治"："为政以德，譬如北辰，居其所而众星共之。"⁶要求为政者要有君子之

---

3 《论语·子罕》。
4 《论语·颜渊》。孔子选择使用"风吹草偃"这个比喻，可能受到了诗经之"风"的影响，明白这一点对于我们理解儒家教育是有价值的。《毛诗序》讲，"风"有教化民众的意思："上以风化下，下以风刺上，主文而谲谏，言之者无罪，闻之者足以戒，故曰风。"
5 《论语·子路》。
6 《论语·为政》。

"身正":"政者，正也。子帅以正，孰敢不正？"⁷实现道德政治的手段是教育。梁启超说："儒家之言政治，其唯一目的与唯一手段，不外将国民人格提高。以目的言，则政治即道德，道德即政治。以手段言，则政治即教育，教育即政治。"⁸

在孔子这里，道德政治正所谓君子之道，教育政治也就是君子政治，而君子政治就是周公之礼制。孔子时，女人称男人为君子，小老百姓称贵族男子为君子，孔子对"君子"一词进行了道德精英主义的改造升级，让君子成为周礼的守卫者。君子，代表了高尚、典雅和尊贵的生活方式，代表了人与人相处的文明礼仪，也代表了社会差序等级。在孔子心目中，"君子"内涵很丰富，不是一两句话就可以说清的。在整个《论语》中，"君子"一词俯拾即是，大约有108处。

孔子的君子之道源于周礼，而周礼的本质是确立主从关系，这在古典文献和考古资料中均有记载。⁹许倬云《西周史》写道："行礼时，受命的臣下，由其傧相（右）导引入门，立于中庭，王则南向立于东西两阶之间。策命是预先书就的简册，由秉册的史官宣读，有时秉册是一人，宣读是另一人。王在当场命令宣读，其口头命令也计入策命中。在礼仪制度化时，象征性的赏赐与实物的赏赐同样可为受者珍视。周人策命礼中大量出现特权象征的服饰旂章，正说明了封建结构已有明确的阶层分化。"¹⁰孔子的君子之道把周礼的主从关系升华为"德从关系"，即以道德为服从之本。

---

7 《论语·颜渊》。
8 梁启超. 先秦政治思想史[M]. 北京：东方出版社，1996：101.
9 许倬云先生在《西周史》中对此有详细分析，详见许倬云著《西周史》(北京：生活·读书·新知三联书店，2018：184)。
10 许倬云. 西周史[M]. 北京：生活·读书·新知三联书店，2018：185.

为了复兴理想中的君子之道，孔子从"志于学"转而"志于教"，不仅"跋涉山川，蒙犯霜露"，而且大胆打破"学在官府"的封闭状态，创办了中国历史上第一所私立大学，实施被儒家一直延续的"君子教育"。

　　什么是儒家的"君子教育"？孔子讲了三句话。第一句是"有教无类"[11]，包括两层意思：第一层，"君子教育"不包括其他教育类型，比如没有所谓"工匠教育"；第二层，"君子教育"不区分人性差异，但可以造成道德高低，即所谓"性相近也，习相远也"[12]。第二句是"唯女子与小人为难养也"[13]，说明"君子教育"不包括女人和奴隶。第三句是"君子不器"[14]，即"君子教育"不培养工匠那样仅专于一端的狭隘专才，而是培养"六艺"兼通的仁礼之士，即所谓"文质彬彬，然后君子"[15]。

　　在东方，孔子有"君子教育"；在西方，苏格拉底有"爱智教育"，柏拉图有"哲学王教育"，亚里士多德有"自由教育"。[16]不

---

11 《论语·卫灵公》。
12 《论语·阳货》。
13 同上。
14 《论语·为政》。
15 《论语·雍也》。
16 16世纪初，东西方的君子教育和自由教育各发生了一次影响深远的思想革命。东方代表是王阳明，他在"人人皆可成圣"的心学思想上，把君子教育解释为"惟去其私欲之蔽，以自明其明德，复其天地万物一体之本然而已耳；非能于本体之外而又所增益之也"（王阳明. 王阳明全集：肆 [M]. 北京：线装书局，2004：70），不再以性别和身份区别。西方代表是马丁·路德，他在颠覆神权的革命意义上，提出世俗政权有责任迫使所有人送其子女入学，"受到某种职业的教育"（克伯雷，选编. 西方教育经典文献 [M]. 任钟印，译. 北京：人民教育出版社，2016：295）。但是，16世纪初的这次东西方教育思想革命，也是东西方教育不同走向的一次分流。在宗教改革后，因为宗教信仰的深刻作用力，路德的教育思想引发了国家义务教育和平民教育在欧洲的推行，而王阳明的教育思想在当时则不得不妥协求全，无论是在当时还是在此后都没有成为社会主流，尽管王阳明学生王艮面向穷人讲学，但影响极其有限。

管是什么称谓，古代东西方教育在教育对象和培养目标上是大体一致的，即面向部分人群，培养治世通才。

我们做出上述诠释是从主体诠释学出发的，是以当代社会的"人权视角"去分析古人。事实上，孔子时代没有人会想到他作为一个人应该享有的权利。孔子讲"有教无类"，并不会出现我们所谓教育类型、部分人、专才等意识，在他那里就是十分虔诚的君子教育、全人教育、仁礼教育，因为那个时代"所有人"的概念在我们今天看来，只是包括了一部分人。例如，我们今天认为孔子区分了劳心者与劳力者的不同权利，但是那个时代却没有这种关于权利的区分意识。亚里士多德说"区分"乃是"自然之法"，《左传·襄公》说这是"先王之制"[17]。荀子则从人性出发进行解释，他指出："人之生，不能无群，群而无分则争，争则乱，乱则穷矣。故无分者，人之大害也；有分者，天下之本利也；而人君者，所以管分之枢要也。"[18]荀子的意思是，劳心劳力区分是人性之必然，否则就会天下大乱。他还解释，所谓"礼"是什么呢？就是"贵贱有等，长幼有差，贫富轻重皆有称者也"[19]。因此，荀子解释劳心劳力不同权利的结论是："君子以德，小人以力。力者，德之役也。"[20]

荀子把"贵贱"看得比"异同"还重要，他要给"贵贱"以"正名"，并在《正名》一文中专门写道："上以明贵贱，下以辨同

---

[17]《左传·襄公九年》："君子劳心，小人劳力，先王之制也。"
[18]《荀子·富国》。
[19] 同上。
[20] 同上。

异。贵贱明，同异别，如是，则志无不喻之患，事无困废之祸。"[21] 荀况自称"儒家"，尊崇孔孟，但是他在孔子的道德政治中增加了法家政治思想，提出"隆礼重法"的政治主张，这一主张把儒家的劳心劳力关系从治理关系变成统治关系，从礼制关系变成压制关系，从德从关系变成主从关系。

2

我们今天回头去看，职业教育政治史，就是劳力者的教育权利史。

古代政治思想家无一例外地排斥劳力者的教育权利。柏拉图在他的《理想国》里指出，治人者好像牧羊人，由黄金铸造；被治者好像群羊，由铜铁铸造。[22]"须知，神谕曾经说过'铜铁当道，国破家亡'。"[23]群羊跟随主人，铜铁跟随黄金，绝无反之，否则"国破家亡"。亚里士多德曾说教育只属于自由民，他信誓旦旦地指出，这是由自由民的两个特征决定的："一是在政治上，他们可以当兵、选举、担任公职；二是在经济上，他们无须做奴仆所做的那些卑微的劳动。"[24]

---

21 《荀子·正名》。胡适曾对荀子的"明贵贱"进行过分析。他认为荀子虽然受了"当时科学家的影响，不能不说有别同异之用。"但是，荀子的"贵贱观"是与当时整个社会的"意义观"相一致的，所以"他依然把'明贵贱'看得比'别同异'更为重要"（胡适. 中国哲学史大纲[M]. 上海：上海古籍出版社，1997：239）。
22 柏拉图. 理想国[M]. 郭斌和，张竹明，译. 北京：商务印书馆，2009：26，131，132.
23 同上。
24 布鲁巴克. 教育问题史[M]. 单中惠，王强，译. 济南：山东教育出版社，2012：4.

雅典自由民行使他们的政治权利，杀死了民主政治的拥护者苏格拉底，此事刺激了弟子们的批判意识，不少人因此举起了反政治大旗。所谓反政治，就是不要政治，无论寡头政治还是民主政治，全都害人，一概不要。柏拉图举办学校教育，试图远离政治；安提斯泰尼否定一切，以此否定政治。但是，亚里士多德却说，人在本性上是政治动物，谁都无法远离政治，柏拉图和安提斯泰尼事实上也没有摆脱政治，就像春蚕作茧自缚一样，每个人每时每刻都在为自己编织政治的天罗地网。在古希腊雅典城邦，几乎没有人对政治不感兴趣，因为自由民的社会生活就是政治生活，不参与政治就没有社会身份。

作为政治动物的人，怎样才能转化成为"政治人"？亚里士多德指出，必须依靠教育，"邦国如果忽视教育，其政制必将毁损"[25]。然而，亚里士多德认为，有些人是没有受教育权利的，"这些人，照他们的名称所显示，就是靠双手做工而谋生；技工或匠师也属于这一部分"[26]，这些人所从事的"卑陋的"行当，"影响一个自由人的身体、灵魂或心理，使之降格而不复适合于善德的操修者"[27]，因此，亚里士多德指出："我们这个城邦中的公民［为了要获得修养善德和从事政务的闲暇，］必须家有财产，这个城邦只有他们（有产阶级）才能成为公民。工匠阶级以及其他不能'制造（生产）'善行（善德）的阶级都不能列入这个城邦的名籍中。"[28]

亚里士多德剥夺了劳力工匠的公民身份和教育权利。像孔子

---

25 亚里士多德. 政治学［M］. 吴寿彭，译. 北京：商务印书馆，1965：412.
26 同上：126.
27 同上：414.
28 同上：373-374.

一样，亚里士多德主张教育政治，而且是少数人的教育政治。因此，在这个政治史意义上，古代社会并不存在以培养工匠为目标的职业教育。

3

柏拉图认为，合格的政治家应当是苏格拉底那样的哲学家，真正的教育应当是理性而高贵的哲学教育。柏拉图创办的学校叫阿卡德米学园（Academy），传授"四艺"（算术、几何、天文和音乐），教育目的是"用于战争以及便于将灵魂从变化世界转向真理和实在"[29]。因此，柏拉图不允许从事"低贱工作"的劳力工匠进园受教。在柏拉图看来，理性位于头部，手工技艺是低贱的[30]。

柏拉图一边"批判民主对所有人放任自流"，以至于"奴隶傲慢无礼，驴子在人行道上和公民抢路"[31]，一边通过贵族主义的学校教育培养哲学家，为实现他的政治理想国而奋斗。柏拉图曾三次前往叙拉古，幻想以他的智慧把那里残暴的僭主转变成为理想的哲学王。可惜，他的遭遇和孔子周游列国的遭遇没有什么不同，不是受尽屈辱，就是险丢性命，最后只得回归学校教育，专心教学和著书立说。

然而，柏拉图的师兄安提斯泰尼似乎是个例外。安提斯泰尼坚持无政府主义，提倡绝对的个人精神自由，他像庄子一样"不愿

---

29 柏拉图. 理想国[M]. 郭斌和, 张竹明, 译. 北京: 商务印书馆, 2009: 291.
30 同上: 286.
31 瑞安. 论政治[M]. 林华, 译. 北京: 中信出版社, 2016: 106.

意要任何东西"，宁愿做一只在泥浆里快活的乌龟，"一切精致的哲学，他都认为毫无价值"[32]。

果真是个例外吗？貌似随性的安提斯泰尼其实并不随意，据说他建有自己的"犬儒学堂"，他也看不起前来求学的第欧根尼，因为这个学生的父亲是个"不名誉的钱商"。在古希腊的文化背景中，"钱商"意味着什么？"不名誉"又意味着什么？考题摆在了安提斯泰尼面前，他犹豫了。这位"看淡一切"的哲人忽然觉得，自己终究是个有责任心的教师，恐怕不能完全没有规矩。[33]两千多年后，丹麦青年克尔凯郭尔似乎替安提斯泰尼解了围，他说怀疑和犹豫都是必要的，"一切教育最终取决于条件的存在；要是门徒本身缺乏条件的话，对一个教师来说，就一筹莫展"。[34]安提斯泰尼最终决定接受第欧根尼。这个事例说明，愤世嫉俗的犬儒主义哲学被政治精英们转化成为受挫失意的避风港，也许就是无可奈何之后的最佳归宿。

那么，中国古代思想家庄子是个例外吗？庄子反对柏拉图式的政治理想国，他不仅否定实际政治，更是颠覆了各种政治合法性的论证[35]。庄子似乎很喜欢与匠人为伍，他熟悉金工、玉工、织工、陶工、木工、洗染工、屠宰工等。《庄子》33篇塑造了十多个神

---

[32] 罗素. 西方哲学史[M]. 何兆武, 李约瑟, 译. 北京: 商务印书馆, 2015: 295.
[33] 在古希腊文化观念中, 钱商和不名誉联结在一起, 意味着撒谎和粗俗。可以肯定, 安提斯泰尼是深受精英主义文化浸染的, 他之所以特立独行, 不仅因为他是自由公民, 而且还是贵族精英, 不用考虑"下一顿吃什么", 也无须担心是否会挨骂和受罚。
[34] 克利马科斯（克尔凯郭尔）. 论怀疑者[M]. 陆兴华, 翁绍军, 译. 上海: 上海世纪出版集团, 2006: 79.
[35] 刘思禾. 断裂的世界: 庄子政治思想研究[J]. 古籍整理研究学刊, 2009 (06): 103-105, 66.

奇的匠人形象[36]，其中以论人生价值为主题的《达生》篇最多，有七个（承蜩者、操舟者、季渻子、游水者、制鐻者、驾车者、工倕）；《田子方》篇次之，有三个（钓鱼者、画师、施射者）。给后人印象最深的匠人，是《养生主》篇的庖丁和《人间世》篇的匠石。其他匠人形象，还包括《天道》篇的轮扁、《知北游》篇的捶钩者，《徐无鬼》篇的斫垩者、《外物》篇的任公子等。

不过，对于工匠，庄子似乎并不关心他们的谋生状况，而是关注"匠人之道"。也许，庄子正像哲学家罗素评价诗人拜伦那样，是个贵族叛逆者——要的是形而上学，而不是工匠阶级所要求的现实好处[37]。庄子的确是个没落贵族，他讨厌做官，也讨厌工匠用技巧谋生（如，明知机械取水省时省力却"羞而不为也"）。显然，庄子并没有讲说职业教育政治，也没有为工匠阶级争取教育权利，他的匠人之道是超越了技术层面的天道，达到了死生不惧的至高境界："死生惊惧不入乎其胸中。"[38]在庄子看来，人类试图通过发明新技术而解决旧技术问题，无异于拽着自己的头发上天，属于不可能事件。庄子说，人类解决技术的唯一办法是不与技术较劲，把技术解放出来，就像庖丁解牛，心与物的对抗消失了，器对心的制约消失了，人类的"精神由此得到了由技术的解放而来的自由感与充实感"[39]。

与庄子相比，墨子更是与工匠为伍，其门徒多为"卑贱"的

---

36 利用匠人讲寓言是《庄子》的特点，《大宗师》还讲了个一般铁匠的故事，《马蹄》则从反面意义上讲了匠人伯乐、陶工、木工的故事。
37 罗素. 西方哲学史[M]. 何兆武，李约瑟，译. 北京：商务印书馆，2015：296.
38 《庄子·达生》。
39 徐复观. 中国艺术精神[M]. 桂林：广西师范大学出版社，2007：39.

工匠，而且墨子自称"贱人"[40]。那么，墨子是个例外吗？

墨子似乎推崇"工匠政治"，他提出的政治主张是"尚同政治"[41]，幻想老百姓在"贤人"指引下过着"实用、勤俭、平等、兼爱"的幸福生活。为此，墨子反对儒家的繁文缛节和铺张浪费，还有其他许多罪状，例如手脑分离假仁义、空谈理想不务实、只重艺术轻技术等。在墨子心中没有差序等级和高低贵贱之分，但是，带领工匠过幸福生活的"贤人"怎么产生？依靠全民选举产生吗？墨子未做回答。倘若"贤人"瞎指挥怎么办？谁来制约？墨子建议让"天"和"鬼"来管制，但是如果"贤人"不信鬼神怎么办？墨子没有回答。如果对于墨子来说，"古代社会并不存在以培养工匠为目标的职业教育"这个判断是个例外，那么所谓"工匠政治"就是昙花一现，很快被掩埋在墨子所批判的儒家政治的后花园。

无论是史料还是考古发现，都证明事实上的世官制度和教育礼仪属于手握权杖的王者，如《荷马史诗》所写：

> 手握权杖的王者拥有高于民众的荣誉，

---

[40] 文献研究认为，墨子自称贱人（谭家健，孙中原，译注. 墨子今注今译[M]. 北京：商务印书馆，2009：380)，《墨子·贵义》记载，楚惠王也称墨子为"贱人"。在周代，所谓"贱人"就是庶人，即平民老百姓，当时的耕者、百工和商贾都属于贱人。不过，按照凡勃仑的理论，墨子在当时应该不是低贱的生产劳动者，而是属于有一定身份的闲暇阶级。

[41]《墨子·尚同中》："里长既同其里之义，率其里之万民以尚同乎乡长。……乡长治其乡而乡既已治矣，有率其乡万民，以尚同乎国君。……国君治其国，而国既已治矣，有率其国之万民，以尚同乎天子。……故古者圣王，明天、鬼之所欲，……率天下之万民，齐戒沐浴。"

宙斯赋予他权力和荣耀。[42]

4

职业教育政治史,是工业革命带来的职业话语体系转变史。

回望历史,似乎一夜之间,工业革命对农业发动了一场具有毁灭性的突然袭击。第二天早晨醒来,人们发现一切都变了样:埃菲尔铁塔、帝国大厦、蒸汽机火车、燃烧的煤炭、滚滚浓烟、阳光下的木乃伊……可怕的"巨机器"[43]像是手握权杖的王者,全副武装来到面前,人与技术在赛跑,人被机器所取代,资本积累快速膨胀。

500年前,当机器生产第一次取代了手工匠的慢功夫之后,工厂主就恨不得在各个方面,把有血有肉的工匠赶出他的作坊,"给一个速度更快的、没有生命的工匠"腾出空间[44]。工业、职业、技术、机器、生死……混合在一起呼啸而至。任何人都不能选择自己的生死,但可以选择活着的理由,这就是生命意义,也是政治意义。

为了改变社会不公和寻找社会正义,英国人托马斯·莫尔

---

42 荷马. 荷马史诗·伊利亚特[M]. 赵越,译. 哈尔滨:北方文艺出版社,2012:11.
43 "巨机器"的概念由美国社会哲学家芒福德(Lewis Mumford,1895—1990)提出。芒福德在各个学科领域都有建树,曾获大英帝国勋章和美国自由勋章。他是人文主义技术哲学鼻祖,对技术做了全面的哲学反思。他认为巨机器表现为"机械权力和秩序",人在巨机器面前无法违抗,他说:"技术发展的整个过程变得越来越具有强制性和极权主义色彩,而且从人的角度来看,变得具有压迫性和可怕的非理性,并且对不能纳入机器中的生活的更自发的表现形式怀有深深的敌意。"(转引自:吴国盛,编. 技术哲学经典读本[M]. 上海:上海交通大学出版社,2008:504)
44 威廉斯. 文化与社会:1780—1950[M]. 高晓玲,译. 长春:吉林出版集团有限责任公司,2011:81.

(St. T. More)想到了更为美好的"乌托邦"社会[45]。可惜,"期望和现实之间展现了一条绝望的无底深渊"[46],莫尔被国王砍了头。紧接着,比莫尔小五岁的德国人马丁·路德出场了,他发表了一篇题为《关于赎罪券力量与效用的抗辩》的战斗檄文[47]。这是一个关乎职业教育政治权利的转折性事件。再接着,与马丁·路德生活在同一教区的铁匠和黄金制造专家古登堡(J. Gutenberg)发明了金属活字印刷机[48],成为路德思想传播的最大武器[49]。

---

[45] 托马斯·莫尔(1478—1535),欧洲文艺复兴时期英国爵士、律师、议员、大法官,他比王阳明晚生6年,不过与王阳明寿岁相同,都是57年。王阳明是以天下为己任的儒家士大夫,34岁时因反对宦官刘瑾乱朝而被贬谪贵州农场,但是自此悟道创立心学。托马斯·莫尔是虔诚的天主教徒,他曾与国王亨利八世并肩战斗,反对马丁·路德的新教改革运动,因此深得亨利八世的赏识。但是,后来国王因为自己的婚姻大事和英国形势而改信新教,面对国王的突然"反水",笃信天主教的莫尔非常失望。于是,老牌的天主教徒莫尔和英国新任基督教首领亨利八世从主仆关系变成了仇敌关系。结果是必然的,莫尔被砍了头。《乌托邦》是莫尔37岁时写的,在那个全民探寻外面美好世界的大航海时代,莫尔所写的这个故事在当时引起的巨大轰动是可想而知的,它满足了底层大众不满社会现实和寻找美好生活的理想主义情结。因此,如果说柏拉图所创造的《理想国》里的美好生活还停留在大贵族的哲学世界的话,那么莫尔所创造的《乌托邦》的美好生活,就是第一次完全向底层大众敞开了,也正是在这个意义上,莫尔对马克思建立社会主义哲学体系产生了很大影响。

[46] 劳特. 陀思妥耶夫斯基哲学[M]. 沈真,等译. 桂林:广西师范大学出版社,2005:123.

[47] 流行的说法是,《九十五条论纲》被马丁·路德贴在维滕堡城堡教堂的大门上,但是很多研究又否定了这一具有传奇色彩的说法,认为是马丁·路德给自己的上司、红衣大主教阿尔伯特写了一封信。无论"贴"说还是"信"说都不是关键,关键是《九十五条论纲》在1517年万圣节前夜传播了出去。

[48] 这项发明比"活字印刷术之父"毕昇的胶泥活字印刷晚了400多年。但是古登堡比毕昇幸运的是,他的手摇印刷机、专用油墨和全套印刷流程遇到了欧洲的宗教革命、文艺复兴,以及底层大众日益高涨的打破教会知识垄断的阅读需求。

[49] 瑞安. 论政治[M]. 林华,译. 北京:中信出版社,2016:438. 不过,必须说明的是,古登堡并不是专门为了路德而发明技术,作为一名工匠,他当时只想用新技术开公司赚钱。可惜,古登堡做生意屡遭欺骗,最终破产身亡。

有人批判技术，认为技术与意识形态一样，起着统治人和奴役人的社会功能；也有人称赞技术，提出作为意识形态的技术在不断进步，可以消灭阶级差别与对抗[50]。人类始终在寻找和控制技术的那个"道"，人类与技术撕裂、弥合，又不断摇摆、更新，实际上是努力把命运掌握在自己手上。

　　1736年1月19日，苏格兰格拉斯哥附近的港口小镇格林诺克，在一个造船工人家庭里，有个技术赛跑能手诞生了，他是詹姆斯·瓦特。17岁的时候，瓦特进入伦敦一家仪表修理厂做学徒工。这个时候，整个欧洲的土壤上到处都在咔咔作响，自由贸易的文化传统也在此刻焕发出勃勃生机，封建主义和资本主义、冒险家和野

---

[50] 关于科学、技术与意识形态（意义）的关系问题，从卢梭开始就有了旗帜鲜明的论述和批判，到了20世纪上半叶的法兰克福学派，因着世界局势的快速变化，技术与意义的问题被作为社会学的核心命题之一，得到了集中和充分的论述，诸如《美丽新世界》之类的反乌托邦文学作品也为之增砖添瓦。马尔库塞以技术奴役论而出名，与之相反，比马尔库塞小31岁的哈贝马斯，则以技术解放论而出名。马尔库塞说："在一种新的意义上来说，正盛行的社会控制形式是技术的。可以肯定，生产性设备和破坏性设备的技术结构和效率，已经成为现阶段使人民隶属于既定的社会劳动分工的一个主要工具。而且，这种一体化曾一直伴随着有较明显的强制形式：剥夺生计、司法管理、警察、武装力量。"（陈学明，等编．痛苦中的安乐：马尔库塞、弗洛姆论消费主义［M］．昆明：云南人民出版社，1998：7）与之相应，与马尔库塞同时代的奥德斯·伦纳德·赫胥黎（那位达尔文"斗犬"、科技主义的鼓吹者、生物学家赫胥黎的孙子），撰写了反科技主义的小说《美丽新世界》，他所描写的未来社会是一个利用高科技实施极权统治的社会，那里的人没有自己的思想，没有感情，在出生之前就被定位。哈贝马斯不赞成科技奴役论，他认为在科学技术的巨大进步中，资产阶级与无产阶级不再对立，而是密切的伙伴关系，即生产的发展取决于科学技术而不是生产关系的改变，科学技术让阶级差别和对抗消失，技术统治作为一种新意识形态，已经不具有过去冲突的意识形态特征。直至今天，技术与意义的问题仍然争论不休，眼看着比人类要强大的智能机器人大军即将到来，有的人欢欣鼓舞，有的人恐惧震惊。但是，人类作为"整体"的人在竞争欲望的驱使下，不断更新技术与意义的关系，有人说人类最可笑而又可悲的地方在于，不明白从生到死这一段生命历程的意义，总是做出违背自然意志的事情出来。

心家全部在这里发生了剧烈碰撞。詹姆斯·瓦特就像一艘希望顺利航行的渔船，必须要有包容的制度环境作为大海。此时的英国，"贵族阶级已经消失，贵族政治已经开放，财富成为一种势力，法律面前人人平等，赋税人人平等"，[51] 全世界的科学与技术中心正在英国。天才维修工瓦特抓住了这个历史机遇[52]，他进入格拉斯哥大学做维修工，与物理学家布莱克成了好朋友。不久，企业家罗巴克和博尔顿相继成为瓦特研制新式蒸汽机的赞助商[53]。1776年，身在英国波罗姆菲尔德煤矿埋头技术革新和商业推广的瓦特，研制成功第一批新型蒸汽机。他与赞助商博尔顿一起，首次向公众展示大机器的工作状态。瓦特蒸汽机的使用可以不依赖地势和水利等天然资源，企业主能够把工厂建在交通便利和人力丰富的城市，于是城市机器工业就逐渐取代了乡村手工业。也是在这一年，瓦特曾在格拉斯哥大学的老师亚当·斯密[54]，在英国出版了名为《国民财富的性质和原因的研究》的学术著作，该书像飓风一样把整个欧洲和北美

---

51 托克维尔. 旧制度与大革命[M]. 冯棠，译. 北京：商务印书馆，2013：59.
52 在《国家为什么会失败》这部著作中，作者阿西莫格鲁和罗宾逊指出："包容性经济制度给予了像詹姆斯·瓦特这种有才能有想象力的人发展他们技能和思想的机会与激励，他们和国家都获益，同时制度受到影响。"（阿西莫格鲁，罗宾逊. 国家为什么会失败[M]. 李增刚，译. 长沙：湖南科学技术出版社，2015：151）光荣革命后，英国社会的宽容性政治制度给库克和瓦特这样的探险家和科技创新人才提供了施展才能的沃土。在库克船长之后，维修工瓦特也被选为英国皇家学会会员，还被授予格拉斯哥大学法学博士学位和法兰西科学院外籍院士称号。
53 给瓦特提供资金支持的，首先是苏格兰卡伦钢铁厂的老板约翰·罗巴克，后来罗巴克的公司倒闭，伯明翰铸造厂的老板马修·博尔顿重组了罗巴克公司，继续与瓦特进行合作，他们的合作长达25年。与德国发明家古登堡相比，瓦特的技术发明和公司创业之路要顺得多，主要原因是时代发生变化，光荣革命后的英国政治、经济和法制环境得到了根本性改善。
54 亚当·斯密年长詹姆斯·瓦特13岁，他于1723年进入苏格兰格拉斯哥大学（University of Glasgow）学习，1740年毕业，此时瓦特年仅4岁。（转下页）

资产阶级的财富自由之心刮上了天空。同样是在1776年,英国商船见习学徒出身的詹姆斯·库克船长,因率领英国皇家科考船队取得巨大成绩,被选为英国皇家学会会员。

问题出现了:贫富差距越来越大,腐败和对立越来越严重,是技术发明造成的吗?

5

工业革命并不是突然发生的事件,也并非简单的产业革命,而是思想革命、文化革命、政治革命和教育革命的综合效应,其间有启蒙、有折磨、有反抗、有妥协、有流血,整整孕育了800年时间[55]。庇护之城、尼德兰革命、光荣革命、思想启蒙运动、狂飙突进运动等,"它的最终基础是男男女女、工匠和商人、农民和劳动者的'百万个反叛',这一反叛创造了一种导致西欧走向工业革命之道路的制度"[56]。

对于不断追寻技术之道和掌握自身命运的人类来说,这场革

(接上页)1750—1764年,亚当·斯密在格拉斯哥大学担任逻辑学和道德哲学教授,并负责学校行政事务。1757年,瓦特在格拉斯哥大学的物理学和化学教授约瑟夫·布莱克(Joseph Black)的帮助下,在这所大学里开设了一间小修理店,布莱克教授成为瓦特的朋友与导师。在这个意义上,也可以说瓦特是格拉斯哥大学的学生。由于亚当·斯密此时仍然在学校教书和负责行政,因而也可以说,亚当·斯密也是瓦特的老师。亚当·斯密1784年被任命为格拉斯哥大学校长,1787年被选为格拉斯哥大学荣誉校长,并被任命为苏格兰的海关和盐税专员。

55 历史学家一般把10世纪开始的欧洲"平民城市化"作为孕育工业革命的种子,此端距18世纪瓦特发明蒸汽机有800年时间。可参阅《通往工业革命的漫长道路:全球视野下的欧洲经济,1000—1800年》(范赞登,浙江大学出版社,2016)和《现代世界的诞生》(贝利,商务印书馆,2013)等著作。

56 范赞登. 通往工业革命的漫长道路:全球视野下的欧洲经济,1000—1800年[M]. 隋福民,译. 杭州:浙江大学出版社,2016:354.

命所带来的是什么呢？一个最无可争辩的事实是："工业革命创造出庞大的都市无产阶级，这个新的工作阶级带来前所未见的需求、希望及恐惧。"[57]工业革命使劳力者从新型的社会不平等当中看到劳心劳力政治关系重构的可能性。几乎所有人都试图消除贫与富的"对抗"，很多聪明人设计了心目中的社会图景，各种各样的文学和艺术作品因此而涌现出来，形形色色的理论、主义、思潮和运动此起彼伏。

1753年，曾经的日内瓦学徒工卢梭发表论文《论人与人之间不平等的起因和基础》，指出技术发明使人走向文明，更使人类走向堕落，这个东西的背后是"私有制的出现和法律的实施而变得十分牢固和合法"的政治不平等[58]。法国大革命时期的数学家兼哲学家孔多塞激烈反对政治不平等，他甚至把达尔文进化论引入人类社会，认为历史前进的车轮犹如数学公式和物理定律一样清晰明确[59]，人们终将"大声宣布那种长久以来都未曾被人很好认识的权

---

57 赫拉利. 未来简史［M］. 林俊宏，译. 北京：中信出版集团，2017：295.
58 卢梭. 论人与人之间不平等的起因和基础［M］. 李平沤，译. 北京：商务印书馆，2015：124.
59 孔多塞是科学与人文融通的法国最后的一位启蒙思想家，坚信"进步不可避免"，献身于法国革命，被雅各宾派作为吉伦特派的政治犯而处死，逃亡途中写下名著《人类精神进步史表纲要》。孔多塞16岁就发表了数学论文，25岁进入法国科学院。"孔多塞在科学上的主要贡献，是与拉普拉斯一起首次将数学应用到社会科学上。他受到启蒙思想的启迪，认为数学和物理所发展出来的任何研究结果，都可以延伸应用到人类的集体行动上。他在1785年发表的《论多数决的概率解析之应用》，是当今'决策论'的前身。……他首先提出了一个观念：我们可以对社会行为进行定量分析，并且加以预测。这个想法对后来社会科学的发展造成了影响，尤其是1800年代早期社会学家孔德和凯特莱的研究工作。"（威尔逊. 知识大融通：21世纪的科学与人文［M］. 梁锦鋆，译. 北京：中信出版集团，2005：27-28）值得注意的是，世界三大反乌托邦小说之一的《我们》，其叙事者（主人公）就是数学家，小说一开始就以公告的形式对（转下页）

利"，"暴君与奴隶、教士及其虚伪的工具，都将只存在于史书与戏剧里"。[60] 社会学家涂尔干接着卢梭的发问而继续追问："人类的幸福是否能够随着人类不断进步而成比例地增长起来呢？这是最令人怀疑的事情。"[61] 马克思的揭示是，因为机器大工业使"劳动过程的协作性质，现在成了由劳动资料本身的性质所决定的技术上的必要了"[62]，借助技术上的这种必要，资本家剥削工人的手段和力量更多更强了。

如何拦截技术的野马狂奔？从制度革命着手还是从教育革命着手？知识分子看到，"广大民众的悲惨命运和不平等地位，其根

（接上页）"大一统王国"的"数学般精确的幸福生活"做出了反讽，而且全书人物及其在王国的生活都是数字。仔细想想，《我们》不仅是对孔多塞的反讽，甚至让读者不由自主地想到了毕达哥拉斯，实在令人悲伤。该小说完成于1921年，距离孔多塞去世137年。事实上，孔多塞被他倡导和推崇的法国国民公会发出逮捕令，并被以更为进步著称的雅各宾派追捕，这个结局看上去也是对他的社会进化论思想的一种反讽。

60 孔多塞. 人类精神进步史表纲要［M］. 何兆武，何冰，译. 北京：生活·读书·新知三联书店，1998：140.
61 杜尔凯姆. 迪尔凯姆论社会分工与团结［M］. 石磊，编译. 北京：中国商业出版社，2016：140.
62 本段文字引自马克思《资本论》(第一卷，中共中央马克思恩格斯列宁斯大林著作编译局，译. 北京：人民出版社，2004：443）。对于瓦特的历史意义，马克思在《资本论》中评论说："直到瓦特发明第二种蒸汽机，即所谓双向蒸汽机后，才找到了一种原动机，它消耗煤和水而自行产生动力，它的能力完全受人控制，它可以移动，同时它本身又是推动的一种手段；这种原动机是在城市使用的，不像水车那样是在农村使用的，……它在工艺上的应用是普遍的，在地址选择上不太受地点条件的限制。瓦特的伟大天才表现在1784年4月他所取得的专利的说明书中，他没有把自己的蒸汽机说成是一种用于特殊目的的发明，而把它说成是大工业普遍应用的发动机。"（马克思. 资本论：第一卷［M］. 中共中央马克思恩格斯列宁斯大林著作编译局，译. 北京：人民出版社，2004：434）在马克思看来，只有当万能的"原动机"被发明之后，人类才真正进入"机器时代"，并且真正的属于工业社会的城市生活开始了；然而，借助机器技术，资本家剥削工人的手段和力量更多更强了。

源是不公正的社会制度剥夺了他们在教育和政治方面的机会"[63]。卢梭撰写教育著作《爱弥儿》，希望教育是回归自然生活淳朴世界的"驯马师"，希望教育在"各种等级的人中都是一样的"[64]。卢梭同时奠定了实用主义哲学和进步教育的理论基础[65]，为现代职业教育学校的出现指引了方向，但是职业学校最终却没有回到卢梭的自然生活淳朴世界，而是进入了技术跑道进行助跑。裴斯泰洛齐按照卢梭指引的方向，去农村举办职业学校，但是可怜的裴斯泰洛齐常常因为被误解而哀伤。

职业教育政治史，是国家制度对全体国民教育认可史。法国大革命爆发了，这是用制度革命消灭不公正的社会制度。法国大革

---

[63] 布鲁巴克. 教育问题史 [M]. 单中惠，王强，译. 济南：山东教育出版社，2012：36.

[64] 卢梭的观点充分体现在《爱弥儿》一书中，他说："在所有一切技术中，第一个最值得尊敬的是农业；我把炼铁放在第二位，木工放在第三位，以下类推。"（卢梭. 爱弥儿 [M]. 李平沤，译. 北京：商务印书馆，2012：276）他认为："在人类所有一切可以谋生的职业中，最能使人接近自然状态的职业是手工劳动；在所有一切有身份的人当中，最不受命运和他人的影响的，是手工业者。手工业者所依靠的是他的手艺；他是自由的。"（同上书，第289页）他要求爱弥儿"必须像农民那样劳动，像哲学家那样思想，才不至于像蒙昧人那样无所事事地过日子"（同上书，第303页）。卢梭所提倡的技术是最简单的手工劳动技术，对于受制于城市和机器的技术，卢梭很反感，他认为这种技术很不自由，是人类社会堕落的表现。他在《爱弥儿》中指出："在每一种东西中，用途最广和必不可少的技术毫无疑问是最值得尊重的；而一种技术，如果它最不需要其他技术的帮助，则我们对它的评价当然比那些依赖性最大的技术高得多，因为它是最自由的，而且是最接近于独立操作的。这才是对技术和劳力的真正的评价尺度，而一切其他的尺度都是任意的，都是以人的偏见为转移的。"（同上书，第276页）又写道："那些人虽然是很灵巧，但灵巧之中也带有几分愚蠢：他们害怕他们的胳臂和手指干不了什么事情，所以才发明工具来代替它们。单单为了操作一门技术，他们就要受千百种其他技术的支配，每一个工人都要依赖整个的城市。"（同上书，第277页）

[65] 佛罗斯特. 西方教育的历史和哲学基础 [M]. 吴元训，张俊洪，宋富钢，等译. 北京：华夏出版社，1987：352.

命是社会制度的分界线，也是教育制度的分界线，它打开了国家主义工业教育大门。为了使民众适应国家主义和工业化的要求，同时也为了适应扩大民主选举权的要求，从1881年到1886年，法国制定颁布了一系列普及公共初等教育法案[66]。一种被称为国民教育的新生命悄然诞生了，它是工业革命的产物，也是社会制度的产物，职业教育专列其中；在大机器轰鸣声中，社会底层劳力者获得了他们的教育权利。诚如布鲁巴克在《教育问题史》中所写："到了18世纪末期，社会发生了深刻的变化。教育从被少数特权阶层垄断的状态逐步转变为由越来越多的民众所分享。"[67]

6

职业教育政治史，是劳力大众获得教育公平权的斗争史。在技术革命、工业革命、制度革命和教育革命的综合作用下，底层劳力者获得了受教育权利，这就是关于职业教育的政治权利。

不过，对于劳力者获得的这种职业教育，马克思从一开始就保持着高度警惕，他认为劳力工人所获得的这种职业教育是不完全的，它在很长时间里仍然不属于劳工阶级教育的政治权利，职业学

---

[66] 布鲁巴克. 教育问题史［M］. 单中惠，王强，译. 济南：山东教育出版社，2012：39.

[67] 同上：14。关于当时的教育现象，布鲁巴克指出："18世纪，教育改革是在旧的贵族社会土壤上产生和兴起的，其中英国最具有代表性。在英国，尽管良好的教育对有才能的穷人开放，但在很大程度上仍然是出身高贵子弟的特权。在那个时代，一个比较普遍的观点是：社会最底层的人根本没有必要学习，因为他们的职业就是劳动而不是思索，他们的职责就是最卑驯服特征的工作和服从命令，他们居于最卑微的职位实际上也是为了让上级长官顺利履行职责。因此，对他们来说，只要有自然所赋予的常识就足够了。"（布鲁巴克. 教育问题史［M］. 单中惠，王强，译. 山东教育出版社，2012：35）

校甚至可以说只是服务于机器运转的技能训练场。马克思指出，职业教育是大工业和大分工带来的，但是，"分工使这种劳动力片面化，使它只具有操纵局部工作的特定技能。一旦工具由机器来操纵，劳动力的交换价值就随同它的实用价值一起消失"[68]。因此，两个"生死攸关的问题"摆在了工人阶级面前。第一个问题："承认劳动的变换，从而承认工人尽可能多方面的发展是社会生产的普遍规律，并且使各种关系适应于这个规律的正常实现。"第二个问题："用适应于不断变动的劳动需求而可以随意支配的人员，来代替那些适应于资本的不断变动的剥削需要而处于后备状态的、可供支配的、大量的贫穷工人人口；用那种把不同社会职能当作互相交替的活动方式的全面发展的个人，来代替只是承担一种社会局部职能的局部个人。"[69]马克思认为，作为机器技能训练场的职业教育是没有生命价值的，因为这种职业教育把全面的人变成了局部的人，把灵活的人变成了僵死的人，把自由的人变成了受奴役的人。关于"生死攸关的问题"，马克思提出了他的解决方案，即工人阶级在不可避免地夺取政权之后，建立"综合技术学校"和"农业学校"[70]，使

---

[68] 马克思. 资本论：第一卷[M]. 中共中央马克思恩格斯列宁斯大林著作编译局，译. 北京：人民出版社，2004：495.

[69] 马克思. 资本论：第一卷[M]. 中共中央马克思恩格斯列宁斯大林著作编译局，译. 北京：人民出版社，2004：561.

[70] 从18世纪到19世纪，当大工业生产浪潮对社会各个领域形成冲击的时候，反对的声音是很多的，在教育方面，很多知识精英都提出了乡村教育和农业学校。卢梭是最早提倡乡村教育的教育家，而后引发了以乡村自然主义为中心的教育思潮，特别是，开创了职业教育、学前教育、教师教育先河的瑞士教育家裴斯泰洛齐就是卢梭主义的信奉者。马克思在这里提出"农业学校"，也应当是这种思潮的一个反映。我们撇开当时的历史背景，单单分析马克思提出的"综合技术学校"以及"农业学校"的思想精髓，就可以清楚地看出马克思所批判的职业教育的弊端，以及他所提出的公平社会的职业教育的应然状态。

理论的和实践的工艺教育在工人学校中占据应有的位置[71]。

马克思第一次发现了"人被机器代替"的秘密[72]：资本家欺骗工人，使工人愚昧无知，即便有一点技能训练，也是为了工人片面化发展，进而成为服侍机器的一个部件；或者，使工人的自然性被机器异化，被迫适应于机器的连续运动；或者，使工人的完整性被机器肢解，即使不断更换人员也不会使劳动过程中断，这样一来，工人的全部劳动围绕机器进行，机器大工业完全取代工场手工业，最终使资本家榨取更多的剩余价值。可见，"人被机器代替"的罪责不在机器，而是不公正的社会制度。

在马克思时代，工业、分工、技术、工厂、机器、职业、教育等都是热门话题。在马克思提出"生死攸关的问题"之后，西方知识分子很快分作了不同阵营，有的是马克思主义的，有的是反马

---

[71] 马克思. 资本论：第一卷[M]. 中共中央马克思恩格斯列宁斯大林著作编译局，译. 北京：人民出版社，2004：561.

[72] 在《资本论》第十三章"机器和大工业"中，马克思明确指出："在工厂里，单纯的下手干的活一方面可以用机器来代替，另一方面由于这种活十分简单，从事这种苦役的人员可以迅速地经常地更换。"（马克思. 资本论：第一卷[M]. 中共中央马克思恩格斯列宁斯大林著作编译局，译. 北京：人民出版社，2004：485）马克思主要是从机器对工人的剥削和损害的角度来论述"机器取代人"的。在马克思看来，机器大工业让部分手工业者失业了，而且机器打破了工人在手工业分工体系中的主动适应性，不仅如此，机器还剥夺了儿童的游戏和自由，并且"使男劳动力贬值了"。指出："机器上面的一切劳动，都要求训练工人从小就学会使自己的动作适应自动机的划一的连续的运动。……由于工厂的全部运动不是从工人出发，而是从机器出发，所以不断更换人员也不会使劳动过程中断。""在工场手工业中和手工业中，是工人利用工具，在工厂中，是工人服侍机器。在前一种场合，劳动资料的运动从工人出发，在后一种场合，则是工人跟随劳动资料的运动。在工场手工业中，工人是一个活机构的肢体。在工厂中，死机构独立于工人而存在，工人被当作活的附属物并入死机构。"（马克思. 资本论：第一卷[M]. 中共中央马克思恩格斯列宁斯大林著作编译局，译. 北京：人民出版社，2004：484，486）

克思主义的。在美国，心理学教授斯金纳（B. F. Skinner）[73]乐观地设计了一个"超越自由与尊严"的社会，他根据自己对小老鼠的实验研究，确信人的行为也可以像机器一样，通过专门操作进行控制。在英国，小说家奥威尔则用悲观主义的科幻描写批判了斯金纳的乐观主义。工程主义的技术哲学家对大工业和大机器充满热情，但是以法兰克福学派为代表的大部分哲学家对技术统治和工具理性充满忧虑。为了使人类从技术统治和工具理性的忧虑中摆脱出来，实用主义哲学家杜威曾经不遗余力地在民主、教育和社会经济之间建立高度互惠的关系，他提出"民主本身就是教育原则、教育标准和教育政策"[74]。杜威的追随者，从中国教育家陶行知和黄炎培，到巴西教育家弗莱雷，都在教育实践中努力争取职业教育的政治权利。

7

人类从未停歇解决问题的努力，从屈原高唱"吾将上下而求索"开始，一代又一代的知识分子都在寻找和解决各种各样生死攸关的问题，每一次时代变迁和剧烈的社会动荡，都会引起喧嚣、争辩、焦虑、批判和反思。时至今日，直到未来，新的工作阶级的需

---

[73] 斯金纳（1904—1990），美国行为主义心理学家，新行为主义的代表人物，操作性条件反射理论的奠基者。他是科技主义的典型代表，他研发了学习机器，制作了"斯金纳箱"，他把动物训练规律迁移到人的教育当中。斯金纳的一系列做法应和了公众需求与渴望，在当时被誉为伟大的科学家、教育家、心理学家、神奇的技术专家等。1950年当选为美国国家科学院院士，1958年获美国心理学会颁发的杰出科学贡献奖，1968年获美国国家科学奖。"斯金纳箱"对现代游戏业产生了很大影响，电子游戏的设计原理正是"斯金纳箱"。
[74] 杜威. 杜威全集：晚期著作第十三卷（1938—1939）[M]. 冯平，刘冰，胡志刚，等译. 上海：华东师范大学出版社，2015：251.

求、希望和恐惧时隐时现、忽少忽多。

1927年，人类第一部科幻大片、无声电影巨制《大都会》出品，它由欧洲工业化的后起之秀德国拍摄，在第二次工业革命的头号强国美国首映。影片讲述了21世纪元年的故事：大都会有6000万居民。一群人生活在高度发达的"地上世界"，这里高楼大厦富丽堂皇，娱乐场所灯红酒绿，智能机器穿梭往复。然而，更多人生活在暗无天日的"地下世界"，这里的机器发出刺耳的轰鸣声，人们的双手不停地劳作，扭曲变形的身体随时都有死亡的威胁。影片呈现出强烈的对抗色彩：地上世界与地下世界，资本家与劳力工人，富人与穷人，统治者与被统治者，压迫者与被压迫者。其中，最具有冲突性的对抗来自"机器"与"工人"。除了最高统治者弗莱德森之外，没有人知道大都会的种种对抗真相。但是，聪明的机器却是知道的。科学家洛特旺发明了机器人，装扮成美丽善良的女工玛丽亚。有一天，这个机器人玛丽亚大声地对每天只顾埋头劳作的工人们说：亲人们，你们知道这个世界的"真相"吗？……罪魁祸首就是弗莱德森和所有资本家。工人们似乎终于觉醒，他们开始反抗，首先捣毁资本家的机器。然而，此时滔天巨浪怒吼着倾泻下来，工人住宅区转瞬间变成一片汪洋……危急时刻，弗莱德森的儿子弗雷德挺身而出，他不顾个人安危，奋力拯救工人于大水之中。英雄壮举完成之后，他大声指出"真正的罪魁祸首"——机器人玛丽亚及其发明人。于是，群情激昂的工人们把仇恨又转向善于伪装的"机器人"。

电影导演把不平等嫁祸于机器、技术和技术发明家。最后，当机器人及其发明家被消灭之后，对抗消失了，在"心"（爱）的作用下，"手"和"脑"终于和谐统一。这就是《大都会》的逻辑假设:一旦机器成为人,魔鬼就会制造仇恨,只有爱才能泯灭仇恨。"真相"到底是什么?"对抗"真的已经消除了吗?在消除对抗的种种假设中,机器只是人类可资利用的工具,还是与人类产生对抗的恶魔?

20世纪最后一年,美国好莱坞出品了又一部轰动世界的科幻大片《黑客帝国》,正像是对德国《大都会》结局和疑问的某种回应:不知道真相,是因为不知道自己做梦还是醒着,工人们每天都沉浸在"虚假意识"中[75];不知道未来,是因为机器越来越像人,人越来越像机器,双方既有争战,又要依存。也许,真相就在那里,只是被聪明的人回避了。

回顾职业教育政治史,我们发现它不仅是教育权利正义史,而且是技术理性启蒙史和生产劳役解放史,也是现代教育分类的形成史。

历史的空间、时间、教师、学生和课程组成各级各类的学校教育载体,画面在空间铺陈,思想随时间流动,精神塑造教师,叙事构化学生,政治借助课程及其制度实现了自我繁衍生息。按照冲突论知识分子的看法,既然"教育的全部活动在本质上都是政治

---

[75] "马克思认为,工人阶级被统治阶级剥削,但是只有工人阶级并不认为自己受到剥削,剥削工人阶级才能成为可能。一些社会舆论令工人阶级迷惑不解并分散了他们的注意力,这些社会舆论给予工人阶级对于如何适应这个世界的一种歪曲的解读,例如宗教、学校以及诸如民族主义和爱国主义等意识形态,因此工人阶级误解了自己的地位(用鲍德里亚的话说,正是消费文化误导了我们)。马克思的搭档弗里德里希·恩格斯创造了'虚假意识'这一新的术语来描述工人阶级的无知。当然,认为普通人不知道自己的根本利益而统治者就是通过制造并且利用这种无知来剥削他们的观点如今仍然盛行。"(美国Sparknotes编辑部. 黑客帝国三部曲[M]. 孙洪振,译. 天津:天津科技翻译出版公司,2010:143)

的"[76]，那么就要以民主的教育反抗专制的教育，或者以批判的教育反抗灌输的教育，比如弗莱雷在实践中搞成人扫盲教育，也搞"唤醒"职业教育。按照差异论知识分子的看法，需要坚持"强弱平衡"的正义论原则，比如罗尔斯提出"在机会公平平等的条件下，职务或地位向所有人开放"[77]，比如芝加哥经济学派把充分就业的职业教育建立在充分自由和效率的市场经济之上。

正义、启蒙和解放永远在路上。

---

[76] 黄志成. 被压迫者的教育学：弗莱雷解放教育理论与实践[M]. 北京：人民教育出版社，2003：182.

[77] 罗尔斯. 正义论[M]. 何怀宏，等译. 北京：中国社会科学出版社，2016：83，84. 罗尔斯提出的"强弱平衡"也是"差异平等"，不等于"强弱平等"。罗尔斯强调"权利平等"，这是第一条原则，比如人权平等、受教育机会平等，但是他在第二条原则中又强调"天赋与出身差异"，这两条是同时存在的。他的意思是，一个和谐的社会必须建立在既承认差异又有平等权利的基础上。这还不够，因为有些人一出生就占有优势，比如出身豪门、资源丰富，所以这些人成为强者之后要照顾弱者，只有这样才能实现最后的"强弱平衡"。

第三章 职业解放、教育启蒙和职业教育"话语"的生成

1

正义、启蒙和解放永远在路上。

职业权利的解放和教育权利的启蒙永远在路上。

"职业"和"教育"曾经是被捆绑的囚徒,劳力者所见所知只是柏拉图洞穴中的影儿,没有人走出洞穴告诉人们事实真相。

1517年,马丁·路德第一个走出"洞穴",揭露"职业"和"教育"被缚的真相。他说,所有自食其力和对别人有利的劳动都是"神圣的职业"[1],所有劳动者都应该受到某种职业技能的教育。

1773年,裴斯泰洛齐践行了马丁·路德的职业教育思想,打破"公民身份"限制,举办职业学校。裴斯泰洛齐坚信,贫穷和不公的根源是愚昧,属于劳力者的国民教育学校将来一定会建立起来。

如果说马丁·路德创造了职业解放和教育权利的"话语",那么裴斯泰洛齐则创造了职业教育的"话语"。在裴斯泰洛齐这里,以学校为载体的职业教育"话语"已经生成。

---

[1] JONES B C. Reforming Luther on vocation: a reassessment of Martin Luther's theology of vocation in light of Gilbert Meilaender's works [J]. ETS Annual Meeting, November 19, 2009.

尽管职业教育作为一种"话语体系"在裴斯泰洛齐这里还不成熟,然而职业教育"话语"的出现却是职业解放和教育权利的迷雾中的光芒。就像裴斯泰洛齐自己所说,他是一个探索者,一个实践家,他并非不能创建哲学式的话语体系,而是现实更需要他进行探索实践。裴斯泰洛齐写道:"在我追求我的理想时,在我已经达到的地方,我坚定地确信,为获得用字词给一些概念作哲学式的切实定义这方面,我一生中虽然成效甚微,然而用我自己的方法我已经发现了一些达到目的的手段。这些手段如果是在我的课题的清晰观点之后做哲学的探究,便不可能被发现了,尽管我有能力这样探究。"[2]

在本章接下来的篇幅中,我们将详细诠释"职业权利"的解放、"教育权利"的启蒙和"职业教育话语"的生成。

2

先来诠释"职业权利"的解放。

就"职"和"业"这两个单音节词的表意而言,中西方文化各有侧重,钱穆先生对此曾有独到分析,他认为中国人侧重"职"(职位、职名、职分)的表意,西方人侧重"业"(事业、行业)的表意。钱穆原文:"中国人重'职',主对外,尽我为人,有职位、职名、职分诸称。西方人重'业',主对内,尽人为我,有事业、行业诸称。如父慈子孝,乃言职。中国人言五伦,皆言职。若言业,

---

[2] 裴斯泰洛齐. 裴斯泰洛齐教育论著选[M]. 夏之莲,等译. 北京:人民教育出版社,1992:9.

则无此分别。西方人言自由、平等、独立，乃言各己之业。若言职，则无此分别。"[3] 中西方文化对于"职"和"业"在表意上的侧重，必然影响到职业教育话语实践效果，这个问题我们将在后文论述。

古代汉语中的"职"，本义是听声识别并记住细微，许慎《说文解字》："职，记微也。"段玉裁《说文解字注》："凡言职者，谓其善听也。"后引申为掌管、职位等。在实际使用中，"职"更多指向"官职"，例如，《尚书·周官》："六卿分职，各率其属。"《孟子·公孙丑上》："贤者在位，能者在职。"桂馥《说文解字义证》："经典通用从言之识，以此为官职。"[4]

"业"的繁体字是"業"，在古汉语中本义是指乐器架子横梁上锯齿状的大版。这个本义从"業"的形状可见，表示为音乐服务的一种辅助功能（悬挂东西等），后来引申为"百业"和"行业"，其作用指向功能性和服务性。

"职业"是由"职"和"业"合并而来的双音节词。黄炎培先生指出，"职业"这个中文词语最早出现于《鲁语》："齐侯见使者曰：鲁国恐乎。对曰：小人恐矣，君子则不。公曰：室如悬磬，野无青草，何恃而不恐？对曰：恃二先君之所职业。"此处的"职业"就是指二先君（周公和姜太公）的"身份操守"。尽管现代汉语中"职业"概念的意义在很大程度上是近现代中国向西方工业文明学习的产物[5]，但是必然包含古汉语围绕"官职"而建立"身份"的意

3　钱穆. 中国思想通俗讲话[M]. 武汉：长江文艺出版社，2020：111.
4　桂馥. 说文解字义证[M]. 上海：上海古籍出版社，1987：1037.
5　黄河清先生编著的《近现代辞源》把"职业"这个词纳入近现代新词（19世纪初至20世纪中期），意思是"个人所从事的作为主要生活来源的工作"。比如，1882年花之安《自西徂东》："至于令买何等新报观之，则随人之意，取与职业相近者为贵。"1884年姚文栋译《日本地理兵要》（卷十）出现了"职业"（转下页）

义，其中隐含的"身份文化"仍然不可避免地影响着中国人的就业心理，当然也影响着中国职业教育的发展。

古典拉丁语中的"职业"（vocare），一般指"神职"。拉丁语"vocare"原是动词，有"呼召"的意思，基督旧教（天主教）将其用于专指神职阶层的职业（Vocatio[6]），以表明神职人员来自上帝的呼召。马丁·路德通过宗教改革，把"职业"从神职阶层解放出来，面向所有人。路德写了《致德意志基督徒贵族公开信》，信中说："一个鞋匠、一个铁匠、一个农民，各有各的职责和工作，他们都如同受了圣职的牧师和主教，而且每个人都应该以他的职责或工作，对别人有益。"[7]

马克斯·韦伯对"职业"语义在基督教改革中的转变进行了深入研究，他在经典著作《新教伦理与资本主义精神》中写道："（职业）这个字的现代意义反倒是源自《圣经》的翻译，尤其是来自翻译者的精神，而非原文的精神。在路德的《圣经》翻译里，似乎是《西拉书》的某处（XI：20—21），首次以完全贴合现今意

（接上页）这个词，用来指打猎职业。1899年《清议报》十四册中的《募创星架坡女学堂林君文庆演说》有"职业"这个词，也表达这个意思："以求新事业，断不至于夺我劳役者职业也。"（黄河清．近现代辞源［M］．上海：上海辞书出版社，2010：958）

6 Vocatio是名词、主格，vocare的名词形式。

7 转引自：林纯洁．马丁·路德天职观研究［M］．北京：人民出版社，2013：62。需要注意的是，"beruf"概念构成了德国现代职业教育和培训系统的基础，但是这个概念专门为男性的技术工业职业量身定做。德国职业教育史上一个重要但却被忽视的因素是，对于女性来说，Beruf的概念有所不同，它只是集中于妇女作为配偶、母亲和家庭主妇的三方面社会功能。（MAYER C. Transfer of concepts and practices of vocational education and training from the center to the peripheries: the case of Germany［J］. Journal of Education and Work, Vol. 14, No. 2, 2001：5）

涵的方式运用此字。"[8] 韦伯指出，"职业"这个概念原在拉丁语中的外延很狭窄，"只有符合下列条件的人，才得以不受限制地从事该项职业：（一）接受完整的修行而得到适当训练者；（二）证明其资格；（三）有时得经历待用期且符合其他要求者"[9]。路德把古典拉丁文"vocatio"（神职）翻译为德文"Beruf"（职业），扩大了"职业"概念的外延，此时的"职业"是指"对一种特别的生活方式的呼叫（call）、传唤（summons）和邀请（invitation）。包括两种含义：（1）职业（occupation）；（2）天职，或是对个人的兴趣的呼叫（call）"[10]。

现代欧洲许多语言——意大利语、法语、西班牙语、葡萄牙语和罗马尼亚语等，都起源于拉丁语，大部分英语和德语词汇也都由拉丁语发展而来。但是，韦伯认为，"职业"语义转变这个工作是从宗教改革家马丁·路德开始的。在路德宗教改革之后，欧洲各国语言中的"职业"语义都慢慢获得了重新解释，概念外延指向所有人的所有劳作，例如英语单词"职业（vocation）"即是如此[11]。

"职业"概念外延在欧洲语系的扩张，意味着职业权利在欧洲的解放。职业权利解放和职业平等思想成为欧洲工业革命思想的一个重要组成部分，进而影响到全世界，包括现代汉语中"职业"

---

8 韦伯. 新教伦理与资本主义精神［M］. 康乐，简惠美，译. 桂林：广西师范大学出版社，2009：52—53.

9 韦伯. 韦伯作品集Ⅱ［M］. 康乐，等译. 桂林：广西师范大学出版社，2004：35.

10 BILLETT S. Vocational education：purposes, traditions and prospects［M］. Springer Dordrecht Heidelberg London New York. 2011：60.

11 现代德语"职业"（beruf）的含义比现代英语"职业"（vocation）更为丰富。"beruf"不仅包含了"vocation"，也包含了"profession""trade""job""career"等意思，不仅表明社会分工，也表明社会角色、工作地位、基本人权等。

思想的形成（1918年蔡元培做"劳工神圣"演讲，即有此"职业"思想）。

3

再来诠释"教育权利"的启蒙。

"教育权利"的启蒙意味着"现代性"的开启，开启者也是路德。黄保罗教授评价说："从思想运动上，路德通过提倡一系列的观念和理论而领导宗教改革运动开启了现代性。"[12]理性化、职业化、实用性等，都是现代性话语体系当中的重要内容。但是，黄教授进一步指出，后世研究者忽略了路德关于现代性的"悖论"及其所强调的"内在的我"和"外在的我"之分，这是现代性在工业化及其教育之路上"离道而好径"的问题所在。这个问题也不可避免地影响到职业教育的话语建构，其中的"影响"是什么？正是本书在后文要探寻的。可以确定的是，现代性是欧洲文艺复兴和宗教改革运动之后开启的话语体系，职业教育是现代性话语体系的一个内容。

路德指出，统治者应当对孩子进行世俗工作世界的某种职业的教育。他说："我们的统治者们，又是多么应该让至少一部分孩子上学；我并非要从他父母身边带走一个孩子，仅仅是为了孩子自身的好处和公众的福利，他应该受到某种职业的教育，而这些职业将因为他的勤奋结出丰硕的果实。"[13]路德还鉴于穷人家庭的孩子无法全日

---

[12] 黄保罗. 马丁·路德宗教改革思想与现代性的开启[J]. 宗教学研究，2022（02）：202-210.

[13] 克伯雷，选编. 西方教育经典文献[M]. 任钟印，译. 北京：人民教育出版社，2016：295.

在校学习的现实，提出了工学结合的解决办法："让小孩每天到学校学习一至两个小时，其余时间在家做事，学习人们想让他们进行的手工业，这样他们年轻的时候，可以同时进行工作和学习。"[14]

路德明确地为平民家庭和穷人子弟找到了"应该受到某种职业的教育"的神圣理由。路德之后，欧洲逐渐发展了泛智学校、贫儿学校、工业学校，以及专门为从事某种工商业（如贸易、采掘、纺织）而开设的"职业学校"。当然，路德的教育权利启蒙思想的形成不是凭空出现的，而是西方文艺复兴运动和劳动生产方式变革对于职业及其教育权利提出挑战的必然回应。正如S. E.佛罗斯特在《西方教育的历史和哲学基础》中所写："那些在他（路德）之前企图刷新历史、发动革命的人都失败了，尽管他们对形成未来都发挥过自己的作用。当条件成熟之时，当各种思潮已准备好联系在一起之时，当几个世纪以来形成的反抗力量已经联合起来之时，马丁·路德……掀起了震撼整个欧洲和深入西方思想界的宗教改革运动。"[15]

路德出场的16世纪，科学技术在欧洲逐渐走强，特别是古登堡发明金属活字印刷机之后，书籍从奢侈品变成了大众读物，而宗教改革"在很大程度上正是下层人口读写水平提高的结果"[16]。下层人口读写水平提高的另一个结果是，人力资本投资不断增加，劳动者技能溢价的大幅降低，由此促使经济效率大幅提升。资料研究证明，新教传播加速、经济效率提高和教育结构改变（职业学校出现）是正相关关系，例如"低地国家和英国的行会要求他们的学徒

---

14 转引自：林纯洁. 马丁·路德天职观研究［M］. 北京：人民出版社，2013：169.
15 佛罗斯特. 西方教育的历史和哲学基础［M］. 吴元训，张俊洪，宋富钢，等译. 北京：华夏出版社，1987：211-212.
16 范赞登. 通往工业革命的漫长道路：全球视野下的欧洲经济，1000—1800年［M］. 隋福民，译. 杭州：浙江大学出版社，2016：110.

有读写能力，或者在他们的学徒训练当中包括阅读和计算能力的训练。在阿姆斯特丹，穷人救济机构也注意到将孤儿送进学校，以便让他们获得当学徒的机会。更加突出的一点是男女性别差异相对较小：西欧国家的父母为他们的子女进行教育和培训的投资时，不太歧视女性"[17]。

涂尔干（Émile Durkheim）指出："16世纪是面临教育危机和道德危机的时期。经济组织与社会组织方面发生的种种变迁，已经需要产生一种新型教育来了。"[18]尽管这种新教育此时还不是职业教育，但是人们关于教育权利的意识正在清晰，学校教育观正在悄然改变。欧洲民众逐渐相信所有人都应该挣脱约束，以获得追求人生成功的机会。

在"教育权利"启蒙的意义上，16世纪的路德仅仅是一个开端。路德去世两百多年后，瑞士教育家裴斯泰洛齐才创办了世界上第一所现代职业学校。裴氏在《林哈德和葛笃德》的写作前言中说，他的教育观形成于"已故的路德牧师的书"，因为路德著作"在字里行间充满了人道精神、大众知识和大众教训"。[19]

4

从16世纪到18世纪，两百多年时间，"教育权利"的启蒙以及

---

[17] 范赞登. 通往工业革命的漫长道路：全球视野下的欧洲经济，1000—1800年［M］. 隋福民，译. 杭州：浙江大学出版社，2016：154.

[18] 涂尔干. 教育思想的演进［M］. 李康，译. 上海：上海人民出版社，2006：240.

[19] 裴斯泰洛齐. 林哈德和葛笃德［M］. 北京编译社，译. 北京：人民教育出版社，2005：前言.

"职业学校"的出现是怎样一个漫长过程呢？

路德去世五年之后，技术哲学家弗朗西斯·培根出生，他接替路德成为新教育启蒙的第二位著名号手。培根的最响号声是《新工具论》，他建议："学校应该消减逻辑学和修辞学的讲授，而多增加一些对具体事物的讨论；植物学和天文学的演示教学，使用地球仪和地图，以及运用化学和机械学实验等方法，都应该被引进课堂教学中去。"[20] 培根说这话的时候已经进入17世纪，欧洲一些国家的经济垄断开始被废除[21]。按照培根的建议，德国人拉特克（Wolfgang Ratke）建立了新的教学法并尝试在学校推广[22]；捷克人夸美纽斯提出"把一切知识交给一切人"，并创办"泛智学校"。

夸美纽斯在《泛智学校的轮廓》中写道："我们希望有睿智的学校，而且是博学的学校，即泛智的学校，即工场，在这样的学校里所有的人都能受教育，都能学习现在和将来生活所必需的学科，而且达到完美的程度。……必须训练我们的学生进行操作，这也应列入认识的内容，即认识事物必须加上实践活动。……对于那些特别需要远见的操作项目，在校学生若不以优异成绩通过实习，就不能毕业，我们的学生在泛智学校中不是为学校学习，而是为生活学习。要让从这里毕业出去的学生都能积极工作，适宜于干一切，技

---

20 霍伊卡. 宗教与现代科学的兴起［M］. 丘仲辉，钱福庭，许列民，译. 成都：四川人民出版社，1999：114.
21 阿西莫格鲁，罗宾逊. 国家为什么会失败［M］. 李增刚，译. 长沙：湖南科学技术出版社，2015：148.
22 沃尔夫冈·拉特克（1571—1635），德国教育家，发明了一种新的语言教学方法。他的教育体系以弗朗西斯·培根的哲学为基础，其原则是从事物到名称，从特定到一般，从母语到外语。他主张把白话作为接近所有学科的适当手段，要求在拉丁文学校的基础上建立白话文学校。

术熟练、勤勉，将来能放心地把一切日常事务信托于他们。"[23]

从夸美纽斯这段话语中，我们可以找到后来职业教育话语生成的一些关键词：操作项目、实践活动、为生活学习、积极工作、技术熟练、勤勉。

然而，基于"教育权利"启蒙的职业教育话语的生成和实践是艰难的。在等级制度依然严苛的17世纪，夸美纽斯的教育思想并没有产生广泛影响，甚至在18世纪的大部分时间和19世纪初，人们也很少认识到夸美纽斯教育思想对于实践的进步意义；直到19世纪中叶以后，随着国民教育思潮的涌动和工业学校的兴起，人们才终于发现夸美纽斯教育思想的巨大价值。这种现象，恐怕也是造成18世纪末19世纪初的裴斯泰洛齐从路德那里，而不是从夸美纽斯那里汲取教育改革的精神养分的原因。

在启蒙运动之前，诸如"把一切知识交给一切人""技术教育""动手实践"之类的教育话语都受到教会机构的严厉监控，也受到贵族化人文主义的反对和牵制[24]。夸美纽斯是现代职业教育思想的超前的吹号手，我们把他看作接续弗朗西斯·培根的第三位吹号手，但在当时，只有少数追随者宣传和实践他的思想。英国人塞缪尔·哈特利布像夸美纽斯一样，也信奉和诠释培根的教育观，因此成为夸美纽斯最亲密的通信者，他极力宣扬夸美纽斯的教学方法，并建议他的朋友们举办"泛智学校"，其中就包括以长诗《失

---

23 夸美纽斯. 夸美纽斯教育论著选 [M]. 任宝祥，熊礼贵，鲍晓苏，等译. 北京：人民教育出版社，2004：239-241.
24 BRASTER S. The people, the poor, and the oppressed: the concept of popular education through time [J]. Paedagogica Historica. Vol. 47, Nos. 1-2, February-April 2011, 1-14.

乐园》而闻名的英国诗人弥尔顿[25]。

历史是由挑战与回应构成的，无论如何，17世纪以来经济转型带来的挑战必须得到教育的回应。"由于城市和乡村的下层阶级不断扩大且贫困加剧，贫困救济成为话题"，面对这种挑战，政府的回应是"建设救济院、监狱和劳改场"，但是不少教徒在当时仍然坚持认为贫困是神所喜悦的，他们的回应方式是提供"慈善学校"。例如，法国人德拉萨毕生致力于法国贫困儿童教育，被认为是第一批天主教慈善学校创始人[26]。不过，除了他举办的少数慈善学校会给孩子提供一些简单的劳动技能训练之外，更多学校只有宗教教育和纪律训练。布鲁巴克在《教育问题史》中说："这些慈善学校（charity schools）都特别重视宗教教育，这往往不是帮助普通民众提高基督徒的尊严，而是培养其对社会上层和政治统治者的道德顺从精神。这些慈善学校的支持者，几乎没有一个人希望贫苦家庭的子女对他们自己受奴役的命运感到不满。因此，按照这些人士

---

25 塞缪尔·哈特利布（Samuel Hartlib，约1600—1662），科学、医学、农业、政治和教育等领域的著名倡导者、作家，被称为"欧洲伟大的知识分子"。夸美纽斯和约翰·杜里是哈特利布两位最亲密的通信者。早在1632年，哈特利布就与夸美纽斯开始通信，并在英国翻译和介绍夸美纽斯，希望通过教育启蒙来改善社会。除了夸美纽斯和约翰·杜里，聚集在哈特利布周围的志同道合者还有约翰·弥尔顿、凯纳姆·迪格比、威廉·佩蒂等。弥尔顿在1643年认识哈特利布，在哈特利布的建议和催促下，于1644年出版《论教育》一书。

26 德拉萨（John Baptist de La Salle 1651—1719），法国教育家，贵族家庭的长子，27岁时被任命为牧师，后被委派在他的家乡建立慈善学校，让他负责管理老师。当时，大多数儿童对生活不抱希望，德拉萨认为教育就是希望，他决心以教育拯救穷人，但他发现法国缺乏新式教师，于是从自己家里开始训练教师，后来变卖自己所继承的巨额家产创办学校。他于1684年创办了法国天主教学校，于1685创办了法国教师神学院，从而成为教师教育的先驱者。1709年，他又创办了一所教师培训学院，但只持续了几年就被关闭了。1695年著有《学校的行为》一书，被认为是教育经典，其中显示了他贴近实际的教育思想和他对儿童教育的宗教态度。

的观点，仆人的工作在任何社会都少不了，因而基本目的就是让社会底层阶级承担这些工作"[27]。

布鲁巴克揭示了慈善学校的教育目的是培养顺从精神，但是应当承认，正是慈善学校的前期工作，为裴斯泰洛齐后来创办第一所真正意义上的职业教育学校做了铺垫。裴斯泰洛齐觉得慈善学校不能很好地帮助穷人，因此他要创办真正为穷人就业谋生和幸福生活着想的"职业学校"，他说："成千上万的儿童被迫在街上流浪，他们需要一份体面的工作，他们应该学习阅读、写作和算术。我要尽可能多地接收这些可怜的孩子，教他们读书，教他们编织。"[28]

5

当历史的时针指向18世纪末的时候，裴斯泰洛齐打开了学校职业教育的"启蒙"之门，创建了启蒙主义职业教育的新话语，开始了现代职业教育的"生命"探索。

1781年，裴斯泰洛齐写道："一切都变了，学校还是依然故我。这哪能培养出现代的人才，哪能适合时代的需要？"[29]裴斯泰洛齐相信，实施学校教育可以回应工业化带来的挑战，这种新教育不同于教会慈善学校，它必须承担启蒙的使命，促使所有人用心灵、头脑和双手造福人类。

---

27 布鲁巴克. 教育问题史［M］. 单中惠，王强，译. 济南：山东教育出版社，2012：36.
28 RUBI H. Pestalozzi's biography［EB/OL］.［2023-11-01］http://www.bruehlmeier.info/biography.htm.
29 裴斯泰洛齐. 林哈德和葛笃德：下卷［M］. 北京编译社，译. 北京：人民教育出版社，2005：438.

在裴斯泰洛齐时代，以学校为载体的职业教育新话语的出场已经具备四个基础：新教伦理和启蒙运动提供的思想基础，工业革命和就业要求提供的环境基础，教育权利斗争和慈善学校改革提供的学校基础，资产阶级革命和国家主义教育需要提供的制度基础。

18世纪，欧洲工业革命[30]和启蒙运动来临，封闭的秩序被打破了，欧洲人像热锅上的蚂蚁到处乱窜。一些人忙着做科学研究实验，一些人忙着著书立说，一些人忙着抢购中国商品以显示其富贵时髦；一些国家忙着搞政治和经济革命，一些国家忙着到处开拓殖民市场，一些国家忙着向有钱人开放贵族头衔，售价越炒越高。总之，欧洲社会的空气狂躁不羁，就像裴斯泰洛齐在他的长篇小说《林哈德和葛笃德》的出版序言中所写："只有狂风暴雨而没有平安。"[31]空气之所以狂躁，是因为工业新秩序对农业旧秩序的革命声势浩大，是因为欧洲社会进入了开放和非平衡系统。封闭没有发展，平衡也没有发展，开放和非平衡是一个系统继续向前发展的必要前提。

英国经过"光荣革命"把决定经济制度的权力分配出去之后，在18世纪获得了经济社会的迅猛发展[32]，促进了对节省劳力的新技术的探寻[33]，知识分子开创学科领域，底层大众的公共空间得到空

---

30 关于工业革命的具体时间，学术上没有统一界定，刘易斯·芒福德在名著《技术与文明》中的判断是，"所谓的工业革命，也即从18世纪开始的一系列的工业上的变化……"（芒福德. 技术与文明［M］. 陈允明，王克仁，李华山，译. 北京：中国建筑工业出版社，2009：8）.

31 裴斯泰洛齐. 林哈德和葛笃德：上卷［M］. 北京编译社，译. 北京：人民教育出版社，2005：序言.

32 阿西莫格鲁，罗宾逊. 国家为什么会失败［M］. 李增刚，译. 长沙：湖南科学技术出版社，2015：148.

33 范赞登. 通往工业革命的漫长道路：全球视野下的欧洲经济，1000—1800年［M］. 隋福民，译. 杭州：浙江大学出版社，2016：314.

前发展，教育也因此发展起来。英国慈善家和报业发行人莱克斯发起了主日学校运动，为穷人的孩子谋福利[34]。紧随英国之后，法国的主要城市已经相当发达，一些企业雇用数千名工人并拥有先进设备，特权阶级和第三等级的身份决战一触即发。钟表匠出身的法国喜剧作家博马舍撰写《费加罗的婚礼》歌颂平民和讽刺贵族；狄德罗主编的《百科全书，或科学、艺术和工艺详解词典》大功告成，震动欧洲各个阶层，但是他又不认为最底层的劳动大众可以被启蒙，因为"他们太愚昧、野蛮，太可怜，太忙于生计"。围绕自由、民主、人权、财产权、教育权等问题的斗争持续不断：孟德斯鸠售卖了世袭的波尔多法院院长职务，专心写作政治学著作《论法的精神》；晚年仍然遭到旧势力封杀的伏尔泰，站在法国和瑞士边境上为启蒙运动和"百科全书派"呐喊助威；卢梭写的歌剧《乡村占卜者》被路易十五赏识，路易打算接见卢梭并赐给他一笔年金，但卢梭怕失去自由而拒绝领受；喜欢数学、自毁身份、倡导法国革命的孔多塞侯爵站出来，"大声宣布那种长久以来都未曾被很好认识的权利"，并且宣称历史前进的车轮犹如数学公式一样清晰[35]。从孔多塞的"数学政治"，我们可以预感到工具理

---

[34] 罗伯特·莱克斯（Robert Raikes, 1736—1811），英国记者、慈善家、圣公会信徒，主日学校运动和英国国家教育制度的先驱。继承父业，成为英格兰报业资本家，注意到孩子们在星期天无人看管，于1785年举办主日学校，迅速蔓延到全国各地，1803年建立主日学校联盟。他在国家公立学校教育之前已发展有1831间学校和125万个入学儿童。教育方法受到裴斯泰洛齐影响，实施小先生教学法，一名教师可以在学生监督员或助理的帮助下教导数百名儿童。可参考 Wikipedia. The free encyclopedia Robert Raikes. https://en.wikipedia.org/wiki/Robert_Raikes。

[35] 孔多塞. 人类精神进步史表纲要[M]. 何兆武，何冰，译. 北京：生活·读书·新知三联书店出版，1998：140.

性主义的焦虑和恐惧。这个时期，荷兰工人阶级已经占据人口大多数[36]，为了满足工人教育需要和安抚反抗情绪，政府建立了一些公共教育机构。德国受到英法两国影响，冲破旧藩篱的教会开始举办主日学校，面向穷人的孩子进行读写训练和工作技能训练[37]。葡萄牙也一样，政府不得不通过教育改革来打开知识控制的大门。与此同时，被瑞典和俄罗斯统治了几个世纪的芬兰社会也开始在政治、经济和教育上经历深远的变化[38]。18世纪的种种变化使"早在17世纪就开始建设救济院、监狱和劳改场"[39]的做法受到越来越多的批评，启蒙教育乐观主义者呼吁政府通过劳动教育来解决因懒惰导致的贫穷问题。

---

[36] 这里需要说明，尽管我们使用了"荷兰工人阶级"这个概念，但是"工人阶级"（the working class）这个词的出现却要在1815年之后。考察英语中"阶级"（class）概念，它是在17世纪初由拉丁文引入的，是在古罗马的财产划分、植物分类基础上被赋予某些社会意义。18世纪40年代开始，这个概念具有了社会分层的意义，首先在大学学术中使用，主要是指"下层阶级"，之后是"上层阶级"和"中产阶级"概念相应出现。19世纪以后，"工人阶级"和动手劳动、有用的、生产的、贫穷的联系起来。特别是马克思和恩格斯之后，"阶级"概念的含义变得更丰富，他们将"阶级"一词从经济领域拓展至政治领域，与政治斗争和意识形态革命密切联系。在古汉语中，"阶级"通常表示人与物的差异和秩序；现代汉语中的"阶级"是19世纪末由日本译介而来。

[37] 1642年，"虔诚信徒恩斯特"（Duke Ernstl, 1601—1675）在德国针对儿童和成人进行义务教育，除了教授宗教内容外，首次教授实用性知识。17世纪末，德国开始有主日学校，18世纪末开始向职业学校转化，受裴斯泰洛齐影响，主日学校逐渐对学生进行工作技能训练。进入19世纪，德国出现了专门为成人开设的培养熟练工人的"商业主日学校"。1853年后，主日学校逐步演变为专门为手工业者开设的工业补习学校。因此，主日学校也被视为今天职业学校的先驱。

[38] Sjaak Braster. The people, the poor, and the oppressed: the concept of popular education through time [J]. Paedagogica. Historica. Vol. 47, Nos. 1-2, February-April 2011, 1-14.

[39] 施多尔贝格-雷林格. 百年启蒙 [M]. 何昕, 译. 北京: 社会科学文献出版社, 2022: 225.

1784年，康德设问："我们目前是不是生活在一个启蒙了的时代？"他即问即答："并不是，但确实是在一个启蒙运动的时代。"[40]康德的意思是，启蒙不是完成时，启蒙在路上，来自启蒙主义的批判还在继续，启蒙主义自身也需要接受批判。康德又说："我们的时代是一个批判的时代，一切事物都必须接受批判。"[41]

批判是思想破旧立新的过程，也是话语转化构成的过程。启蒙主义的批判"是在一种霸权语言自身的危机中，在以文化自省的方式反抗这种语言霸权的同时，创造新时代的新语言的运动"[42]，这种话语的批判运动冲破了旧的话语霸权，也预示着新话语霸权的必然生成，比如建立新的学科分类，把理性知识从精英向大众扩散。在这个过程中，学校教育的新话语就随着大众教育权利的启蒙而出现了。裴斯泰洛齐是学校教育新话语的第一个创建者和倡导者，他于1781年拿出了大众教育权利和穷人工作问题的解决方案——《林哈德和葛笃德》。

裴斯泰洛齐创建的学校教育新话语是审美启蒙主义的职业教育，指向人的生存救助、思想启蒙、心手脑和谐发展和人性的天伦之乐，指向家庭生活、职业生活、国民幸福的教育生命，体现以工业技能促工业生存的理性精神和以爱心奉献助思想启蒙的审美价值；新话语既和启蒙运动的精神变迁（例如狂飙突进运动）紧密联系在一起，也与资产阶级对于大众教育的国家需要紧密联系在一起[43]，

---

40 康德. 历史理性批判文集[M]. 何兆武，译. 北京：商务印书馆，1990：29.
41 转引自何兆武在康德《历史理性批判文集》中的译注（康德. 历史理性批判文集[M]. 何兆武，译. 北京：商务印书馆，1990：29）.
42 邓晓芒. 西方启蒙思想的本质[J]. 广东社会科学，2003，(04)：36-45.
43 克伯雷，选编. 西方教育经典文献：下卷[M]. 任钟印，译. 北京：人民教育出版社，2016：569.

关键词是穷人、生活、救助、启蒙、公民、审美、和谐。裴斯泰洛齐写道:"培养人(包括卑贱的人的培养)的总目的,就是为了使人的本性的内力升华为纯真的人的智力。职业教育和培训,是使受教育者在特殊的生活环境和条件下训练与应用其才能和智慧。但这样的教育要服从于人类教育的总目的。天真无邪的智慧和力量可以使生活在贫穷条件下的人变得幸福;这种智慧和力量也是每个人(包括地位高的人)必不可少的。"[44]

6

最后,我们对"话语"这个概念做补充解释,以便更好地理解本章内容。

何为"话语"?话语是"表达观念的符号系统",是"一种社会制度"[45],是人之为人的"存在之家",话语让人类社会不至于"沉入一片暗冥之中"[46]。

具体而言,话语是一种具有关系性、功能性和价值性的"系统存在",取决于作为整体的系统中的各种关系[47],体现为各种关系的身份建构、知识建构和社会建构,其中身份建构具有决定性意义。

---

[44] 布律迈尔,主编. 裴斯泰洛齐选集:第一卷[M]. 尹德新,组译. 北京:教育科学出版社,1994:196-197.

[45] 索绪尔. 普通语言学教程[M]. 高名凯,译. 北京:商务印书馆,1980:36.

[46] 海德格尔. 在通向语言的途中[M]. 孙周兴,译. 北京:商务印书馆,2015:167.

[47] 李新博. "语言是存在之家":"语言论转向"的方法论缘由和本体论意蕴[J],外语学刊,2012(06):2-7.

具有关系性、功能性和价值性的"话语体系",在科学史家科恩(T. S. Kuhn)那里被称为"范式",在社会学家福柯(M. Foucault)那里被称为"认识型"。因此,话语也是一种"诠释存在",在语言人类学的意义上,话语就是语言意识形态,话语只有通过诠释才能得到正确的把握和理解,才能在一定程度上显明其关系、功能和价值。而且,话语还是一种"历史存在",话语"建构到人借以造就自身的那些功能的整个经济结构中去"[48],形成不同历史时期的思想观念和表达方式,例如"大传统"和"小传统"彰显了人类文化的两条不同话语进路。

职业教育话语体系是不同文化关于教育文明在不同时期的诠释系统,是体现公民身份建构、实践知识建构和技能社会建构的社会制度。为什么裴斯泰洛齐创建了审美启蒙主义的职业教育话语体系?为什么审美启蒙主义职业教育话语体系在20世纪转向了工业效率主义?这些问题都可以在话语体系的历史存在特征中找到答案。

一直以来,我国职业教育不存在自主且完整的"话语体系",人们从经济需要、政策支持和其他学科话语来应景式地解决职业教育问题,使职业教育成为受鄙视的"话语窃取者"。这种卑弱的现状无疑是话语诠释的结果。职业教育研究中有很多戴着面具的"认识自己"(这种话语体系很可能是为了掩盖真相而混淆视听的一套美丽说辞),却很少有主体诠释学意义上的"关心自己"。按照主体诠释学,关心自己是认识自己的真正支柱,如果是因为必须关心自己才要去认识自己,那么就必须"向关心自己的各种方式追问分析

---

[48] 海德格尔. 在通向语言的途中[M]. 孙周兴,译. 北京:商务印书馆,2015:5.

各种认识自己的方式的原则和理由"[49]。"关心自己"是找回自身和自我拯救的修身哲学,持续更新地追问"我是谁,我是什么身份,我正在做什么,我是否与真理在一起"。

因此,在笔者看来,建构自主且完整的职业教育话语体系,首先需要主体诠释学意义上的修身哲学,其核心要素是"生命体验",强调"在自身对自身的实践与训练中把真话主体化"[50];其次需要把职业教育作为生命现象,从依附性和工具性的话语世界转换到关心自己的生命世界。职业教育话语体系并不因着我们将其话语嫁接于工作过程和岗位训练而更具科学性,因为职业教育的本质属性是"生命体验"。

在职业教育话语体系中,"体验"不同于"实践","体验并非像一个对象那样与其体验者相对立,正相反,体验的为我存在与体验中为我呈现的东西毫无区别"[51]。因此,"体验"依靠修身哲学而成为职业教育话语体系"关心自己"的必由之路。

裴斯泰洛齐创建审美启蒙主义职业教育,就是以"生命体验"为核心要素的修身哲学。裴斯泰洛齐为此奉献全部生命,他奔走呼号,就像一个在风雨中顽强成长的孤儿,尽管受到了关注和赞誉,却免不了命运多舛。如果我们回到真实的历史场景中去就会发现,裴斯泰洛齐的教育生命体验比他的教育话语体系更为伟大,就像苏格拉底的慈爱人格其实比他的哲学话语更为伟大一样。

当裴斯泰洛齐疲惫不堪地溘然长逝之后,他的审美启蒙主义

---

49 福柯. 主体解释学[M]. 佘碧平译. 上海:上海人民出版社,2018:539.
50 同上:387.
51 转引自:洪汉鼎. 诠释学:它的历史和当代发展[M]. 北京:中国人民大学出版社,2018:87. 这段引文出自精神科学认识论奠基人狄尔泰(Wilhelm Dilthey),他把诠释确立为精神科学的普遍方法论,体验是关键概念。

职业教育话语似乎也随之消散，这个教育新角色还没有"确切地而又很好地使用自己的理智状态"[52]，就被取代了。取而代之的是新精英主义者创造的工业效率主义职业教育话语体系，它最早与资产阶级对于技能教育的国家主义需要紧密联系在一起，是一种"教育让步"[53]。

---

52 康德. 历史理性批判文集[M]. 何兆武，译. 北京：商务印书馆，1990：30.
53 马克思把效率主义职业教育看作工人"从资本那里争取来的最初的微小让步"（马克思. 资本论：第一卷[M]. 中共中央马克思恩格斯列宁斯大林著作编译局，译. 北京：人民出版社，2004：561）。那么，资产阶级精英为什么要对"卑微的劳动者"做出教育让步呢？社会学家克博（H. R. Kerbo）从九个方面对"让步"做了深入分析，其中有两点：工业社会的劳动复杂性颠覆了传统社会的劳动结构，所有的劳动者都必须要有知识和技能，否则就是无用的人。因此，"为了追求效率，精英必须在权威上做出让步，而这种让步为大众带来了更多回报。精英确实在经济上拥有最高权威，但在技术层面，他们不得不下放掉部分权力。……工业复杂性的提高迫使精英更加依靠技术专家。但是整个工业化体系需要更多的知识和技能，贫穷无知的农民阶级在当今的工业社会里是无用的。因此，精英必须做出一定的让步以保证有更多的技术工人可用"。另外，精英的让步还是出于防止国内革命和赢得国际战争的考虑：（1）平等主义观念已经普及，只有给大众做出适当让步，才可以减少发生革命的危险；（2）随着国际冲突和战争升级，精英要维持地位并赢得胜利，就需要给大众让出适当的利益。上面两点是对克博关于精英让步于大众的剩余七个方面分析的总结概括。（克博. 社会分层与不平等：历史、比较、全球视角下的阶级冲突[M]. 蒋超，等译. 上海人民出版社，2012：83-84）

第四章 从裴斯泰洛齐到黄炎培：职业教育话语体系的"移植"

1

18世纪末，裴斯泰洛齐在著作中写道："旧教育是十分简单的，只教人怎样耕作、谋衣食就可以了。因为那时的人，无须更多的本领。农民是在牛栏里、田地里、山林里、禾场里操作时来获得自己的特别的教育的，要求究竟不高。可是现在到了纺纱的时代，操作划一了，并且坐着来谋生，要求就完全不同了。据我看来，如今在乡间做这种活计的孩子和城市里的手艺人的教育，要求是一样的。否则，乡里的孩子学识不足，头脑不清，不能精益求精，勤求进步，生产就要永远落后于城市，再好的职业救济规划，也不能把他们拉出长期贫困的泥淖。请大人注意纺纱的人家，父母对孩子们的家教都很差，这样下去，贫困是永无止境的。应该充分利用学校教育来弥补这种家庭教育的缺陷。还有很多方面的教育，在家庭里是无法实施也不能实施的，所以学校教育更不可少。"[1]

裴斯泰洛齐借小说人物之口表达了这样几个意思：第一，农业时代的旧教育不能适应工业时代的谋生方式，必须改变；第二，

---

[1] 裴斯泰洛齐. 林哈德和葛笃德：下卷 [M]. 北京：人民教育出版社，2005：438-439.

应该充分利用学校教育来弥补家庭教育的缺陷，学校教育必不可少；第三，闭塞的乡村教育应该与城市教育打通，这样才能摆脱贫穷；第四，把穷人拉出长期贫困的泥淖，再好的职业救济规划也不如职业教育。总之，裴斯泰洛齐此时已经明确表达了实施以学校为载体的职业教育的想法。而且，此后30年，裴斯泰洛齐都在践行这一想法。

20世纪初，黄炎培提出他的改造中国旧教育的想法，即按照自裴斯泰洛齐以来而改变的"学校教育与实际生活渐相接近"的方法，实施实用主义。黄炎培在《学校教育采用实用主义之商榷》一文中写道："自裴斯泰洛齐氏出，益主张生活教育，务使学校教育与实际的生活渐相接近。准此而教育方法一变。盖从来一般之教授，仅恃生徒听官之感觉，以为输入之梯。自直观教授行，乃进而利用生徒视官之感觉。今且更进而利用筋肉之感觉，不惟使生徒目睹此事物而已，直令其一一自行实验。由是而论知识，则观念益明确；论技能，则修炼亦精熟。以是谋生处世，遂无复有扞格不入之虑。此种教育，在欧美不仅著为学说，且见诸实行矣。日本人西行考察教育者归，亦辄以是提倡，而未为政府特别注重。今观吾国教育界之现象，虽谓此主义为惟一之对病良药，可也。"[2]

可以看出，黄炎培的想法与裴斯泰洛齐一致，只是晚了两百余年。黄炎培的职业教育思想是中国职业教育思想的一个关键的组成部分，其话语体系作为"新教育"最早是从欧美发达工业化国家被动"移植"过来的。1934年，中国经学史家周予同先生在其《中

2　田正平，李笑贤，编. 黄炎培教育论著选［M］. 北京：人民教育出版社，2018：21.

国现代教育史》中有句概括的话:"中国新教育的出现,是外铄的而不是内发的,是被动的而不是自主的。"[3]

这里所说的"移植"(transplantation),是比较教育学研究领域的隐喻概念,它作为一种隐喻用于比较教育学,"具有了新的意蕴,实现了移植'植物或人体器官'的始源域(source domain)到移植'教育制度、文化精神和学科方法'目标域(target domain)的部分或系统的映射"[4],这种"移植"不再是植物或人体器官移植的要么成功要么失败,而可能是部分成功部分失败。

19世纪末,西方通过数百年工业革命所产生的大机器成果,轻而易举地打败了中国农业大帝国引以为傲的强盛与繁荣。由此,中国知识分子始知此乃"三千年未有之变局",自此寻求"移植"西式现代化"新教育",以取代落后的"科举取士教育",而职业教育就是在这种"移植"中一步步被拣选出来。

2

舒新城在著作《近代中国教育思想史》中,认为中国职业教育作为一种制度话语被拣选,是新教育"移植"的四个阶段中的最后一个阶段。四个阶段是主张"师夷长技"的精英教育阶段、主张"实利主义"的普通教育阶段、提倡"实用主义"的实业教育阶段、主张"治生济穷"的职业教育阶段。

第一阶段的话语是"西艺教育"。自甲午战争至清亡,其间十

---

[3] 周予同. 中国现代教育史[M]. 上海:良友图书印刷公司印行,1934:8.
[4] 杨茂庆,陈时见. 比较教育学的"移植"隐喻及其运用[J]. 全球教育展望,2010,39(06):40-44.

余年,清政府为了"制夷"而不得不"师夷长技",因此"西艺教育"只学习"西方技艺",不学习"西方思想",其目的是培养"制夷"之精英人才,与西方因工业化而起的"国民工业教育"相去甚远。这一阶段的代表学校是福州船政学堂,学堂通过严格考试选拔优才,培养精英(海战官员),可能因为当时的教育宗旨是"忠君尊孔尚公尚武尚实",所以学堂第一次招生考题是"大孝终身慕父母论"。据严复回忆,福州船政学堂功课简单,多是基础操作,学员主要时间在学外语;由于时人对西学持怀疑态度,故初期招生颇困难。

第二阶段的话语是"实利教育"。辛亥革命以后,教育总长蔡元培提出新的教育方针:"注重道德教育,以实利教育、军国民教育辅之,更以美感教育完成其道德。"这个方针去掉了"忠君尊孔",赋予"三尚"更丰富的意义,再将西方的"宗教代替道德"变成了"美育完成道德"。这是带有浓烈德国国家主义思想的教育方针,核心是"勤俭耐劳、自立自强",尽管"实利教育"旨在使国人"始知西洋各国与日本之农工商矿等等职业都须受教育"[5],但指的是普通教育的"实利"倾向[6],仍以精英教育处之,不专指大众谋生的职业教育。后来军阀混战日浓,"实利教育"话语很快就消失了。

---

5 舒新城. 近代中国留学史 近代中国教育思想史[M]. 北京:商务印书馆,2014:279.
6 蔡元培对当时国际国内形势有这样一个判断:"以人民生机为普通教育之中坚,其主张最力者,至于普通学术,悉寓于林艺、烹饪、裁缝及金、木、土工之中。此说发轫于美洲,而近亦盛行于欧洲。我国地宝不发,实业界组织尚稚,人民失业者至多而国甚贫,实利主义之教育固当务之急也。"(周谈辉. 中国职业教育发展史[M]. 台北:三民书局,1985:87)

第三阶段的话语是"实业教育"。这是重拾以前"实业教育"提法，并且用"特别注重学校科目之应用"的实用主义思想重构之，标志是1913年《实业学校令》和《实业学校规程》的颁布。但是，"实业教育的内容仍是无法充实，实业教育的出路仍是到处碰壁。学生修学期满，往往不能得业，即幸而得业，又往往用非所习。于是，引起一般教育者的不满"[7]。而且，社会观念落后，"即使到了1913年，民意测验仍然显示，中小学生最崇拜的人是孔子、孟子，其次是孙文"[8]。显然，此时的实业教育仍然不是大众的职业教育，江恒源先生在当时对两者做了区分："实业教育并不是纯粹的职业教育，不过是职业教育进化史上的一个阶段而已。"[9]

第四阶段的话语是"职业教育"。标志是1917年中华职业教育社（简称中华职教社）成立，"操一技之长而借以求适当之生活"的中国职业教育话语体系开始形成，职业学校作为一种制度话语体系在此后建立起来。黄炎培认为，职业教育最容易引发大众参与的热情，因为相对于提倡"实用主义"的实业教育而言，职业教育更加"警心动目"，而且"职业教育之声喧腾众口矣"[10]。事实上，职业教育舆论制造已久，中华职教社成立是顺势而为，加之杜威1919年来华讲学倡导大众的职业教育，紧接着杜威同事孟禄1921年来华调研并帮助南京政府制定新学制，1922年以促进教育科学化和民

---

7 周予同．中国现代教育史［M］．上海：良友图书印刷公司印行，1934：287-288．

8 周积明．宋德金，主编．中国社会史论［M］．武汉：湖北教育出版社，2005：110．

9 米靖，主编．二十世纪中国职业教育学名著选编［M］．北京：教育科学出版社，2011：290．

10 田正平，李笑贤，编．黄炎培教育论著选［M］．北京：人民教育出版社，2018：137．

主化为宗旨的中华教育改进社成立，1933年《职业学校法》颁布，这一系列动作进一步丰富了中国职业教育话语体系。

舒新城对中国职业教育话语体系形成总结道："民国初元教育者鉴于新教育之不切实际，因提倡实利主义教育，二年因普通教育之不切实用，乃进而提倡实用主义教育；但结果均于事无补；不独普通教育不能适应社会上的实际需要，即以职业训练为目的之实业学校毕业生，亦不能治生。加以内乱方盛，国内经济能力既不能照常发展，国际资本主义的压迫更不能避免；国计民生，日趋穷蹙，社会上既感治生的职业之需要。中学校学生因各级教育不为比例的发展，与经济能力之限制而升学者日少，亦非提倡治生之职业教育不能济其穷。此时又值欧美职业教育的思想传到中国；于是数因相并，而职业教育自民国六年以后，便一日千里地发展。"[11]

3

如果说中国职业教育作为一种制度话语的生成，是因中国现代化运动而自西方"移植"过来，那么它的成长不可避免地需要适应中国文化土壤，也不可避免地遭到反现代化和非现代化思想的抗拒，即制度建设无法脱离思想环境。事实上，从第一阶段"西艺教育"到第四阶段"职业教育"，教育新话语作为一种制度话语的生成，用时整整半个世纪，而这个生成过程也正是中国现代化从"洋务运动"转向"辛亥革命"的过程，或者用金耀基先生在《中国文

---

[11] 舒新城. 近代中国留学史 近代中国教育思想史[M]. 北京：商务印书馆，2014：355.

明的现代转型》中的解释，是从"器物技能层次（technical level）"的现代化转向"制度层次（institutional level）"的现代化的过程，其间障碍重重，包括有"民族的崇古心理""知识分子不健全心态""普遍认识不足"和"旧势力的反抗"等[12]。至于中国职业教育作为一种"思想行为层次（behavioral level）"的生成，注定将是一个更为漫长的过程。

中国职业教育作为一种制度话语的生成是自西方"移植"而来，这一点作为话语领导者的黄炎培是承认的。他在回答有人攻击他实施职业教育是从菲律宾得来的时候，明确指出，"此说大误！职业教育者盛行于欧洲，渐推于美国，而施及东方。……与其谓余之职业教育说从菲岛得来，宁谓为从美国得来较近似也"[13]。但是，黄炎培是典型的中国儒家知识分子，"继承着中国文化传统中统一至上、安定至上的价值观念"[14]，也不可避免地存在"民族的崇古心理"。黄炎培曾写《中国职业教育简史》一文，举例《孟子》《管子》两书，把"后稷教民稼穑，树艺五谷"和"是故圣王之处士必于闲燕，处农必就田野，处工必就官府，处商必就市井"两处，作为"事实上的"中国职业教育的内容与方法的源头。许纪霖先生指出，黄炎培推动西方职业教育在中国土壤上的"移植"工作，是他作为儒家知识分子以"君子执器"而进行"改良式救国"的必然选择。许纪霖认为："黄炎培的职业教育主张与其说是一面'教育救国'的旗帜，毋宁更确切地说是一座联结'实业救国'与'教育救

---

12 金耀基. 中国文明的现代转型[M]. 广州：广东人民出版社，2017：29-43.
13 黄炎培. 职业教育析疑[J]. 教育杂志，1917（11）：199-204.
14 许纪霖. 无穷的困惑：黄炎培、张君劢与现代中国[M]. 北京：生活·读书·新知三联书店，2018：49.

国'的桥梁。这两大救国思潮尽管发轫于19世纪末,但在黄炎培看来,由于实业与教育在现实中的脱节,这两大救国宏图都未得如愿以偿。他决意步随张謇的足迹,以教育推动实业之勃兴,以做工陶冶人的个性,试走一条社会改良的路径。"[15]

我们来比较黄炎培和裴斯泰洛齐的职业教育之路,尽管他们有两百年的时差,但是有很多相同之处。第一,职业教育都是他们"救国"的途径,裴斯泰洛齐"新庄"办学的初心是"救穷人",但是在法国大革命以及与费希特相识之后出现了"救国"思想。第二,职业教育都是他们走社会改良之路的选择,如果说青年期的裴斯泰洛齐还有激进的革命冲动,那么法国大革命就是他从激进走向改良的转折点。第三,职业教育都是他们帮助劳动大众的方法,黄炎培不仅把职业教育逐渐向改造农村教育和生活扩展,而且作为儒家知识分子的寻求与困惑者,最终把感情的天平倒向了当时中国土地最贫瘠却"切实寻觅民众的痛苦,寻觅实际知识,从事实际工作"的西北延安。第四,"爱"是两个人的职业教育之魂,"爱"使他们所获远大于他们所求,他们获得的是关乎人类劳动生命的教育大道。

不过,黄炎培和裴斯泰洛齐毕竟出自两片土地,黄炎培身上有儒家士大夫的基因,他的思想中心支点就是"仁民"二字[16];裴斯泰洛齐身上有基督徒的宗教信仰,他的思想中心点就是"救赎"二字。

---

15 许纪霖. 无穷的困惑:黄炎培、张君劢与现代中国[M]. 北京:生活·读书·新知三联书店,2018:61.
16 同上:194.

4

从裴斯泰洛齐到黄炎培，从西方到东方，从新教伦理到儒家文化，从18世纪到20世纪，职业教育的"初心"或基本精神没有改变，职业教育话语体系的建构自始便具有平民性、普及性和公平性特征，这种特征决定了职业教育在国家学制系统中的基础性地位和基层性位置。

中国职业教育话语体系建构伊始，亦指向中等和初等层级的教育。中华职教社发起人之一的蒋梦麟直言："近今所谓职业教育者，中等程度以下为限，大学不与焉。"[17]他对此解释说，职业教育是以教育为方法而解决职业问题的一种制度设计，但是一切教育都可以提供一技之长而解决职业问题，"又何必独标职业教育以立异"？之所以"独标"，只因为技能谋生和及时就业之"重要"。黄炎培先生亦多次表达过相同的意思，比如在1917年《新大陆之教育——黄炎培考察教育日记》中写："故方今各国，为根本解决计，大抵在中等教育以下，即设种种职业学校。"他还在此文中区分职业教育和实业教育之不同："惟实业教育，兼含研究学说之意味。而职业教育，则专重实用，纯为生活起见。实业教育所养成之人物，其一部分主用思想；而职业教育所养成之人物，则完全主用艺术。"[18]黄炎培在这里根据他对美国教育的考察，不仅把职业教育置于中等教育以下层级，而且强调职业教育"完全主用艺术"而不用"思想"。

---

17 舒新城. 近代中国留学史 近代中国教育思想史［M］. 北京：商务印书馆，2014：362.
18 田正平，李笑贤. 编. 黄炎培教育论著选［M］. 北京：人民教育出版社，2018：170.

"低层次"和"纯技艺"成为中国职业教育话语体系初期建构的两个核心内容。在后来的教育实践中,中华职教社很快发现了"纯技艺"这一话语的偏颇。1918年,黄炎培指出,职业教育非只为个人谋生活,"以啖饭教育概职业教育,其说固失之粗浮",因而职业教育不仅为个人谋生之准备,也为个人服务社会之准备,为世界、国家增进生产力之准备[19]。但是,"低层次"话语并未修正。尽管在1922年《壬戌学制》中[20],职业教育的位置有所高移,在大学及专门学校附设了"专修科",但是大学及专门学校此时并不是职业教育[21]。

直到20世纪50年代美国社区学院出现"职业性"功能之前,世界各国职业教育基本上处于学制的中等和初等层级。20世纪60年代之后,各国职业教育基本上已经把"低层次"和"纯技艺"排除在话语体系之外,"工学结合""校企合作""岗位技能""技能模块""双元制""技能课程包""就业导向""高就业率"等,构成以"就业导向"为根本指向的职业教育话语体系的主要内容。但是,这个根本指向存在一个历史社会学问题没有解决,即"就业"是基于安置还是宰制?"导向"是基于人本还是物本?

---

19 田正平,李笑贤,编. 黄炎培教育论著选[M]. 北京:人民教育出版社,2018:207.
20 《壬戌学制》的起草人是黄炎培和袁希涛。中国现代学制的"六三三制"模式就是由此时开始,美国教育家孟禄对此学制思想的形成起到了决定性作用。
21 早在1912年10月22日,南京临时政府就颁布了《专门学校令》:"专门学校以教授高等学术、养成专门人才为宗旨。"注意,这里把"高等学术"和"专门人才"并列,而且"高等学术"在先。同年颁布《大学令》:"教授高深学术,养成硕学闳才,应国家需要。"强调的是"高深学术"。1929年7月26日,《专科学校组织法》把专门学校改称为专科学校,宗旨是:"教授应用科学养成专门人才。"同一天颁布的《大学组织法》:"研究高深学术养成专门人才。"无论是专门学校还是专科学校,其宗旨都是与职业教育有所区别的。

5

中西方职业教育的基本精神相同，职业教育学制的设计层次相同，但是在20世纪上半叶，中西方关于职业教育功能的话语诠释体系仍然出现了分化。快速工业化的西方职业教育话语诠释体系已经从审美启蒙主义转向工业效率主义，而此时中国职业教育的话语诠释体系在很大程度上仍然是启蒙主义的[22]。

例如，"劳工神圣"作为启蒙主义的重要概念新鲜出炉。1918年11月，在北京天安门举行的庆祝协约国胜利大会上，蔡元培先生做了"劳工神圣"的著名演讲，尽管他所说的"劳工"不只是底层卑贱的劳力工人，而是包括所有"用自己的劳力作成有益他人事业"的劳动者[23]，但是"劳工神圣"四个字仍然让职业教育知识分子振奋不已。黄炎培在谈到职业教育内涵的丰富时说，职业教育不能以"啖饭教育"概之，还包括"服务社会"和"增进生产力"，后来又进一步升华为"使无业者有业，使有业者乐业"，其中明确包括有"唤醒民众"的意义。这种意义，毛泽东于1921年在湖南创办工人夜校和女子职校时也说过："在于使广大中国民众都成为享受文明幸福的人。"[24] 在这些话语表达中，职业教育不是作为助推工业经济效率的手段出现的，而是作为劳工大众的解放者出现的。

---

[22] 但是不可避免地仍然受到效率主义的影响。黄炎培在《南洋华侨教育商榷书》中提出了这样一条建议："提倡职业教育宜注重迅速主义也。……盖职业界之黄金时间，断不许有从容迂缓之余地，此为吾国向来所未注意，提倡职业教育者慎勿忽此。"（田正平，李笑贤，编．黄炎培教育论著选［M］．北京：人民教育出版社，2018：183）

[23] 蔡元培．蔡元培经典［M］．北京：当代世界出版社，2016：37．

[24] 毛泽东．毛泽东同志论教育［M］．北京：人民教育出版社，1958：15．

民生公司创办人卢作孚和美国亨利·福特生活在同时代，两人可做比较分析。像福特一样，卢作孚也重视企业效率，也举办企业职校，但卢作孚训练工人不像福特那样为了"减少工人思考"，相反是为了增加工人对工作意义的思考，他在《工作的报酬》一文中写道："一个不问工作是有意义无意义，而问的只是月薪、地位、红利……以为这乃是工作的报酬，其实乃是错误。"工作的意义和报酬是什么呢？是"社会上的"。卢作孚说："最好的报酬是求仁得仁，建设一个美好的公园，便报酬你一个美好的公园，建设一个完整的国家，便报酬你一个完整的国家。"[25]

中国职业教育话语体系生成之后并非一成不变，而是有三个阶段的演变：第一阶段是20世纪50年代之前，围绕"劳工神圣""扶助大众"和"服务社会"这些关键词而展开，很少直接讲职业教育和经济效率的重要关系；第二阶段是20世纪50年代至80年代，中国职业教育也强调与经济效率的重要关系，但是目的在于"多快好省地建设社会主义"，而且政治驱力更强；第三阶段是20世纪80年代至今，中国职业教育话语体系几乎照搬西方效率主义话语体系，但是因着文化基因的不同而在操作中往往出现"形似神异"现象。

总体来说，中西方职业教育的话语诠释体系在20世纪上半叶出现分化，固然有工业经济发展先后的原因，但是中西方文化差异却有根基性的影响。

钱穆先生曾对中西方文化的"职业"差异有过分析，他说："中国人重'职'，主对外，尽我为人，有职位、职名、职分诸称。

---

25 凌耀伦，熊甫，编. 卢作孚文集［M］. 北京：北京大学出版社，2012：244.

西方人重'业',主对内,尽人为我,有事业、行业诸称。如父慈子孝,乃言职。中国人言五伦,皆言职。若言业,则无此分别。西方人言自由、平等、独立,乃言各己之业。若言职,则无此分别。"[26] 从钱穆的分析可见,不同的文化模式产生不同的职业认知和行为逻辑。孔子奠基的儒家伦理成为中国教育的文化根基。儒家伦理的核心内容是仁礼,"仁礼"之落脚点在于礼,礼即"关系",有礼就是有关系,重点是"人际关系",因为"识得人乃始可以识得天、识得物"[27]。卢作孚职业教育和福特职业教育的文化根基有明显不同,卢作孚从"仁礼"信仰出发,"心中完全没有自己,满腔是为社会服务"[28]。卢作孚遵循"君子之道",特别重视"求仁得仁"教育,把企业效益建立在职工的修身、齐家和"建设一个完整的国家"之上。黄炎培、陶行知、晏阳初诸人举办职业教育也像卢作孚一样,属于"君子执器",无论如何首先做"君子"。我们翻遍黄炎培著作很难找到一句职业教育助推经济效率的话语,而是反复讲"个人生计""人格修养""大职业教育主义"和"民族复兴"。在1934年写的《中华职业教育社宣言》中,黄炎培给职业教育下的定义:"用教育方法,使人人依其个性,获得生活的供给与乐趣,同时尽其对群之义务。"而且,他把"振作民心"作为职业教育的重任;在1941年写的《从困勉中得来》中,黄炎培等人把中华职业教育社的使命定义为"往远处说,是在实现一个民生幸福的社会。……就近处说,是在以最高的积极性,参与抗战建国的努力"[29]。

---

26 钱穆. 中国思想通俗讲话 [M]. 武汉:长江文艺出版社,2020:111.
27 钱穆. 中国思想史 [M]. 北京:九州出版社,2012:5.
28 梁漱溟. 怀念卢作孚先生 [J]. 名人传记,1988:5.
29 田正平,李笑贤,编. 黄炎培教育论著选 [M]. 北京:人民教育出版社,2018:424,502.

在西方，20世纪之后，尽管科学理性和效率主义深深影响着职业教育话语表达（例如，美国福特汽车创始人福特在企业创办了职业学校，按照泰罗科学管理理论实施职工教育，他在自传中讲述职业教育功能时写道：训练工人"减少无谓的思考"，以便于"把动作的重复性减少到最低程度，使他几乎只用一个动作就完成了一件事情"[30]），但是西方职业教育话语体系不可避免地受到资本主义新教伦理的影响。福特说："无所事事的双手和头脑对我们任何人都没有益处，工作是我们的神圣天职，是我们的自尊，是我们的救赎。工作是最大的幸福，而绝不是一种诅咒，确切的社会正义智能来源于诚实劳动。"[31]只不过，"天职"在马丁·路德那里还是"向内求"的信仰，在亨利·福特这里却基本上已经变成"向外求"的"经济人"理论。尽管福特举办职业中学仍然有慈善事业的成分，但是其客观目的是为本公司输送熟练技工[32]。因此，福特从"经济人"假设出发，强调"分工和再分工的操作使工作顺利进行"[33]，他希望工人减少一切与工作无关的"无谓的思考"，全身心投入"天职"，这样工作越多工资也就越多，而"工资中包含着神圣的意味，

---

30 福特. 我的生活与工作 [M]. 梓浪，莫丽芸，译. 北京：北京邮电大学出版社，2005：57.
31 同上：93.
32 福特在自传中专辟一章写"为什么要有慈善业"，其中重点写了创办中等职业学校的事情，但是他又指出公司并没有把这件事和慈善这个词联系在一起。他说："为了满足对孩子们进行各种教育，同时开始在生产线进行工业培训的要求，亨利·福特中等职业学校在1916年成立了。我们并没有把慈善这个词和它联系在一起，它是想帮助那些为环境所迫过早离开学校的孩子们而建立的。这种给予帮助的希望非常符合为工厂输送经过训练的工具制造者的需要。"（福特. 我的生活与工作 [M]. 梓浪，莫丽芸，译. 北京：北京邮电大学出版社，2005：176）
33 福特. 我的生活与工作 [M]. 梓浪，莫丽芸，译. 北京：北京邮电大学出版社，2005：64.

它代表着房子、家庭和家境"[34]。

中国改革开放之后,职业教育陆续引入西方效率主义职业教育话语,从办学模式到课程开发,再到教材编写和教学安排,无一例外都受西方效率主义影响。耳熟能详的有:德国"双元制模式"(校企合作模式)、加拿大"CBE模式"(能力本位模式)、国际劳工组织"MES模式"(岗位技能模块模式)、英国"BTEC模式"("文凭+证书"课程模式)、澳大利亚"TAFE模式"(技术与继续教育模式),以及与之话语体系完全相同的中国"宽基础活模块"模式、"工作过程系统化"模式、"项目课程"模式、"工学一体化"模式、"任务引领型"模式等。从这些模式中,可以很清晰地找到效率主义职业教育的工具理性特点:分解工作任务,建立精细化目标体系,形成训练单元;分解能力,形成职业能力分析表,建立就业技能模块;以行动为导向、以任务为引领、以工作过程为基础、以产品为中心实施教学活动;根据任务目标确定课程标准,及时评价反馈,强调培训效率。但是,中国效率主义职业教育话语体系也有自身特点:一是政策指引型话语比较突出;二是受儒家伦理文化根基影响,在学校实践中会出现西方社会没有的职业教育身份焦虑现象。关于第二点,后文我们将会详细分析。

6

再次回顾现代职业教育诞生以来的话语体系,我们从主体诠

---

[34] 福特. 我的生活与工作 [M]. 梓浪,莫丽芸,译. 北京:北京邮电大学出版社,2005:134.

释学视角将之大体分为启蒙主义、效率主义、生命主义三种，以利于我们后文分析职业教育话语体系的转向。

启蒙主义职业教育话语体系诞生于欧洲启蒙运动后期，代表人物是裴斯泰洛齐。在裴斯泰洛齐那里，职业教育的出发点是生命救赎和启蒙，职业教育已经和裴斯泰洛齐一起变成满怀热情的梦想家和一往无前的理想主义者。因此，裴斯泰洛齐的话语体系，不是"工具"的启蒙主义，而是"审美"的启蒙主义，我们可以从中发现职业教育的"生命"价值。在人们的教育史常识中，裴斯泰洛齐搞的是幼儿教育和普通中小学教育，与当下轰轰烈烈的为就业市场训练18岁以上技能劳动力的职业教育相去甚远。但是，当我们从职业启蒙而非劳力规训的意义上理解职业教育的时候，可以发现幼儿教育和普通中小学教育并不排斥职业教育，职业教育只是曾经被排斥的一部分人的教育权利的回归。我们可以据此说：职业教育是人类生命的一种可能的生长方式，是为了所有劳动者生命尊严的教育。

效率主义职业教育话语体系最早诞生于19世纪中后期，是西方国家在第二次工业革命之后，进入工业效率主义阶段的必然选择。伴随着世界贸易、殖民掠夺和市场竞争加剧，职业教育纷纷被各国统治者作为安置民众和提高经济效益的基础工程。英国、法国、德国、意大利、荷兰、瑞士、西班牙和北美新大陆的美国都建立了"双轨制"学校制度，职业教育是轨道之一。特别是德国和美国的富强，显著受益于职业教育。美国开展了轰轰烈烈的工业效率运动，把职业教育作为增进工业效率的重要工具，《史密斯-休斯法》昭示效率主义职业教育话语体系"盛装出场"。效率主义职业教育的关键词包括标准、训练、效率、规格、资源、适配等，影响至今约100多年。原因主要有两点：一是效率主义职业教育应和了各国制造业高速发展的迫切需要，在很大程度上解决了工业企业对技能型人才的批量需求；二是效率主义职业教育在后期重视学生兴趣以及兼顾公平，吸收了民主主义教育思想的诸多内容，在发展态势上更加平和。或者说，为了工业效率运动，一种依附性的效率主义职业教育话语体系得以跃居统治地位。在中国，效率主义职业教育话语体系是在20世纪80年代之后，再次从西方"移植"和建构的，它是中国社会走向改革开放和"以经济建设为中心"的必然选择。

《庄子·齐物论》讲："方死方生。"随着技术进步和经济转型，效率主义职业教育及其话语体系也必然转向衰朽，而这种衰朽又意味着生命主义职业教育的生成。库恩的"范式"理论和庄子"方生方死"解释有相同之处，库恩认为旧范式的淘汰必然有新范式的取代，否则就不是科学。为什么是生命主义职业教育的生成？因为效率主义职业教育在岗位能力训练中仅仅呈现其"功能性"一面，受教育者的"生命性"特征被漠视，他们没有从职业教育中获得职业幸福感体验，而是产生了关乎生命价值卑微的身份焦虑。如今，不仅经济模式和就业生态发生变化，而且年轻一代的就业观也发生改变，他们更加注重就业质量和幸福体验。因此，当效率主义职业教育的优势被人工智能技术接管之后，人与工作的关系不得不重新定义，人的天赋才能、职业志趣、创造能力和创业精神必然要实现"合一"，这是职业教育必须转向生命主义的现实原因。人的生命有巨大的创造性，能够创造出各种想不到的工作种类，因此技术不是取代工作岗位的原因，而是因为人自己没有把生命的创造能量释放出来。生命主义职业教育首先需要考虑如何激发天赋才能和释放创造能量，而不是在市场调研的前提下把训练技能和岗位技能进行一一对应。

职业教育话语体系的吸引力应当赋予多种期待性的满足：自我实现的期待、社会尊重的期待、审美体验的期待、职业幸福的期待。这些期待是职业教育（生命体）实现"拯救"的必要条件。"拯救"是福柯在主体诠释学当中提出的修身哲学概念，他说："拯救是主体修身的经常性活动，它会在主体与自身的某种关系中得到补偿，即他不再受外在的干扰，他在自身中就会感到满足，别无他求。"[35] 长期以来，效率主义职业教育话语体系随风飘荡，力图他求，故而既浮躁又焦虑。福柯说："人必须拯救自己，以便拯救其他人。"[36] 如果职业教育话语不是在关心自己的生命世界，却始终在身份卑贱的"刺激－反应"世界中谋求生存，那么职业教育本身就不可能实现自我命运的拯救，当然也谈不上有拯救他人的技艺。

追寻作为生命现象的职业教育的生命价值，需要职业教育话语有"向内求"的自觉，也需要职业教育话语有"审美"的启蒙，这种行为表明"职业"权利和"教育"权利的自我关心和拯救。2021年末，联合国教科文组织发布报告《一起重新构想我们的未来：为教育打造新的社会契约》，担忧"教育系统的扩展为许多人创造了机会，但很多人却只能获得低质量的学习"，建议"我们一起为教育打造新的社会契约——消弭歧视、边缘化和排斥"[37]。职业教育何去何从？难道不应该自我关心和拯救吗？

---

35 福柯. 主体解释学［M］. 佘碧平，译. 上海：上海人民出版社，2018：219.
36 同上：214.
37 International commission on the futures of education. 一起重新构想我们的未来：为教育打造新的社会契约，执行摘要［EB/OL］.（2022-06-24）［2023-11-01］. https://unesdoc.unesco.org/ark:/48223/pf0000379381_chi.

第五章 给工作赋予生命意义：职业教育话语建构的哲学基础

1

工作或劳动是人的产物。裴斯泰洛齐说："人啊！大自然完成了他的产物，你也完成你的产物吧！"在裴斯泰洛齐看来，工作应当成为大自然赋予人的本性中神圣的内在力量，这就是工作对于人的"生命意义"，裴斯泰洛齐称之为"铺设一条通向完美的路"，否则"你不过是一个裁缝，一个鞋匠，一个磨刀人，或一个诸侯，而没有变成人"[1]。可惜，裴斯泰洛齐没有论述人的工作种类为什么有所不同，以及不同工作种类为什么被赋予不同的"社会关系意义"，包括权力、身份、尊严、薪酬、闲暇、忙碌等。例如，"尊严"就是个典型的关于工作意义的社会学概念，这个词的背后隐藏了职业分类的高低贵贱文化。裴斯泰洛齐对社会身份与工作尊严的关系是有亲身体验的，只不过裴斯泰洛齐是个行动家，他选择了自我意志的行动，以教育改造社会的行动之梦，他说："我如此强烈地渴望能最终实现我一生中的伟大梦想，以致即使在阿尔卑斯山无水无火的顶峰我也可以行动起来，只要能把这件事开个头。"[2]

---

1 布律迈尔，主编. 裴斯泰洛齐选集：第二卷[M]. 尹德新，组译. 北京：教育科学出版社，1996：119.
2 布律迈尔，主编. 裴斯泰洛齐选集：第一卷[M]. 尹德新，组译. 北京：教育科学出版社，1994：310.

在经济制度上讨论身份与工作尊严的第一人是制度经济学创始人凡勃仑,他在《有闲阶级论》中指出:"不从事生产而从事消费是勇武的标志,是人类尊严的必要条件。"[3]这种尊严论反映了人类从早期掠夺文化中遗传下来的高低贵贱的社会关系。凡勃仑说,有闲阶级为了表明身份,对消费是很讲究的,比如大量的非实用性消费、消费的仪式感等[4]。

不劳动(在裴斯泰洛齐看来已经失去了人的社会意义),只消费,而且是非实用性的,甚至是浪费性的消费,这才体现所谓有闲阶级的"身份尊严"。安徒生在童话《豌豆公主》中对有闲阶级的这种身份尊严做了漫画式的描写。真正的公主属于有闲阶级,也属于非劳力阶级,她的标志是能够感受到压在二十层床垫子和二十床鸭绒被下面的一粒豌豆。"啊,一点儿也不舒服!"公主说,"我差不多整夜都没有合上眼!天晓得床下有什么东西?有一粒很硬的东西硌着我,弄得我全身发紫,这真是太可怕了!"豌豆公主是真正的公主,她的身份尊严体现在不事生产而专事消费,而且是最尊贵的消费,越尊贵越有尊严。

那么,在劳动工作中忙碌的劳力阶级呢?他们好像专事生产而不大消费,他们省吃俭用,对消费很不讲究。他们不是真正的公主,而是忙碌不堪的劳力阶级,不要说豌豆上面有四十层垫被,就是直接睡在豌豆堆上面,也能睡得很沉很甜。忙碌不堪的劳力阶级的这种粗鄙的生活境况,在养尊处优的有闲阶级看来,是没有身份尊严的。

---

3 凡勃仑. 有闲阶级论[M]. 甘平, 译. 武汉:武汉大学出版社, 2014: 44.
4 同上:47, 49, 53.

有人疑问：一个人在社会上有没有身份尊严，为什么要以有闲阶级为标准呢？这是因为，关乎身份尊严的话语权被有闲阶级掌握着，正所谓"劳心者治人，劳力者治于人"。有闲阶级和劳碌阶级在业务上的这种明确区分，在社会文化发展到未开化时代的较高阶段时就形成了[5]，即使现代社会建立了新的社会意义，诸如人人生而平等、没有高低贵贱之分等，人们潜意识当中的高低贵贱却挥不去，就像尼采那强力意志的声音："决定价值，指导千年意志的人是最高级的人。"[6]

2

最早集中把闲暇与忙碌、劳心与劳力、贵族与大众的关系和教育哲学联结在一起的，是亚里士多德。的确，又是这位哲学家！罗素在《西方哲学史》中评价说，亚里士多德和他的老师柏拉图"是古代、中古和近代的一切哲学家中最有影响的人"[7]，罗素指的是西方哲学史，但这两位哲学家对今天中国人的思维方式影响也很大。

亚里士多德认为，闲暇阶级的身份必然高于劳碌阶级，也比劳碌阶级更有自由幸福的生活。理由如下：首先，亚里士多德把"沉思"作为合德性的幸福人生的最佳方式，他认为"幸福与沉思

5　凡勃仑. 有闲阶级论［M］. 甘平，译. 武汉：武汉大学出版社，2014：3.
6　尼采. 权力意志：重估一切价值的尝试［M］. 张念东，凌素心，译. 北京：商务印书馆，1993：113.
7　罗素. 西方哲学史［M］. 何兆武，李约瑟，译. 北京：商务印书馆，2015：131.

同在"，"幸福似乎还包含闲暇，因为我们忙碌是为着获得闲暇"[8]。其次，亚里士多德认为"从事农业和工艺者终身勤劳，无暇从政"，因此"最优良的城邦型式应当是不把工匠作为公民的"[9]。最后，亚里士多德相信"世上有些人天赋具有自由的本性，另一些人则自然地成为奴隶"[10]。

可见，亚里士多德把幸福、德性、闲暇、劳心、贵族、自由等元素在天赋上给了有闲阶级，因此有闲阶级理应获得高贵的自由教育，这是一种身份象征；反之亦然，自由教育被赋予了理智元素，需要劳心者为之，培养自由之民，是有闲暇的事业、德性的事业和幸福的事业。

时间进入20世纪，杜威站在新思想场域对亚里士多德提出批评。杜威认为，就民主思想而言，亚里士多德把人分作闲暇和劳碌两类，这种分类观是与民主平等思想相悖的；就知识逻辑而言，亚里士多德的思想基础来自"确定性和不变性"，来自"把必然性作为衡量高贵性和真实性程度的标准，同时把偶然性和变化作为衡量存在的缺乏程度的标准"，因而"亚里士多德把生产科学置于他的知识等级的底层，认为生产科学低于那些理论的知识和实践的知识"[11]，这种静态的知识二元论逻辑已经无法解释现代劳动的探究性特征。因此，杜威认为，亚里士多德思想在教育实践中造成的社会后果是，贵族成为教育的受益者，而从事生产谋生的大众则被排除

---

8 亚里士多德. 尼各马可伦理学 [M]. 廖申白，译注. 北京：商务印书馆，2003：339，335.
9 亚里士多德. 政治学 [M]. 吴寿彭，译. 北京：商务印书馆，1965：461，130.
10 同上：461，16，5.
11 希克曼. 杜威的实用主义技术 [M]. 韩连庆，译. 北京：北京大学出版社，2010：128-129.

在教育之外。

但是，杜威认为不能苛责亚里士多德，因为古希腊人缺乏实验科学，无法理解生产劳动的探究性本质，或者说，古希腊因为缺乏实验科学而使生产劳动的探究性无法显明，故而生产劳动在古希腊人看来只是卑贱的模仿。在这种历史局限性中，古希腊人只能把抽象的、静态的"理论"作为最高级的知识形式，也只能"把实际的技术生产当作低级的东西排除了"，而"探究"的意义也不会出现在古希腊人的逻辑当中。杜威在对人类技术史进行分析之后指出，古希腊思想家因为贬低工匠工作，不可能看到工匠的技术工作和技术人造物可以被转化，而仅仅把它们看作附属的甚至是对美德有害的东西；但是科学革命和工业革命之后，理论优于实践并且可以脱离实践的逻辑就站不住脚了，成功的理论一定具有生产性，理论和实践只是探究过程的不同阶段而已。

结论很明确：第一，古代社会坚信知识二元论逻辑，亚里士多德的自由教育属于有闲阶级，劳碌阶级在古代社会没有教育权利；第二，劳碌阶级在现代社会获得了教育权利，这就是属于劳碌阶级的职业教育；第三，职业教育有其民主思想做基础，也有其知识逻辑做基础，即劳动过程就是探究过程，具有教育价值；第四，现代人不能在闲暇与忙碌、劳心与劳力之间划界，职业教育和自由教育不是对立关系，两者都是有探究性和效用性特征的普通教育。

3

有学者从西方至东方，将杜威和孔子进行比较研究，提出儒家主张可以和实用主义相互借鉴。主要观点是：杜威批评亚里士多德将理论与实践截然分开，但是"赞同儒家传统中知识与行动之间的密切关系"，认为"儒家思想与杜威的实用主义一样，没有将思想与行动或理论与实践截然分开""两者都提供一种本质上是实践性的知识观，都认为知识的存在是为了追求和谐与和平的行动"[12]。进行这种比较研究，其目的可能是弥合古希腊自由教育和实用主义的裂痕，在"东方的寂静主义思想"与"西方式的勤勉"、"纯粹的行动"与"纯粹的休息"之间保持平衡，建立一种"贵族式的选择性的民主"（aristocratic and selective democracy），并实现"一种百科全书式的完满"[13]。

但是，这种研究只是把握了儒家"实践性知识观"的一个侧面，却没有把握儒家思想传统的多面性。儒家思想并不等于孔子思想，而且孔子像亚里士多德一样排斥工匠劳动教育，也不认为理论和实践同等重要。在孔子之后，经过了孟子、荀子、董仲舒、朱熹、王阳明等许多思想家的修饰加工，儒家内部观点并不一致。例如，朱熹坚持知识二元论逻辑，王阳明却是"知行合一"。准确地说，在实践性知识论方面，值得比较的是王杜而非孔杜，王阳明"知行合一"和杜威实用主义是相同的，两人都反对二元论[14]。但是，在教育目的上，王阳明和杜威并不相同。王阳明的教育目的是

---

[12] 瓦克斯. 杜威与孔子的对话：1919–2019 [J]. 许建美，译. 华东师范大学学报（教育科学版），2019，37（02）：45-52.

[13] 白璧德. 文学与美国的大学：为捍卫人文学科而作 [M]. 张沛，张源，译. 北京：商务印书馆，2022：7，77.

[14] 美国教育家孟禄访华时曾谈到王阳明和杜威。1921年10月18日，孟禄在南京与江苏督军齐燮元谈话，当说到陶行知以及知行合一思想时，孟禄说："中国王学甚好。蔽国杜威一派的学者，主张实验主义，很与王阳明'知行合一'之'知'相似。"（周洪宇，陈竞蓉，主编. 旧教育与新教育的差异：孟禄在华演讲录 [M]. 合肥：安徽教育出版社，2013：41）

培养圣人君子，杜威的教育目的是培养平民英雄。因此，王阳明主张君子哲学、精英教育，杜威主张实用哲学、平民教育。可见，王阳明的知识逻辑论超越了时代，教育目的论还没有超越时代[15]。

单就"知行合一"这一点而言，道家庄子甚至比王阳明还要深入。庄子不认为理论在高贵之处而实践在卑贱之地，甚至说，道不尊贵，屎尿也有[16]。但是，就教育目的而言，庄子也不培养平民英雄，他主张培养至人，比圣人还要高出两个等级[17]。

其实，与实用主义哲学更接近的是墨家思想。首先，墨子更主张"实践性的知识观"，并且是孔子知识观的激烈反对者，他把理论和实践紧密结合起来，自作"理实一体"的"双师型"教师。其次，墨子的教育目的和实用主义哲学一样，主张"兼爱"，收卑贱工匠做徒；主张"非攻"，培养平民英雄。也许墨子思想超越了时代，也许可以作为世界职业教育哲学的发端，可惜在当时就被儒

---

15 虽然王阳明没有扩大教育对象，也没有改变教育目的和教育制度，但是王阳明仿佛在漆黑深邃的山洞里擦亮了一根火柴，人们顺着火柴的亮光可以看到，所谓"劳力者治于人"原来竟是禁锢的锁链。在火光的照耀下，王阳明的学生们开始做"解锁"的努力。学生欧阳德、钱德洪等人创立工夫学派，突出实践，强调做事；学生王艮把老师的思想向日常生活融入，直接宣告"百姓日用即是道"，这是打破教育封闭，使其迈向生活的关键性一步；王艮的学生李贽更是擎起批判的大旗，大胆揭露旧式君子教育的坏处，把教育引向了务实求真的道路。到了17世纪的颜元、李塨之辈，贴近生活的行动研究法已为许多知识分子所接受。

16《庄子·知北游》。

17《庄子》中有"至人、神人、圣人"之说，异名同实抑或异名异实的问题，学界众说纷纭。唐成玄英疏曰："至言其体，神言其用，圣言其名。故就体语至，就用语神，就名语圣，其实一也。"他将至、圣、神视为一体的多面，没有层次差别。宋末罗勉道《南华真经循本》云："大而化之谓圣，圣而不可测之谓神，至者神之极，三等亦自有浅深。"认为"至人""神人""圣人"有浅深之别。引自：李宏达.《庄子》中"至人""圣人""神人""真人"关系再探[J]. 湖北经济学院学报（人文社会科学版），2016，13（07）：103-105.

家骂作"禽兽之道"和"邪说诬民"[18],很快便销声匿迹了。

4

综上所述,我们探讨职业教育的哲学基础,必须做好以下三个方面的研究:第一,历史逻辑研究,因为职业教育是历史发展到一定阶段的产物,没有技术进步,没有民主思想,就没有职业教育哲学的土壤;第二,知识论逻辑研究,因为职业教育反对知识二元论,承认实践知识及其探究性特征;第三,教育目的研究,因为职业教育是全民教育,培养平民英雄。就历史逻辑而言,职业教育哲学是民主时代的民生哲学;就知识论逻辑而言,职业教育哲学是生产劳动哲学;就教育目的而言,职业教育哲学是平民英雄哲学。

哲学不是一堆抽象的概念符号,而是"生命的学问",是活生生的历史本身;"哲学史反映的是每个时代的知识全体,是人类精神最玄妙处的生命的发展史;哲学家是民众新信仰的宣传者、时代的证人和生命理想的集大成者"[19],因此,职业教育的出现有其必然逻辑,职业教育的存在有其身份尊严,这是我们探讨职业教育哲学基础的意义。

---

18 《孟子·滕文公下》:"杨氏为我,是无君也。墨氏兼爱,是无父也。无父无君,是禽兽也。"
19 程潮. 历史哲学视野下的哲学历史:朱谦之的《历史哲学》对世界哲学发展历程的独特解读 [J]. 江苏师范大学学报(哲学社会科学版),2019,45(03):51-56.

5

至此，我们可以选择把实用主义哲学作为职业教育理论基础。

首先，实用主义哲学是民主时代的民生哲学。实用主义哲学认为，只有民主社会的沃土良田才可以"促使学生获得未来值得向往的各种经验"[20]。在中国的一次演讲中，杜威说："民主运动渐渐看重劳动者。商业发展，知道生计是社会的基础。合起这几方面来，养成一种新的见解：知道从前的观念错了，从前看不起的现在都应该抬高了，由此打通劳心劳力的阶级，可以研究职业教育——打通的社会中的职业教育。"[21] 杜威认为，技术进步推动了民生建设和民主发展，打破了学术、闲暇、自由、生产、忙碌、不自由等区隔，因此职业教育、民主教育、技术教育、民生教育是完全统一的，是"体力劳动、商业工作以及对社会所做的明确的服务"受重视的体现[22]。

第二，实用主义哲学是生产劳动哲学。杜威从他的机能主义心理学（反射弧理论）出发，论证知识生成原理。他指出，知识不是天上掉下来的，而是人类生产出来，因此不存在古典哲学所说的确定性和至高性；知识随着人类的生产劳动和技术进步不断发生变化，这就使知识具有问题性、探究性和建构性特征。从这一哲学基础出发，可以得出三个结论：（1）理实无高低、知行无先后、手脑不可分，二元论是错误的，二元论教育也是错误的，阻碍职业教育

---

20 杜威. 杜威全集: 晚期著作 1925—1953 第十三卷 1938—1939 [M]. 冯平, 刘冰, 胡志刚, 等译. 上海: 华东师范大学出版社, 2015: 10.
21 康桥, 主编. 杜威: 教育即生活 [M]. 上海: 上海辞书出版社, 2014: 105.
22 杜威. 民主主义与教育 [M]. 王承绪, 译. 北京: 人民教育出版社, 1990: 332.

的二元论不存在了，为职业教育奠定了存在论基础[23]。（2）技能是在生产劳动过程中"经过特殊探究行动的结果"，因此是技能也是"知识"，而掌握技能知识就需要进行技能教育。这一结论否认了亚里士多德关于劳碌阶级没有理性、不必教育的结论，为劳碌阶级接受技能教育建立了知识论逻辑。（3）技能知识和技术知识在生产劳动中变化和生长，是不断探究的过程，因此教育就是探究的行动，教、学、做应当是合一。这一结论为职业教育课程和教学指出了方向。

第三，实用主义哲学是平民英雄的哲学。在实用主义哲学看来，既然生产劳动具有探究性，也就说明生产劳动者具有思想性，在生产劳动中赢得生活意义的劳动者也就是"英雄"。实用主义哲学创始人詹姆斯（W. James）说："人们已不在刀光剑影的战斗和艰

---

[23] 杜威高举职业教育的大旗，是为了消除所谓"自由"和"职业"的二元鸿沟。杜威指出："教育上有种种对立，如劳动和闲暇的对立，理论和实践的对立，身体与精神的对立，心理状态与物质世界的对立，回顾一下这些对立背后的理智的臆断，就可以明白，它们最终表现为职业教育与文化修养的对立。按传统习惯，人们经常把自由教育和闲暇、纯属沉思的知识，以及不包括主动使用身体器官的精神活动等概念联在一起。"（杜威. 民主主义与教育[M]. 王承绪，译. 北京：人民教育出版社，1990：325）杜威拆毁了以劳动和闲暇、心灵和肉体的分离程度来判断教育价值的思想基础，也批判了传统"自由教育"为贵族服务的局限性。杜威在此所要证明的是，教育不是闲暇的专利，劳动、纯属动手实践的知识以及主动使用身体器官的物质活动不是"不自由的活动"，而是"自由的活动"，也属于教育的范畴。但是，在20世纪初，"自由教育"和"职业教育"的双轨制仍然存在，"商业利益集团坚决主张双轨制，而劳工组织主张将两种教育合二为一。杜威站在劳工组织一边，坚决反对双轨制"（孙有中. 美国精神的象征：杜威社会思想研究[M]. 上海：上海人民出版社，2002：44）。随着美国1917年职业教育法案的颁布，双轨制却最终为二元论立了法，这是令杜威非常失望的。即使今天，"尽管脑科学研究得到了发展，二元论还是根深蒂固地存留了下来。虽说这有点不可思议，却是事实"（松本修文，主编. 心灵之谜多面观：脑与心理的生物物理学[M]. 宋文杰、王钢、程康，等译. 上海：上海科学技术出版社，2007：38）。

难的跋涉中寻找英雄主义,而是在每一条马路上、每一座桥梁上和每一座防火建筑物中寻找英雄主义;而这种寻求一直延续到今天。"[24]这是表明,"实用主义者是行动的人"[25],只要去工作、去劳动、去探索、去行动,就会有生活的意义。

总之,实用主义哲学为职业教育的出场和存在提供了合乎理性的解释。上面三点是我们的分析,其实杜威自己也有总结,他概括为五点:一是在民主社会中,体力劳动和一切生产实践活动受到尊重;二是工业性的职业使学校教育必须重视工业生产和就业问题;三是工业生产需要技能知识;四是知识追求变得更有实验性;五是操作、探究具有根本的重要性。[26]

6

接下来,我们需要论证的是,实用主义哲学有没有把职业教育作为一种生命现象看待。之所以论证这一问题,是因为职业教育培养人,如果不以"人本"为逻辑起点,忽视人是有"思想"的生命,那么由实用主义哲学赋予职业教育的理论基础就是虚假的。

那么,作为实用主义哲学的职业教育是基于人本逻辑的吗?答案是肯定的。

其一,职业教育是关乎技术的教育,培养有思想的技能人才,杜威认为这个判断并非出于特别目的,而是"人的问题"的本质体

---

[24] 詹姆斯. 詹姆斯集:为实用主义辩护[M]. 万俊人,等编选. 上海:上海远东出版社, 2004: 215-216.
[25] 涂尔干. 实用主义与社会学[M]. 渠东,译. 上海:上海人民出版社, 2005: 7.
[26] 杜威. 杜威全集:中期著作第九卷[M]. 俞吾金,孔慧,译. 上海:华东师范大学出版社, 2012: 250.

现。杜威把技术看作人类生命"逃避危险"和"寻求确定性"的根本方式，认为技术价值在于"把人类努力从其所负的最沉重的负担中解救出来"[27]。

其二，实用主义哲学将技术作为"生命本有力量"，从生存论范畴[28]把职业教育的意义树立起来，使职业教育始终在人的生命和生活中"行动（doing）"和"体验（experience）"。

其三，人有社会性，实用主义哲学强调社会性对于技术探究的意义[29]，而社会性特征往往使技术与社会文化之间出现价值冲突，因此职业教育的"技术文化"必不可少[30]。

其四，人的生命是完整而非狭隘的，是兴趣而非强制的，是生机而非僵化的，实用主义从人本逻辑出发，把劳动者尊严和职业幸福感作为职业教育的终极关怀，赋予生产劳动作为美好生活的意义。在杜威看来，如果职业教育毕业生"所选的职业与本人的能力嗜好不相近：个人方面，因为不能尽其天才，只感痛苦，没有乐

---

27 杜威. 哲学的改造［M］. 张颖，译. 西安：陕西人民出版社，2004：58.
28 夏保华. 杜威关于技术的思想［J］. 自然辩证法研究，2009，25（05）：42-48.
29 维果茨基引领的社会建构主义将"社会性"对于技术探究的意义更进一步，认为现实就是主观体验，是通过社会互动创建起来的。它不认为多个自我关系汇聚到了一起，而是在关系互动中出现了多个自我。但是，主观体验是怎样的状态——解释大脑的物理过程如何引发主观体验，这是真正的难题。比如，对一杯咖啡，劳力工匠和劳心学者的主观体验一样吗？如果不一样，为什么不一样？大脑的物理过程有什么区别吗？社会建构主义相信，咖啡味道是文化互动（培养）的结果。
30 杜威强调"技术人文化"可以说是对白璧德新人文主义教育的积极回应。杜威并非忽视人文教育，而是反对回到古典人文教育的贵族传统中去，他强调把人文教育置于知识探究与民主教育当中。因此，杜威不仅与白璧德所代表的复古式博雅教育进行辩论，而且与斯奈登和普洛瑟的训练主义教育进行辩论，他反对独立建制意义上的职业教育及其职业课程。

趣；社会方面，本可以受它利益的，也因此反受其害了"[31]，天底下最可悲的事情莫过于此。

其五，从人本逻辑出发，杜威区分了"教育"和"训练"的不同，他认为训练可以用于动物而不可用于人，教育是对行为意义的理解，训练是纯粹的条件反射，接受训练者对于训练本身的意义并不感兴趣。杜威指出："除非他明白他所做的事情，并为这件事的意义去行动，否则就不能说培养或教育过他。"[32]因此，把职业教育作为一种生命现象的实用主义职业教育哲学是教育性的，不是训练性的。

其六，生命的特征是生长生态——实用主义哲学把职业教育作为生命现象，提出"教育即生长"。杜威说："只要生长在继续，能力和能力倾向的发展就是一个经常性的过程。"[33]而且，教育还必须提供可供良好生长的生态环境，以便使学生处于蛰伏或休眠状态的天赋才能被唤醒。所谓提供生态环境，就是设置教学情境，"对处于特定情境之中的实在之物进行研究"[34]。

7

实用主义哲学给作为生命现象的职业教育提供了一种话语体系，是不是生命主义职业教育话语体系呢？生命主义话语体系很多，比如庄子的生命哲学话语："一雀适羿，羿必得之，威也。以

---

31 康桥，主编.杜威：教育即生活［M］.上海：上海辞书出版社，2014：94.
32 杜威.民主主义与教育［M］.王承绪，译.北京：人民教育出版社，1990：3.
33 同上：330.
34 涂纪亮.从古典实用主义到新实用主义：实用主义基本观念的演变［M］.北京：人民出版社，2006：51.

天下为之笼，则雀无所逃。"[35]意思是，符合志趣就是幸福，启示职业教育把职业幸福感作为终极关怀，似乎与杜威所表达的职业幸福感思想一样，但是前文已述，庄子话语并不指向职业教育。再比如马克思、伯格森、尼采都分别有其生命主义话语体系，但都不是生命主义职业教育话语体系。

如果从瑞士教育家裴斯泰洛齐创办第一所职业教育学校算起，作为一种生命现象的职业教育诞生已有两百多年，但是至今仍然没有与传统的自由教育达成和解，或者说，现代职业教育和传统自由教育没有像实用主义哲学所期望的那样，融合成为实用主义职业教育。在很大程度上，坚守传统自由教育理念的人仍然不承认职业教育的"生命"价值。尽管传统意义上那种自由教育理念已经被现代技术社会的"职业化"侵蚀，但是传统自由教育仍然坚持认为自己具有优势地位。美国新人文主义领军人物白璧德（Irving Babbitt）对实用主义职业教育哲学提出了系统而尖锐的批评，也许是出于根深蒂固的自由教育思维，白璧德认为所有的职业教育话语体系都基于物本逻辑，他反对职业教育和专业课程，强调精英教育和古典课程的重要性，认为文明的希望不在大众而在精英身上[36]。

20世纪初，建立在实用主义哲学基础上的职业教育话语体系一出场，就遭到保守主义者和激进主义者的前后围攻。白璧德是保守主义者代表，耶拿大学校长波特和芝加哥大学校长赫钦斯也是重要的保守主义者。波特"拥护设立混合课程，学习拉丁文、希腊文

35《庄子·庚桑楚》。
36 白璧德. 民主与领袖[M]. 张源，张沛，译. 北京：北京大学出版社，2011：19.

和数学",他相信如果抛弃这些惯例,"人民的文化就将从根本上发生改变,以致将威胁到这个国家"[37]。赫钦斯等人则掀起了一场声势浩大的"名著阅读运动",并很快席卷全美。与保守主义相反,激进主义者则认为杜威实用主义职业教育含糊不清,根本够不上大众化和职业化,难以有效提升社会效率。激进主义者是工业效率运动的急先锋,也可称为效率主义者。教育效率主义行政官员斯奈登认为"职业教育是一种追求就业的教育",应建立独立的职业学校体系并加强就业技能训练[38];效率主义职业教育法案起草人普洛瑟强调说,只有职业学校独立建制,才能避免其地位被自由教育元素弱化[39];效率主义教育管理研究专家克伯雷则认为,职业学校在某种程度上就是把学生加工成合格产品的工厂[40]。

对于来自保守主义和激进主义(效率主义)的双重攻击,杜威分别做了抗争和回击。他批评保守主义者"表达了一种狭隘的传统",批评效率主义者关心的只是"为了他们将来的雇工进行训练而建立起来的独立学校"[41]。杜威也尖锐地指出,保守主义和效率主义都放弃了教育民主,并且从不同方向走进了早已腐朽的二元论,其本质是"把学校看成将旧有的劳动与闲暇、文化与服务、心灵与

---

37 佛罗斯特. 西方教育的历史和哲学基础[M]. 吴元训,张俊洪,宋富钢,等译. 北京:华夏出版社,1987:490.
38 BRAUNDY M. Dewey's technological literacy: past, present, and future[J]. Journal of industrial teachers education, Vol. 41, No. 2, Summer 2004.
39 ROBERTA S. An analysis of prosser' conception of secondary education in the United States[M]. Chicago: University of Chicago, 1991:14.
40 转引自:卡拉汉. 教育与效率崇拜:公立学校管理的社会影响因素研究[M]. 马焕灵,译. 北京:教育科学出版社,2011:142.
41 杜威. 杜威全集:中期著作第七卷[M]. 刘娟,译. 上海:华东师范大学出版社,2012:77.

肉体、受管理阶级与管理阶级的划分移植到名义上的民主社会中去的一个机构"[42]。同时，杜威对实用主义职业教育哲学又做了进一步解释，强调它不是抛弃传统价值，也不是忽视人文精神，而是在"寻找新的解答意愿"，"鼓励更多地依赖理智和民主"[43]。

8

19世纪末和20世纪初是技术工业爆发的时代，也是哲学思想断裂和话语转向的时代，出现保守主义、效率主义以及别的什么主义和思想并不奇怪。如果说保守主义是古典人文主义哲学在新时代的回声，那么效率主义只能说是表达新经济需要的社会思潮，还够不上一种哲学体系。但是，"实用主义是由三位美国哲学家开创的一个哲学传统；他们是查尔斯·桑德斯·皮尔斯、威廉·詹姆士和约翰·杜威"[44]。实用主义实现了哲学话语体系的转向，从纯粹的形而上学和认识论转到了民主政治生活的需要。比如，"杜威的主要兴趣是文化、教育和政治改革而不是纯粹哲学的问题"[45]，杜威是哲学思想断裂和话语转向时代的职业教育话语体系的建构者，这种话语体系随着资本主义经济全球化而产生了更为深远的影响。

---

42 杜威. 杜威全集：中期著作第九卷［M］. 俞吾金，孔慧，译. 上海：华东师范大学出版社，2012：253.

43 奥兹门，克莱威尔. 教育的哲学基础［M］. 石中英，邓敏娜，等译. 北京：中国轻工业出版社，2006：143.

44 罗蒂. 实用主义：过去与现在［J］. 张金言，译. 国外社会科学，2000（04）：18-24.

45 同上。

保守主义和效率主义都有其时代合理性，但是两者都过于偏颇。真正伟大的思想家是从所处时代出发而指向未来的，杜威关于职业教育的话语体系直接转向于对亚里士多德二元论的批判，具有时代超越性。但是，实用主义者一向认真信奉达尔文学说，"充满了一种典型19世纪的信念"[46]，所依据的机能主义心理学将人的心理视作个体适应环境的活动过程，既带来了探究和效用的方法论（"有用即真理"），也带来了生物主义、个体主义和行为主义隐患。

因此，我们不能简单地以实用主义哲学把职业教育看作生命现象，得出实用主义职业教育话语体系等同于生命主义职业教育话语体系的结论。从实用主义职业教育话语体系到生命主义职业教育话语体系，用杜威自己的话说，还在探究之路上"寻找新的解答意愿"。对此，我们观察和分析以下三点。

第一，实用主义哲学发现了"由操作程序的特征所决定"[47]具有"智慧性"内在规定的技术，即斯蒂格勒所谓"技术在思考"[48]，但所有技术思考都是人赋予的，因此职业教育要培养"会思考的手"和"能动手的脑"，这就是人们常说的"手脑并举"的丰富内涵。杜威也指出，职业教育不能培养只懂操作的机器，而是要"找出一个人适宜做的事业并且获得实行的机会"[49]。然而，"心"的

---

[46] 罗蒂. 实用主义：过去与现在[J]. 张金言, 译. 国外社会科学, 2000（04）: 18-24.

[47] 杜威. 人的问题[M]. 傅统先, 邱椿, 译. 南京：江苏教育出版社, 2006: 357.

[48] 斯蒂格勒. 技术与时间2：迷失方向[M]. 赵和平, 印螺, 译. 南京：译林出版社, 1999: 38.

[49] 杜威. 民主主义与教育[M]. 王承绪, 译. 北京：人民教育出版社, 1990: 327.

存在被忽视了。当技术进入数字时代之后,"手脑并举"已经不够——因为"技术在思考",只有"手脑心"构成为"合一"的生命状态,才能战胜人工智能技术——因为机器只有"机芯"而无"人心"。

第二,实用主义哲学从古希腊"知识即美德"哲学中摆脱出来,认为美德只有在实践中才能显明,杜威说:"道德的善和目标只有在做事的时候才存在。"[50]这是实用主义"以行动为导向"、与环境相互作用的职业教育话语,它与职业教育培养"平民英雄"(在平凡岗位上做出不凡业绩)的教育目的说是一致的。但是,人的生命有其内在力量,生命主义职业教育话语不只是"向外求",也需要"向内求",求得"良知良能"。职业教育的这种"向内求"话语倒是与中国文化中的"致良知""从心所欲""得心应手"等话语统一起来了。

第三,机能主义心理学是实用主义哲学的科学基础,重点研究个体在适应环境过程中的机能,衍生出行为主义心理学和认知主义心理学。行为主义心理学把"刺激-反应"(S-R)作为人类行为的全部奥秘,否定人的自由意志和情感尊严,陷入"自由意志-决定论困境"[51]。随着计算机科学、神经科学、语言学、人类学等学科的发展,认知主义心理学克服行为主义心理学缺陷,把人的认知过程看作接受、储存、加工和运用信息的系统[52]。事实上,在一个世纪以来的职业教育实践中,行为主义和认知主义都为占据统

---

50 杜威. 哲学的改造[M]. 张颖,译. 西安:陕西人民出版社,2004:96.
51 舒跃育. 行为主义心理学的"自由意志-决定论困境"[J]. 华中师范大学学报(人文社会科学版),2022,61(02):181-188.
52 谢金. 美国机能主义心理学思想的兴盛[J]. 淮南师范学院学报,2021,23(02):98-105.

治地位的效率主义职业教育话语体系提供了心理学基础。由此我们看到，效率主义职业教育的偏颇，可以溯本求源至实用主义哲学所依据的机能主义心理学。由此也可以解释：为什么杜威教育哲学在教育实践中始终影响很大，而效率主义职业教育话语体系却占据统治地位？因为实用主义哲学的心理学缺陷被效率主义职业教育利用了。

9

作为一种生命现象的职业教育哲学基础是实用主义哲学，这个判断是我们探究生命主义职业教育的起点。由此出发，我们追求作为一种生命现象的职业教育需要的理想社会生态：劳动与经济、人与工作的认识型旧秩序被打破了，职业教育逻辑从物本转向人本，职业教育功能从就业谋生转向美好人生；人们看待职业教育的眼光将不再由低学术成就、低教育抱负、低社会经济地位决定[53]。那么，"技能型社会"可否实现这种理想的社会生态呢？

一百年前，实用主义哲学家詹姆斯提供了追求真理的路径：给工作赋予意义，坚守生命价值，努力工作，用行动去创造和完成自我革命。在这条路径上，实用主义强调效用而非权威，强调实践而非理念，强调科学而非人文，强调专业而非博雅。但是，我们需要特别关注：在"技能型社会"的理想话语建构机制中，劳动者能否获得"适从其业、乐从其性"的"人的解放"？历史地看，实用

---

[53] LEWIS T. School reform in America: can Dewey's ideas save high school vocational education [M] //CHRISTOPHER, CLARKE L. Vocational education: international approaches, developments and system. London: Routledge Press, 2007: 85.

主义哲学像其他新生科学一样，不可避免地建立在启蒙主义成果之上，而实用主义职业教育话语也必然带有启蒙主义职业教育话语特征，但是对裴斯泰洛齐职业教育的"审美"二字有所忽视。因此，在多样化、非平衡、非线性、非确定的数字时代，实用主义职业教育话语体系必须转向。

今天，人类的制造文明已经让位给数字文明。一眼望去，整个社会都是数字的狂欢，无论什么职业，都主动或被动地涌进狂欢的队伍，网络流量和网民点评如同海啸一样倾轧过来，真善美、假恶丑以及历史和传统都被击得粉碎。也许是"产销一体"的经济形态为张扬个性提供了广阔的舞台，在舞台中央孤芳自闻香的人越来越多，人对财富、权力和声望的追逐与"存在意义"相伴而行，难以消除。所有人试图竭力证明，他是最具有存在意义的那一位；所有职业都在竭力昭示，它是处理人与世界关系的最好方式。没有相同的人，也没有相同的职业，变动不羁的文化意义在人与职业之间穿梭往复，不断构建新异的排列组合。显然，当教育与职业"一起摇摆"，纷纷扬扬的教育碎片弥漫天空、模糊一片的时候，当人类思想与技术的互动在数字文明时代出现从未有过的非确定性的"经验知识"的时候，如果职业教育话语体系还是老旧的岗位技能训练那一套，肯定是要被淘汰的。

有些人根本不愿意正视职业教育的生命现象和价值，职业教育话语在他们那里从来都是本质的影儿，或如同随风舞蹈的杨柳。也许，未来职业教育将以消费的方式和喜欢的姿态站立市场中央，成为职场提升的万花筒——多元，多样，多姿多彩，但是在有些人看来，升腾的花朵很可能紧紧围绕财富、权力和声望而弹冠相庆。也许，有人会有这样的忧虑：尽管"职业教育能够而且有潜力发挥个人和社会的解放作用"[54]，尽管职业教育可以拯救生命并且创造美好生活，但是在形形色色的不平等面前，职业教育表现出来的可能不只是什么令人失望的有心无力，而且会坠入一种关于身份认同的浮躁与焦虑。

"大道甚夷，而人好径"，生命主义职业教育之路一定不会顺利。我们找到职业教育的实用主义哲学基础，意在夯实作为一种生命现象的职业教育的广阔外延，包括创新职业教育理论、扩大职业教育对象、开放职业教育大门。由此出发，使职业教育的"生命"在技术递归和迭代过程中不断生长，在劳动者的"再技能化"过程中不断生长，在"就业"和"离职"相隔时间越来越短的职业生态中不断生长，在技能知识呈现"心智迁移和劳动创造的兴趣"的思想中不断生长，在提供"包容和公平的优质教育，促进所有人的终身学习机会"[55]中不断生长，最终实现马克思所说的"把人的世界和人的关系还给人自己"[56]。

---

54 BILLETT S. Vocational education: purposes, traditions and prospects [M]. Springer Dordrecht Heidelberg. 2011: Preface.
55 International Commission on the Futures of Education. 一起重新构想我们的未来：为教育打造新的社会契约，执行摘要 [EB/OL].（2022-06-24）. https://unesdoc.unesco.org/ark:/48223/pf0000379381_chi.
56 马克思. 论犹太人问题 [M] // 马克思，恩格斯. 马克思恩格斯全集1. 北京：人民出版社，1956：442.

第六章 职业学校教育的话语涂层和身份焦虑

1

人类为什么要实施职业学校教育？这个问题想寻求的是：为什么职业学校教育不是一时一地之个别现象，而是人类文明发展到一定阶段之后，全世界各个国家的普遍做法？在创办中华职业教育社及开办职业学校之前，黄炎培先生对这个问题的回答是：尽管"事实上的"职业教育古已有之，但是作为学校载体的职业教育却是近现代以来的事情，它的出现改变了旧的学校教育脱离生活的虚妄之状。黄炎培指出，中国社会迫切需要"生活教育"，而职业学校教育"与实际的生活相接近"，所以中国实施职业学校教育是当务之急。

在黄炎培看来，学校教育脱离生活并非中国社会问题，而是世界各国普遍问题；职业学校教育并非中国社会需要，而是人类社会普遍需要。但是，实施贴近生活的职业学校教育，欧美诸发达国走在了世界各国前列。黄炎培认为这个源头"自裴斯泰洛齐氏出"。

裴斯泰洛齐为什么要实施职业学校教育呢？1826年，是裴斯泰洛齐逝世前一年，他发表著作《天鹅之歌》来总结自己的教育理想与实践。在书中，他提出了"教育意味着完整的人的发展""智力发展的教育与大自然相对应""我们的力量的均衡与和谐""生活教育""语言教学与生活的联系""实践技巧的智力生活""感官经验与高级劳动和自然界历史的关系""必须培养完整的人性"等重要命题,也陈述了他基于生活教育使"要素"方法"成为与流行的教育弊端进行搏斗的最有效的方法"。关于生活教育,裴斯泰洛齐强调指出:"不要忘记基本的原则,即生活是伟大的教育者。"[1]

追本溯源,教育和生活原本是一回事,生活也是教育,教育就是生活,生活教育应当是人之存在的基本特性,然而在学校出现之后,教育却脱离了生活,也丧失了人类存在的基本特征。为什么会出现这种现象呢?这是人类寻求更为复杂的认可的欲望使然。"寻求认可"是灵长目的共有特性,例如黑猩猩群体在寻求认可中建立等级制度和提供繁衍优势,但是人类寻求认可的行为更为复杂,比如形形色色圈子(粉丝圈、学术圈、行会、学会、协会、论坛等),都是人类寻求认可的表现形式。政治学家福山指出,"自从人类把自己组织起来,进入社会等级制度后",以牺牲他人尊严为代价的寻求认可的斗争就持续不断,这就是所谓"身份政治"[2]。

学校教育是身份政治的一部分。我们在本篇第一章曾经分析过,学校教育在根源上是以脱离生活、脱离劳动和脱离底层来显明其尊贵身份的,特别是只有很少人才能掌握的文字进入学校,更显其身份尊贵。例如,西周有中央国学辟雍和泮宫,还有地方官学(乡学),辟雍居中为最尊。因此,人类提倡生活教育和建立职业学校只是表象,深层意义在于打破身份政治,把学校教育从少数人的

---

[1] 裴斯泰洛齐. 裴斯泰洛齐教育论著选[M]. 夏之莲,等译. 北京:人民教育出版社,1992:446.
[2] 福山. 政治秩序的起源:从前人类时代到法国大革命[M]. 毛俊杰,译. 桂林:广西师范大学出版社,2012:41.

"尊贵权利"中解放出来，使学校教育成为大众教育、民众教育、国民教育、义务教育，成为大自然赋予所有人的共享权利。

18世纪，瑞士社会的身份政治仍然非常严重，没有公民身份的人只有纳税的义务，而没有任何权利。裴斯泰洛齐认为，举办职业学校是进行权利启蒙和打破身份政治的正义事业，他写道："我深感民众教育犹如无底的沼泽横在眼前，我在其泥潭中来回蹚涉，历尽艰辛，才弄清其污水的源头所在、受阻塞的原因和可以疏导的可能性。……啊！时间真长啊！从青年时代起，我的心就像一股湍急的溪流孤单而又寂寞，朝着我的唯一目标滚滚流动，我看到周围的人们陷入泥沼，就立志要堵塞那悲惨之源。"[3] 然而，打破身份政治何其艰难。裴斯泰洛齐自始至终都感觉自己是个失败者，但他从来不放弃，始终勇往直前。他写道："我的失败是彻底的。与命运的抗争只能是以潜在的弱点来对付日渐强大的劲敌。与灾难抗衡是不会有结果的。然而，我在这种无数的抗争中却认识到无穷的真理，获得了无穷的经验。在别人看来，我的主张与努力已经彻底地毁灭了；而我对我的主张与努力的原则的真理性比以往更加坚信不疑。我的心朝着我的目标毫不动摇地一往直前。……然而有人却反对我，轻蔑地嘲笑我，恶意地奚落我——'你这个可怜虫，你比水平最低的劳动者更难以维持自己，竟幻想帮助民众？'从他们的口中我体会到嘲笑和奚落。就在这嘲笑与奚落之中，虽然我感到孤独与寂寞，但为实现自己一生的目标的、为根绝使周围的人陷于悲惨境地的根源而奋斗的那颗充满强烈感情的心并没有因此而受挫。"[4]

---

3 裴斯泰洛齐. 裴斯泰洛齐教育论著选[M]. 夏之莲，等译. 北京：人民教育出版社，1992：12.
4 同上：13-14.

尽管始终有挫败感和屈辱感，但是裴斯泰洛齐愈挫愈勇！人类进步需要裴斯泰洛齐这样的勇者！当然，没有白受的苦，也没有白费的力，事实上许多人接过了裴斯泰洛齐点燃的火炬，继续高举向前，否则今天全世界的学前教育、小学教育、师范教育和职业教育不会如此绚烂多姿，今天世界各国的公民义务教育体系不会如此深入人心。当裴斯泰洛齐的教育火炬传到20世纪美国的时候，教育哲学家约翰·杜威将其接了过来，他不仅用实用主义哲学思想去抗争"二元"分裂和装腔作势，而且用民主主义教育实验把"生活教育"的火炬高高举起。毫不意外，他的反对者也都蜂拥而至，既有右倾的保守主义，又有"左"倾的激进主义。当裴斯泰洛齐的教育火炬传到20世纪中国的时候，黄炎培、陶行知、晏阳初等人都是接力的火炬手，他们面对的不仅是中国教育体制的重大改革，而且是科学新文化对儒家旧文化的巨大挑战。"职业教育初起之时，四周确是一片老爷太太少爷小姐们的讥言冷语，讽之为'作孽教育''讨饭教育'者不一而足。"[5]

在21世纪的今天，自裴斯泰洛齐而来的职业教育的"初心"还在吗？自裴斯泰洛齐而生的生活教育的"火炬"熄了吗？答案是"初心"还在，"火炬"未熄，许多人正在努力或者试图努力地继续往前，但是更多人像海边抓乌龟入海的孩子那样好心办坏事，他们自以为是地在职业学校教育身上涂脂抹粉，企图通过装扮职业学校的教育话语来迷惑别人，结果适得其反，由此却加剧了功名竞技场上的身份焦虑情绪。这种自作聪明的涂脂抹粉现象，我们可以用一

---

[5] 许纪霖. 无穷的困惑：黄炎培、张君劢与现代中国[M]. 北京：生活·读书·新知三联书店，2018：60.

个工业生产概念——"涂层"（coating）进行解释。

2

在工业生产概念中，"涂层"是用物理、化学或其他方法在金属或非金属表面涂覆一层连续膜，经过特殊处理后用来保护产品避免生锈以及避免被尖硬物划伤。当"涂层"这个工业生产概念被陈忠教授创造性地借用于哲学问题研究以来，在学术界不胫而走，"渐次变成一种原创的、带有浓郁中国风格的学术概念和学术思想"[6]。在陈忠看来，"涂层有其效用和价值，会遮掩问题、提升形象、满足人的某种实用和心理需要，甚至在某种程度上为人们制造了一种完善、仿真的幻象"[7]。沈湘平教授则将"涂层"作为一个现代性的普遍概念进行了更为深入的阐发。沈教授认为，涂层问题在本质上是一个价值问题，因此可称为"价值涂层"，例如"政治正确就是一种典型的价值涂层"；价值涂层成为可能的重要前提是"涂层者和观看者一定共用了某种价值理念，或者说存在着观念上的某种共识"[8]，即价值涂层在现代社会成为涂层者和观看者的一种合谋，这种合谋为了自保和悦人，但是危险在于掩盖真相，以至于反噬和自伤，最终导致信任丧失[9]。

当代社会，学校教育的价值涂层使工业化教育的层级性、修

---

6 任平. 论涂层概念与原创学术的中国道路［J］. 江海学刊，2020（05）：29–35.
7 陈忠. 涂层正义论：关于正义真实性的行为哲学研究［J］. 探索与争鸣，2019（02）：36–46，141–142.
8 沈湘平. 价值涂层、政治正确与自我规训［J］. 广州大学学报（社会科学版），2019（06）：84–89.
9 沈湘平. 涂层与本体性安全［J］. 江海学刊，2020（05）：36–41.

饰性、功利性、工具性、通胀性等越发严重[10]，大量学校被权力中心主义和物质功利主义话语涂层装饰得富丽堂皇。尽管学校教育在涂层装饰中早已掩盖真相、远离生活和失去生命，却因着形形色色的教育概念话语和大大小小的教育竞赛话语而显得志得意满。由于学校教育具有"以合法强加的权利形式实施符号暴力的权力"[11]，因此学校教育真相如何并不重要，美丽的教育涂层才重要，教育者和受教育者既是涂层者，也是观赏者。

在职业学校教育中，标准、训练、规格、人力、适配、好用、技能、就业、一线、操作、谋生等概念组成一套话语体系，层层叠叠地涂抹在职业学校教育过程中。这套话语体系的理论基础有泰罗科学管理理论、行为主义心理学和人力资本理论，思维模式是岗位技能训练、订单制培养、活页式教材、高规格打造，教育需求来自市场整体而非生命个体，研究范式是技术-工具主义。在话语涂层中，如果其他话语阻碍"效率"这个最重要目标的实现，其他话语就会被拒绝。

工业效率主义在职业学校出现如此强势的话语涂层，一定有其历史合理性。20世纪以来，当人类技术越来越强、机器速度越来越快的时候，"迫不得已"做出效率主义选择。最早的选择者和成功者是福特汽车创始人亨利·福特，他发明了提高十倍工效的标准化流水线工作法，也贡献了许多效率主义话语，美国

---

[10] 金生鈜. 教育涂层的象征机制及社会效应［J］. 高等教育研究，2022（02）：23-30.
[11] 布尔迪厄，帕斯隆. 再生产：一种教育系统理论的要点［M］. 邢克超，译. 北京：商务印书馆，2021：21.

人称其为"福特大帝"[12]。毫无疑问，企业效率主义率先在职业学校进行了强势涂层，这种涂层迎合了各国工业经济高速发展的迫切需要，促进了国家战略对职业教育的高度重视和大力投入，职业教育在世界各国都得到了快速发展和壮大。我国改革开放以来经济快速发展受益于人力资本红利，可以作为效率主义职业教育话语涂层强势存在的典型案例。一是，与经济发展同步，我国构建了世界上规模最大的职业教育体系，规模扩张和质量提升都对经济增长产生了推动作用，东部地区职业教育影响作用最大，西部次之[13]；二是，经济增长贡献度的研究显示，"接受高等职业教育的毕业生占比每提升1%，该省份的人均国内生产总值提升0.009元"[14]；三是，"职业教育对我国乡村振兴的贡献率整体高达16.19%，有力地证明了我国职业教育在乡村振兴的过程中发挥着重要性作用"[15]；四是，"教育对共同富裕总体贡献卓著，而职业教育在其中起到了关键作用"[16]。

---

[12] 1931年，英国作家奥尔德斯·赫胥黎在他创作的反乌托邦科幻小说中，把福特尊奉为600年后"美丽新世界"的图腾，把1908年9月27日——第一辆成品T型车诞生的日子，确定为新世界的"福特纪元"元年，甚至让笔下新世界主人们呼喊"吾主福特"，可见赫胥黎写作时的"福特"是怎样一个存在，人们是怎样将他奉若神明。

[13] 王伟，孙芳城. 职业教育规模和质量：哪个对经济增长影响更大[J]. 教育与经济，2017（06）：68-75.

[14] 何佑石，祁占勇. 我国高等职业教育对经济增长贡献程度的研究：基于2008—2017年省际面板数据的实证分析[J]. 西南民族大学学报（人文社会科学版），2023，44（02）：213-221.

[15] 朱德全，杨磊. 职业教育服务乡村振兴的贡献测度：基于柯布-道格拉斯生产函数的测算分析[J]. 教育研究，2021，42（06）：112-115.

[16] 王奕俊，邱伟杰，陈群芳. 职业教育对于共同富裕贡献度测度分析与提升策略[J]. 教育发展研究，2023，43（03）：75-84.

3

然而,效率主义在学校教育中的强势涂层加剧了社会身份焦虑。

何为"身份焦虑"?身份焦虑是在身份未定之前因不确定的预期而产生的心理情绪,包括两个要素,一是有预期,二是不确定。在确定的贵族政治和等级社会中,人们的身份欲望被诸如"君权神授""君君臣臣父父子子"的礼制和恐惧压抑着,不会有获取身份的想象上的焦虑,但是不可避免地存在着关乎身份的恐惧心理,这种恐惧成为人们潜藏在基因深处的"出身论"。在经济快速发展的工业社会中,不确定性增强,所有人在理论上都有可能通过教育机会获取某种身份,人们有了更多更广的心理预期,而且实现预期的可能性或不确定性更大,因此身份焦虑凸显出来——社会身份焦虑和社会效率(不确定性)呈相关关系,是一种现代情绪[17]。

为什么说效率主义在学校教育中的强势涂层加剧了社会身份焦虑?因为现代社会主要由学校教育进行身份分配,不同的学校教育从一开始就把人安置在不同层次。效率主义话语涂层的基本色彩是产品化、规模化、标准化和高效化,当人们看到这种色彩的时候就会产生焦虑情绪。即使涂层者否认不同颜色有区别,也没有使观看者对浅色放松警惕。人们发现,学校教育的色彩涂层越来越浓厚,职业学校的类型话语越来越发达,走上就业岗位的学历门槛越来越高,不同学校的教育涂层及其话语诠释直接影响关乎身份的就

---

[17] 刘森林. 焦虑的启蒙:以《启蒙辩证法》为核心的启蒙反思[M]. 北京:北京师范大学出版社,2021:38.

业效率。即使一个博士生毕业生去应聘，招聘者也要看看他是否出自名牌高校；即使是名牌高校毕业生，也要看看他的本科是从哪个学校毕业的，有的甚至要看高中从哪个学校毕业的。据说，不同的教育出身，说明受教育者聪明程度不同。不仅如此，当人们称赞某人在某职业领域取得成就的时候，也免不了要说某人是"名门之后"云云。显而易见，如果一个人出身于职业中学、职业技术学院、职业技术大学，即使他拥有博士学位，在就业的时候和学术性名牌大学比起来也很可能是处于劣势的——也许事实并非如此，但是身份焦虑不易散去。

可见，影响身份焦虑的深层机理是社会身份政治认同，"人天生渴望被承认，现代的身份感迅速演变为身份政治，个体借此要求他们的价值得到公开承认"[18]。身份政治认同表现为两种：一是在社会中的生存标识，表明"我是谁"；二是在社会中的地位标识，表明"我怎样"。一般来讲，每个人对于生活的意义表达都是通过身份认同来确立的，比如性别认同、国别认同、职业认同、学历认同、圈子认同等。因此，每个人都将身份政治看得很重。在社会生活中，身份就像不会缺席的隐形怪兽一样，总是适时、悄然又必然地来到人们面前。人们的日常用语中到处潜藏有身份政治表达，诸如职员、雇员、临聘、长聘、劳务派遣、农民工、打工仔、打工妹、学区房、双轨制、保安、保姆、双师型、学历、学位、品牌等。

在很大程度上，身份政治认同体现为成就感和尊严感，心理

---

18 福山. 身份政治：对尊严与认同的渴求［M］. 刘芳，译. 北京：中译出版社，2021：15.

学家马斯洛早就对此有深入研究。比如，一个人在学校做清洁工，他可能不会说自己是清洁工，而是说自己在学校上班。可见，职业的成就感和尊严感往往比职业薪酬更重要。这个问题不解决，身份焦虑问题就不能得到根本解决。写到这里，笔者想特别指出，很多人把"提高技工薪酬"作为增强职业教育吸引力的根本之道，这一逻辑是合理的，却无疑属于物本逻辑。特别是当基本生存问题解决之后，职业成就感和尊严感就成为一个人的基本诉求，越是底层人群其诉求越强烈，我国新生代在这一点上表现得尤为明显。因此，笔者之所以特别推崇裴斯泰洛齐教育的爱、平等和尊重的灵魂，意在特别强调使职业幸福（成就感、尊严感）而非身份焦虑成为书写职业教育实践话语的基本立场。

然而，问题在于，我们的学校教育却在很大程度上成为书写身份焦虑话语的合法场所，学校系统内部被分门别类和分层设置，名目繁多的检查和持续不断的竞赛往往成为确定隐形"委质关系"[19]的身份政治涂层。有教育研究者甚至认为："从教学的角度来看，身份简直是作为一根理论轴而牢固树立的，所有规定性关系均顺其旋转。无论是谈到儿童成长、个体化心理、课程评估，还是论及师资培养模式，大家的眼睛都盯着身份。"[20]公众不可避免地被身份标签所引导，或者趋之若鹜，或者避之不及。

常听有学生家长抱怨说，做学生累，做家长更累。这里的"累"，其实指的是一种心理焦虑状态，即面对不确定性的焦急与思虑。基于对教育指向的未来身份的不同预期，焦虑的家长们给孩子

---

19 许倬云. 西周史［M］. 北京：生活·读书·新知三联书店，2018：186.
20 史密斯. 全球化与后现代教育学［M］. 郭洋生，译. 北京：教育科学出版社，2000：261.

赋予不同隐喻的名称，比如"鸡娃""牛娃""青娃"等。在我们身边，做父母的无一不焦虑，特别是每年中考和高考前后，往往是家长们最焦虑的时候，有的学生家长甚至因为害怕被职业学校录取（尽管职业学校的招生宣传非常精彩），出现了严重的焦虑情绪。例如，某学生中考成绩不好，家长为其升学而焦虑，向笔者求助，笔者建议其读职业中学，家长骇然曰："哪怕去最差的普通中学，也不要去职业中学。"难道职业学校真有那么可怕？只要稍微冷静下来，所有人都知道这是危言耸听。但是，职业学校总是被身份焦虑缠绕着，危言耸听的教育话语挥之难去。某示范初中德育处老师发给学生家长一条短信："提醒孩子，不要与社会不良青少年或职高学生混在一起，以防上当受骗或被欺负。"某重点高中校长在高考动员大会上讲："我们学校的目标从来都是重点大学，你们这届可不要沦落到××职院去啊！"

在一定程度上也可以说，职业学校教育的身份认同焦虑不仅来自外部话语涂层，而且来自职业学校的自我价值涂层。可以看到，一些职业院校通过艳丽的画面、憋屈的想象和空洞的历史制造强烈的视觉冲击，但是教师们却存在着"夹缝生存"抑或"第三条道路"、"去专业化"抑或"再专业化"、"本体性存在"抑或"工具性存在"的身份焦虑[21]；而且，在高端学术论坛上、在发表学术论文时，职业院校教师几乎都有一种身份被边缘化的焦虑，为了掩盖焦虑，教师们几乎都要特别强调本校培养了多少精英，与多少个500强企业合作，等等。

---

21 欧小军. 双师双能型教师的身份焦虑及其文化建构[J]. 黑龙江高教研究，2018（02）：107-110.

4

职业学校教育的话语涂层受哪些因素影响？为什么中国人关于职业学校教育的身份焦虑更严重？

笔者认为，文明和文化因素影响职业学校的教育话语涂层，儒家文化的"关系伦理"可能是造成中国职业学校教育身份焦虑的重要原因。文明和文化这两个概念在使用中难以截然分开，事实上也常常被混用，但是，文明和文化两个概念毕竟有所不同，文明更强调共通性和普适性，文化则具有差异性和民族性。就此而言，我们把职业学校教育制度作为人类工业文明成果，也作为不同民族文化发展成果；职业学校教育既有世界性，又有民族性。世界文明因素和民族文化因素都不可避免地作用于职业学校的教育话语涂层。最早生成的职业学校教育话语体系是审美的启蒙主义，其生成土壤是欧洲启蒙运动及其理性主义和浪漫主义文化。随着工业效率主义经济的不断扩张，职业学校教育的审美启蒙主义话语逐渐被工业效率主义话语取代。20世纪初，当中国知识分子从欧美发达国家"移植"职业教育话语体系的时候，工业效率主义已经占据统治地位。但是，我们在上一章节已经分析，黄炎培等人有浓厚的儒家知识分子根基，他们开创的中国职业教育话语体系不可能照搬工业效率主义。情况在20世纪80年代之后有所改变，工业效率主义对于中国职业教育话语体系的涂层日益浓厚，由此造成的身份焦虑问题日益严重。

工业效率主义的话语涂层越厚，职业学校教育的身份焦虑越重，这种相关性根植于中国儒家文化的"关系伦理"当中。梁漱溟说，儒家文化是"关系伦理本位"，人们的"受教育机会、名誉面子、权、财利"在关系伦理中得到了均匀分配[22]。因此，中国人做事非常在乎周围人（亲戚、邻里、朋友、同学、同事、领导）的看法，它涉及身份政治认同，我们通常称为"面子"。如今很多人表明身份的方式仍然是"我面子大，那×××我认识"之类，特别是底层社会，这种身份政治最为常见。对于学校教育，最有身份焦虑的往往不是学生本人，而是学生家长。学校考试成绩出来，家长比孩子更着急，通常会问"班上其他学生考得怎样"，父母常挂在嘴边的是"别人家的孩子"，因为父母在社会上比孩子更多地感受到身份政治压力。

近年来我国学者的多项研究表明，在晚近出生的人群中，我国中职毕业生的职业声望相比于普通高中毕业生在不断下降；高职毕业生的职业声望相比于普通本科毕业生显著较低，职业教育在经济收入与社会经济地位上展现出明显的"分流器"效应，形成了家庭对职业教育选择的焦虑[23]。现代父母并非不知道职业教育有实实在在的好处，而只是觉得入读职业学校很没有"面子"（身份认同危机）。为什么没有"面子"？因为接受职业学校的"教育机会"，意味着将来要做只跟机器打交道的一线技能工人，不仅没有"财利"，而且没有"权"，也没有"人脉关系"。但是，如果孩子中考高考成绩不理想，很可能不得不接受职业学校的教育，面对这种实实在在的没有"面子"的社会现实，家长们的身份政治焦虑油然而生。这里面，家长有个逻辑：

职业学校教育＝技能工人＝无财＋无权＋无关系＝没有面子。

---

22 梁漱溟. 乡村建设理论［M］. 上海：上海人民出版社，2011：66.
23 刘云波，张叶，杨钋. 职业教育与个人的社会地位获得：基于年龄与世代效应的分析［J］. 教育研究，2023，44（01）：128-143.

这个逻辑成立吗？

5

我们先来看工业效率主义的"产品"（或"物本"）逻辑，它"尽量把各种任务分割成独立的环节以提高劳动生产率。分工越细，每个环节上的劳动者就越不了解这个活计本身的意义"[24]。由此对职业学校教育进行话语涂层，形成工业效率主义职业教育三大逻辑：一是"产品供给逻辑"，它要求独立建制的职业学校，专门培养适应岗位技能要求的"合格产品"；二是"物理本位逻辑"，它要求技能劳动工人最好"不要思考"——知其然（懂操作）即可，不要想着知其所以然（知原理），就像亨利·福特举办职业学校时所指出的那样；三是"效率中心逻辑"，在主观上早入学、早就业、早赚钱，在客观上提高经济效率，一切与效率无关的东西都可以牺牲。

试问：工业效率主义涂层于职业学校教育，这种浓墨重彩反而造成了职业学校教育"没有面子"吗？

我们来看这个公式：职业学校教育＝技能工人＝无财＋无权＋无关系＝没有面子。这个公式在中西方职业教育话语体系中有什么异同吗？首先，职业学校的目的是培养技能工人，这一点中西方职业教育话语无差别。但是，把技能工人视为"无财""无权""无关系"，并且最终等于"没有面子"，这应当是中国职业教育话语体系中所独有的一种假设而已。尽管中国人经过百年现代化洗礼而使话语表达无不"西化"，但是文化基因里的"关系伦理"仍然在关键

---

[24] 陈嘉映. 何为良好生活[M]. 上海：上海文艺出版社，2015：120.

的时候影响决策。我们看到,许多毕业生宁可收入低一些、消费高一点,也更愿意选择在大城市、写字楼、大公司上班,因为涉及"面子"问题。

看重"面子"不好吗?如果看重"面子"只是追求虚荣、拉拢关系和投机钻营,当然不好;如果看重"面子"是在追求上进、寻找意义(成就感、尊严感和价值感),当然是好的。那么,中国民众把接受职业学校教育看作"没有面子",并因此假设而产生身份焦虑,这是"关系伦理"影响到民众行为心理的问题,还是效率主义涂层于职业学校教育的问题?笔者认为,两方面因素都有,而且相互作用。

首先,以产品逻辑来看职业学校教育,不是工业效率主义的专利,而是人们心中那种根深蒂固的文化基因,这在中国文化中尤为突出。笔者听到过我国很多著名学者和知识精英批评当今教育,他们对学校把人作为产品来训练甚为愤慨,但是仔细听去他们只是在批评学术性大学缺乏博雅教育,为了更清楚地表达观点,他们往往会说"培养合格产品是职业学校应该做的"。然而,为什么职业学校就应该"培养合格产品"呢?大家都是人,每个人进入幼儿园的时候都一样可爱,为什么有人进入职业院校之后却"应该"不再是"人"而"应该"是"合格产品"呢?

其次,工业效率主义要求职业学校培养"合格"且"好用"的"产品",职业学校"回应"这种要求,与企业建立"产品订单"制度,并以此作为教育的"类型特点"进行宣传。这就在事实上回应了社会认知。但是,哪个人愿意变成"合格产品"呢?没有人愿意,即便你说得再好听也没有人愿意。于是,公众对于职业学校教育的身份焦虑就出现了。如果职业学校毕业生的就业环境差、加班时间长、挣的工资少、晋升机会少、政治权益少、社会资源少，而且工作很不稳定[25]，那么身份焦虑就会越发严重，也许有人会在"咽下长满水锈的生活"之后选择生命的死亡[26]。如果他们只是"产品"，那么"死亡"存在意义吗？

6

不可否认，工业效率主义对职业学校的教育涂层是公平的，它在教育机会上给过去无权接受学校教育的劳力者提供了接受学校教育的权利。但是，效率主义职业教育迎合了人们的物质功利主义欲望，它的残忍之处在于，以庄严的使命感把技能工人作为产品送上高效工作的流水线，线上的"输入、输出和效率主导着话语"[27]。

效率主义职业教育在学校教育中的弊端越来越暴露，它的话语体系的"整个构型现在将摇摇欲坠"[28]，它的话语实践在将技能劳动带入无意义状态的同时，也把自身带入了边缘化和受歧视的境地。但是，效率主义很善于做涂层伪装，它有可能把职业学校涂抹成数字时代的弄潮儿，制造一种新的"词与物"的分离状态，人们不知不觉地沉溺在一个由符号编织的身份牢笼中。尽管有这种可能性，但是笔者相信老子所说的"物壮则老"，任何伪装都无法改变效率主义大厦即将坍塌的事实，而且它的坍塌最终会由效率主义自

---

25 吕途. 中国新工人：迷失与崛起 [M]. 北京：法律出版社，2012：225-228.
26 https://www.douban.com/group/topic/155878445/?_i=2244877fwB-HWe.
27 AVIS J. Education, policy and social justice: learning and skill [M]. Continuum International Publishing Group. 2009：144.
28 福柯. 词与物：人文科学考古学 [M]. 莫伟民，译. 上海：上海三联书店，2002：504.

已造成。同样，效率主义职业教育追求极致的人工效率，但是当人工效率被高维度的智能机器人效率釜底抽薪之后，曾经引以为傲的"极致"必然即刻衰竭。

随着人工智能时代的到来，标准化和规模化生产不再成为竞争的主要方式，个性化和定制化生产会更具竞争优势，职业劳动将成为寻找生活意义的载体。在这种环境中，工业效率主义对于职业学校教育做涂层的基础条件将不复存在。当下，职业教育工作者需要改变的是：回到"人的生命"这个本质上来，"重新审视工作意义，而不仅仅是重新培训劳动技能"[29]。

---

[29] 里夫金. 第三次工业革命：新经济模式如何改变世界[M]. 张体伟, 孙豫宁, 译. 北京：中信出版社, 2012：280.

第七章 生命主义职业教育话语转向

1

职业教育只有回到人的生命本质，才能走出人工智能效率制约职业教育效率的困局。

什么是人的生命本质？人的生命本质是"思想"。人的生命与其他事物有很多不同，其根本不同在于"思想"，没有思想的人"就成了一块顽石或者一头畜生了"[1]。人类的思想是想象力、预判力和创造力的综合，想象弥补了记忆的不足，预判能够预防危险，创造让人类变得强壮无比[2]。帕斯卡尔和笛卡儿都把人定义为"思想"，黑格尔认为人本质上是"精神"，表达了同样的意义。人类实践也表明，思想在人类生命进程中起选择和决定的作用。

人的生命本质也是"技术"。人类思想的预判、想象和创造必须通过技术显明，在人类"本能地扑向并不在场的敌人之后，在坚信自己投射出的愤怒能继续完成想象中进行着的行为之后，人类企图获得这同样的效果而无须真的让自己动怒"[3]，于是巫术就成为思

---

[1] 帕斯卡尔. 思想录 [M]. 何兆武, 译. 北京：商务印书馆, 1985：174.
[2] 费尔南多-阿梅斯托. 观念的跃升：20万年人类思想史 [M]. 赵竞欧, 译. 北京：中信出版社, 2023：26.
[3] 柏格森. 道德与宗教的两个来源 [M]. 王作虹, 成穷, 译. 贵阳：贵州人民出版社, 2007：104.

想欲求的技术投射。人类从智人发展到现代人，既是思想的飞跃，也是技术的进步。

人的生命本质是思想和技术的合成。人类生命离不开思想，也离不开技术；技术是"思想的技术"，思想是"技术的思想"。人类缺乏一般动物各自拥有的谋生特长，但是人类获得了创造技术的思想，技术成为人类本能缺陷的补偿者。不过，作为"补偿者"的技术在今天似乎有"越界"的趋势，"越来越多的有识之士倾向于相信：智能系统在'类人智能'方面很可能突破'图灵奇点'，超级智能将远远地超越普通劳动者"[4]。那么，技术会不会有一天"夺走"人类思想，反过来把人类变成它的"补偿者"呢？对此，人类必须警惕，思想不能丢失，任何人都有其思想，任何思想都不能被否认和排斥；在技术与思想的关系中，思想是"体"，技术是"用"。

2

人类惊讶地发现，一款建立在云计算、海量数据库、人工智能算法架构和深度神经网络基础上的全新技术ChatGPT突然火爆全球。为什么？因为这项"生成型预训练变换模型"颠覆了人类已知的所有技术，它具有人类才有的"生产内容"的功能，这是在表明技术有了"人的思想"吗？1100多位科学家联名发表公开信呼吁暂停超级人工智能技术开发，以确保人类能够有效管理其风险[5]。

---

[4] 孙伟平. 智能系统的"劳动"及其社会后果[J]. 哲学研究，2021（08）：30-40，128.

[5] https://www.toutiao.com/article/7216273679632695812/?log_from=8b21979257a2d_1680246810721.

这是2023年，很多人称之为技术"奇点"之年。那么，我们再问：技术有了"人的思想"吗？技术要做"头"吗？人的技术要成为人的思想的指导者吗？

如果让超级智能机器人进入工厂车间——不是一个，而是集团军，这些"机器工人"不再谈论"真相"，不再玩弄哲学，不再大声宣告，不再假装美丽与善良，不再劳累，不再加班，不再抱怨……而是直接地、悄然地、像骆驼抢帐篷一样取代了原来技能工人的工作岗位——此时此刻，还有人与工作的"对抗"吗？此时此刻，数以亿计的劳动者何去何从？人类将去往何方？

科幻作家刘慈欣在小说中给了一个结果：来自三体的水滴光滑完美，"消弭了一切功能和技术的内涵"，根本无法对抗，受人尊敬的技术大师临终前绝望地说："毁灭你，与你有何相干？"[6]历史学家赫拉利给出了令人忧虑的预测："我们可能看到一个全新而庞大的阶级：这一群人没有任何经济、政治或艺术价值，对社会繁荣、力量和荣耀也没有任何贡献。"[7]小说家卡夫卡给出了两种生活状态：第一种，准备上班的人们"从不安的睡梦中醒来，发现自己躺在床上变成了一只巨大的甲虫"；第二种，不再上班的人们"舒服地靠在椅背上谈起了将来的前途。仔细一研究，前途也并不坏，因为他们过去从未真正谈起过彼此的工作。现在一看，工作都蛮不错，而且还很有发展前途"[8]。

自从工业革命实施社会大分工以来，人类对来自"机器"的

---

6 刘慈欣. 三体Ⅱ: 黑暗森林[M]. 重庆: 重庆出版社, 2008: 381.
7 赫拉利. 未来简史[M]. 林俊宏, 译. 北京: 中信出版社, 2017: 292, 295.
8 卡夫卡. 卡夫卡中短篇小说集[M]. 李文俊, 等译. 北京: 北京燕山出版社, 2011: 104, 156.

威胁还从来没有如此近距离的体验，所有人都接到预警：不仅标准化、机械性、重复性工作会被人工智能取代，而且吟诗作画之类的艺术性工作，写论文之类的创造性、逻辑性工作也可以被取代。何去何从？乐之，无法对抗；忧之，充满焦虑。无论是否愿意，几乎所有人都进入了形形色色的数字化平台，几乎所有人都成了互联网制造出来的符号化劳动者，几乎所有人都可以没有区别地玩弄数字化符号，作为思想存在物的人的意义感被无差序的技术符号消解了，人的技能劳动是为了进行符号操作的一种凭借，人的生命价值仿佛只有通过某种无意义的符号仪式才能体现。

据此说来，生成式智能技术不仅取代了劳动技能，也取代了劳动意义；不仅取代了人的工作；也取代了人的思想。请问，这个判断是技术的真相吗？笔者不这么认为。在笔者看来，这个判断是作为思想主体的人对技术功能的诠释，是人把自己的思想赋予了技术，而不是技术本身生成了人的思想。我们在神话传说中看到，上古英雄既是发明技术的人，又是呼风唤雨的神，这种半人半神的伟大存在就是早期人类对技术及其意义的诠释。比如，黄帝战胜蚩尤，既诠释为依靠技术（指南车辨明方向），又诠释为依靠神力（神兽尘沙蔽日）。诠释来自思想，当然也需要技术支持，思想与技术两者合体才会产生权力话语体系，这种话语体系在以前是以思想表征的"二元论"，在现在是以技术表征的"数字化"。因此，技术自身不可能生成人类的思想。其实，尽管人类的脑科学研究成果斐然，但是思想是什么以及生成机理在哪里，这两个问题对人类来说至今"仍然是一个谜"[9]，人工智能技术又凭什么生成思想呢？

---

9 BLACKMORE S, TROCSCIANKO E T. 人的意识[M]. 张昶，译. 北京：中国轻工业出版社，2021：3.

结论是：人工智能技术有其致命缺陷，它没有人类思想的直觉判断力、想象力和共情意识；思想能够给智能机器致命一击，凡是被注入思想的职业都会在大变局中获得新生。但是，ChatGPT的颠覆性技术提醒人类：在数字时代必须更加重视思想与技术的合体关系，必须特别明确"技术在思考"其根本乃是人的思想存在方式，不以思想存在的人将被技术淘汰。正如斯蒂格勒所说，人类思想的任务"尽在技术的思考及对技术的思考中"[10]。

3

职业教育只有回到人的生命本质，才能走出人工智能效率制约职业教育效率的困局。这句话的意思是，让思想牵住技术的缰绳，使职业教育回归人的思想存在方式，进而"提高劳动才智的效率"[11]。为什么是"回归"？因为效率主义职业教育走得太急，以至于脱离了思想的轨道。柏格森有句话可以描述现状："我们不是为了我们自己而生活，而是为了外界而生活；我们不在思想而在讲话；我们不在动作而在被外界'所动作'。"[12]职业教育回归人的思想存在方式，就是回到人的生命本质，意思是职业教育培养人才不以技术为指南，而以本质做向导，培养技能劳动者回到他自己的生命状态，在他自己的思想里实现他自己的"技艺自由"，"使他对他

---

10 斯蒂格勒. 技术与时间2：迷失方向［M］. 赵和平，印螺，译. 南京：译林出版社，2010：38.
11 杜威. 杜威全集：中期著作第七卷［M］. 刘娟，译. 上海：华东师范大学出版社，2012：71.
12 柏格森. 时间与自由意志［M］. 吴士栋，译. 北京：商务印书馆，1958：159.

正在做的工作有兴趣"[13]。

一百多年来，效率主义者竭力按照自然科学来研究教育现象，企图让教育学成为一门类似于物理学那样的"精确"科学。但是，人的生命价值、情感体验和行为方式无法精确计算。人的行为是适应性的，也是创造性的，但归根结底是创造性的，而创造性又必然有不确定性，人的一切行为都是应对不确定性的一种方式。因此，现象学主张建立一种与自然科学不同的属于精神科学范畴的教育学，强调回到人的生命本质这个教育原点[14]。然而，强盛的效率主义却在职业学校门口涂上了工具理性的大标签，使职业教育在科学精准的旗帜下远离了人的精神，岂不知这种操作等于否认了职业教育的思想性和教育性，最终把人的培养置于技术效率的陷阱之中。

职业教育回到人的生命本质，不是"增加"新元素（比如增加"身份福利"），而是"转向"新世界（改变存在方式），也是把被涂层的生命"显明"出来，因为"职业教育的解放作用总是被掩盖"[15]。

---

13 杜威. 民主主义与教育[M]. 王承绪, 译. 人民教育出版社, 1990: 95.
14 我们把柏格森生命哲学、狄尔泰精神科学、哈耶克经济学都归入了现象学，它们涉及的问题和教育学问题是一样的。胡塞尔认为，一门"严密的"学科未必非得是"精确的"，如果按照逻辑实证主义那样研究人的科学，必然陷入自然主义谬误中。狄尔泰批判逻辑实证主义对人的研究方法，他创立了一门新的学科——精神科学，认为哲学的中心问题是生命，要研究人以及人的精神，只有通过生命体验才能达到理解。哈耶克批评经济学"卑恭屈膝地模仿"物理科学的方法和语言，这是危险的。所有现象学家都主张研究人的科学应实现"诠释学转向"。我们提出职业教育话语体系的转向问题，其根本就是职业教育科学的诠释学转向。需要补充说明的是，教育学界一直有教育是科学还是艺术的争论，杜威说两者原本"并不存在对立关系，它们之间只是存在差异"（杜威. 杜威全集：晚期著作 第五卷[M]. 孙有中, 战晓峰, 查敏, 译. 上海：华东师范大学出版社, 2015: 5）。
15 BILLETT S. Vocational education: purposes, traditions and prospects[M]. Springer Dordrecht Heidelberg, 2011: Preface.

首先，我们需要对现行效率主义的职业教育涂层做否定；其次，我们需要把生命主义职业教育"显明"出来——过去我们常用"重构"这个词，但是"显明"更具有生态意义，它表示人的生命原本就在教育那里，只是被效率主义涂层了。最后，我们需要实现职业教育话语体系的彻底转向——从效率主义转向生命主义。

4

话语体系的存在特性决定了自身必然有不同形式和内容的"话语体系转向"。话语体系的转向符合其内在逻辑和历史逻辑的发展关系。恩格斯在谈到历史与逻辑关系时指出："历史从哪里开始，思想进程也应当从哪里开始，而思想进程的进一步发展不过是历史进程在抽象的、理论上前后一贯的形式上的反映。"[16]也就是说，作为思想进程的话语体系的转向是由历史逻辑决定的，每一次转向都有其历史必然性。职业教育话语体系从生成开始，迄今已经发生过一次大的转向，并且即将发生第二次大的转向。

职业教育话语体系的第一次大转向，是从审美的启蒙主义转向效率主义。我们确认这次转向，首先需要承认这样一个逻辑：职业教育话语体系生成于欧洲启蒙运动后期，裴斯泰洛齐是第一个倡导者和实践者，他生成了一种"审美的启蒙主义"职业教育话语体系。如果不承认这一点，所谓"职业教育话语体系的第一次大转向"就是伪命题。

---

16 马克思，恩格斯. 马克思恩格斯选集：第二卷[M]. 北京：人民出版社，1995：43.

即将必然发生的职业教育话语体系的第二次大转向,是从效率主义转向生命主义。这次转向意味着效率主义职业教育的自我衰朽和生命主义的必然复兴,意味着审美的启蒙主义在数字时代的一次重新洗礼和生命再造。这次转向的主要内容包括:(1)从物本转向人本,即转变职业教育的逻辑路径,回到生命教育原点;(2)从实践转向体验,突出个人工作感受并理解工作意义,享受目标完成的成就感,这是人工智能技术所根本缺乏的;(3)从跨界转向生态,把职业教育从经济工具所制造的分离和再融合的循环中解放出来,使职业教育在"有边无界"的生态场景中实施,培养学生对自我、社会和自然的共情能力;(4)从适应性转向创造性,使职业教育不再被动挖凿"人力资源池",而是创造美好生活世界;(5)从"手脑并用"转向"手脑心合一",在职业教育培养人才中强调"技术思考,用爱连接";(6)从雇佣劳动转向自由劳动,从就业谋生转向美好人生。

5

"从雇佣劳动转向自由劳动"意即劳动形态转向,"从就业谋生转向美好人生"意即劳动目的转向。这两种转向的意义在于,职业教育话语体系必须重构人才培养目标和培养模式,这是职业教育话语体系转向的核心表征,具有特别意义。

长期以来,人们认为实现"自由劳动"是遥不可及的理想,正所谓"人生而自由,却无往不在枷锁之中",再怎么努力也只能像钟摆一样从痛苦到无聊来回折腾。回看人类漫漫历史长河,生产劳动并不令人快乐,绝大部分生产劳动者都出于无奈,古今中外莫不如此。如果说人类劳动形态可以分作"奴役劳动、谋生劳动、体面劳动和自由劳动"[17]的话，那么目前还没有完全实现"体面劳动"的目标——劳动不公平和不体面现象比比皆是，而摆脱了功利性和谋生目的的那种"自由劳动"却在遥远的理想王国。

如果说人类的劳动形态止步于体面劳动，那么体面劳动就是职业教育培养人才的"美好人生"。传统工业经济的效率主义就把理想目标设定在体面劳动，试图在谋生问题得到社会性解决之后，通过建立完善的社会福利保障制度，而使人为了自身的体面和尊严进行劳动，体面劳动仍然具有自利性特征。长期以来，使劳动形态"从谋生劳动以至体面劳动"，正是职业教育话语体系中"从就业谋生实现美好人生"的基本意蕴，也是政府部门和学术团体提出的增强职业教育吸引力的基本话语。事实上，一些工业化发达国家在体面劳动这个方面做出了不错的示范，职业教育也因此而受人尊重。但是，效率主义职业教育围绕"经济人"建构人才培养话语体系，其基本逻辑是认为劳动者是被奴役的雇用劳动者，他们为了谋生而就业，他们的劳动通常不是快乐的劳动。也许正是基于这个理由，效率主义给职业教育以浓墨重彩的工业效率涂层，而且得到了热烈回应。尽管这种效率主义劳动被分割、被异化，人也因此被分割、被异化[18]，尽管绝大多数人怨咒他们的"狗屁工作"[19]，但是从谋生劳动到体面劳动而努力奋斗的基本逻辑没有改变。

---

17 何云峰. 人类解放暨人与劳动关系发展的四个阶段[J]. 江淮论坛, 2017, (01): 12-18.

18 恩格斯. 反杜林论[M]//马克思, 恩格斯. 马克思恩格斯全集9. 北京: 人民出版社, 2009: 308.

19 不久前, 人类学家格雷伯（D. Graeber）发表网文《论狗屁工作现象》, 诉说和探讨职场无聊工作, 旋即获得全世界读者的热烈回响, 就是一个证明。

我们讨论职业教育话语体系从效率主义转向生命主义，理想目标是使职业教育走出体面劳动的制约性逻辑，以"认识自我、关心自我"的生命状态微笑应对渐行渐近的"人机互动"新世界，进而走向自由劳动的美好人生。

100多年前，马克思和恩格斯都曾探讨过自由劳动问题，他们把"劳动的快乐"作为自由劳动的表征。马克思指出，人的解放是实现自由劳动的前提，当人束缚于劳动并且片面化发展的时候，"劳动的快乐"是不存在的。恩格斯在1878年出版的《反杜林论》中提出了实现"生产劳动从一种负担变成一种快乐"的三个必要条件：第一个条件是"自主劳动"，劳动是每个人的自主劳动，任何个人都不能把自己在生产劳动这个人类生存的必要条件中所应承受的部分推给别人；第二个条件是"兴趣劳动"，劳动是每个人感兴趣的事情，生产劳动给每一个人提供全面发展和表现自己的全部能力的机会；第三是"尊严劳动"，劳动是一项必不可少的体现尊严的精彩生活方式，而不再是奴役人的手段[20]。很多人认为，恩格斯的"劳动快乐论"在实践中很难实现。效率主义者对"劳动快乐论"持批判态度，这是可以理解的，因为他们把"辛劳"作为行为逻辑，但是诸如列斐伏尔（H. Lefebvre）这样的批判效率主义思想家也对"生产劳动从一种负担变成一种快乐"提出了异议，他批评恩格斯走向了"劳动的悖论"，因为"从意义和目标上说，劳动所拥有的，只是非劳动"[21]。

"自由劳动"在现实中无法实现吗？《第三次工业革命》的作

---

20 马克思，恩格斯. 马克思恩格斯全集9［M］. 北京：人民出版社，2009：311.
21 列斐伏尔. 空间与政治［M］. 2版. 李春，译. 上海：上海人民出版社，2015：69.

者里夫金给出了否定回答，他认为"生产劳动从一种负担变成一种快乐"在数字时代正在成为现实。里夫金否认了效率主义的行为逻辑和存在意义，他认为数字经济和超级人工智能技术彻底改变了人类的劳动生态，很可能使人类进入自由劳动阶段，劳动者此时生活在新的劳动概念中，将进入一种"劳动的深层游戏"[22]。

  笔者同意里夫金关于"自由劳动"的看法，因为数字技术革命不同于以往任何一次技术革命，它使人类从数千年的劳动效率缠绕中挣脱出来，生产劳动的形态发生了颠覆性的变化，人类完全可以追求劳动的美学价值。但是，笔者对技术的邪恶性表示警惕，因为邪恶之间随时可以斩断"爱的联锁"，并且很容易把手脑心变成一个个虚幻的数字。数字化以超乎想象的速度前来，它可以连接生命，从中显现生命的真实和生活的真相，也可以连接死亡，从中制造虚假和欺诈。当数字智能经济模式使职业教育的底层逻辑发生变化的时候，当我们在数字跳动的酷炫中兴奋不已的时候，我们必须检讨劳动者的精神状况，不能漠视数字背后还有生命存在。基于上述理由，笔者提出职业教育向生命主义转向的必要性。

6

  职业教育的生命主义话语转向不仅是必要的，而且是迫切的。
  很多人提出数字时代的"职业教育数字化转型"，他们把新技术的外衣装扮在职业教育身上，夜以继日地对课程和教学实施各种

---

22 里夫金. 第三次工业革命：新经济模式如何改变世界[M]. 张体伟, 孙豫宁, 译. 北京：中信出版社, 2012：282-283.

"整容"，但是他们的效率主义思想没有改变，"依旧认为教育最重要的任务就是培养高效的劳动者"，并且"用前两次工业革命的实用主义心态去开展经济活动"[23]。实际上，他们是在逃避复杂性世界和"不确定性成为主宰"[24]的挑战，他们用最新的人工智能技术制造了职业教育最新的标准化身份焦虑。最近几年，职业教育在我国备受重视，国家频频出台政策和修订法律，试图从多个方面打出组合拳以增强职业教育吸引力，很多学校在成果包装和招生宣传上也不可谓不努力，然而为什么职业学校教育的身份焦虑症并未减轻？因为这些效率主义者的思想观念和行为模式没有改变。

曾有一段时间，国内职业教育界热烈地讨论"机器换人"现象，即技能工人正在被智能机器人取代，我们是否需要改变职业教育的人才培养模式？一阵讨论风过后，讨论者的注意力又被新话题吸引了，"机器换人"现象仿佛被风刮走一样消失了，这说明讨论者并没有重视这个问题的话语转向意义。其实，像很多别的问题一样，这个问题也早就存在了，被人们在熟悉的效率主义话语体系中"翻炒"一下，然后再搁置起来，既不新鲜也不奇怪。例如，马克思在19世纪后期就揭示了"机器换人"的秘密[25]，他指出，机器不是觉得人太辛苦而把人从劳动岗位上换下来休息，而是觉得人的手工劳动效率太低而取代手工，人并没有休息，甚至比原来更辛苦，

---

23 里夫金. 第三次工业革命：新经济模式如何改变世界［M］. 张体伟，孙豫宁，译. 北京：中信出版社，2012：246.
24 波德里亚. 象征交换与死亡［M］. 车槿山，译，南京：译林出版社，2012：4.
25 1867年9月14日，《资本论》第一卷第一版由德国汉堡迈斯纳出版社正式出版，马克思在书中揭示，在资本借助机器进行的自行繁殖和强大攻势面前，"工人就像停止流通的纸币一样卖不出去"，过剩的工人一部分在力量悬殊的斗争中被毁灭，另一部分则"充斥劳动力市场，从而使劳动力的价格降低到它的价值以下"（马克思. 资本论：第一卷［M］// 马克思，恩格斯. 马克思恩格斯全集5.（转下页）

因为人要配合机器运转,劳动自主性没有了,生命整体性被肢解了。可见,传统工业效率主义经济模式下的"机器换人",取代的不是"全人",而是人的"器官",比如人脑、人腿、人手等。马克思称之为"片面人"。马克思正是据此展开了职业教育批判,他认为在"工人阶级在不可避免地夺取政权"[26]之前,职业教育只能是制造"片面人"的帮凶。其实,马克思所指出的职业教育问题至今没有解决。如果不能走出效率主义话语体系,如果不重视生命现象及其价值,职业教育的老问题只会永远摆在那里,关于"机器换人"的讨论再多也没有意义。

职业教育在社会行动中为什么卑弱?因为职业教育把话语体系制造成卑弱。职业教育在"话语社交"中为什么缺乏尊严?因为职业教育在话语体系中放弃了尊严。职业教育话语体系为什么要转向?因为效率主义职业教育已经衰朽却不自知。例如,"专家"这个词语是科学技术从哲学走出来之后不断被效率主义涂层的产物,只讲技术技能,漠视生命价值,因而已经衰朽。人们也逐渐对这个词语失去了耐心和好奇心。再如,"职业教育"这个词语也已经被效率主义严重涂层,涂层后的含义中充斥着工具、利己、卑弱和奴

(接上页)北京:人民出版社,2009:495-496)。在《1857—1858年经济学手稿》中,马克思直接指出:"机器体系的这种道路是分解——通过分工来实现,这种分工把工人的操作逐渐变成机械的操作,而达到一定地步,机器就会代替工人……在这里直接表现出来的是一定的劳动方式从工人身上转移到机器形式的资本上,由于这种转移,工人自己的劳动能力就贬值了。"这就是马克思发现的"机器换人"的"秘密"。在1886年《资本论》英文本序言中,恩格斯直截了当地提出了"怎样对待失业者"这个命题,他要求失业者在"起来掌握自己命运的时刻"(恩格斯.资本论英文版序言[M]//马克思,恩格斯.马克思恩格斯全集5.北京:人民出版社,2009:35),回到马克思这里倾听声音。

26 马克思. 资本论:第一卷[M]. 中共中央马克思恩格斯列宁斯大林著作编译局,译. 北京:人民出版社,2004:561.

性，大量相关的论文论著没有生命，一针扎去难见血。

职业教育只是把传授技术知识、培养技能工具和服务效率经济作为自己的使命，悄悄放弃了生命价值和尊严，这是我们今天呼吁职业教育的生命主义转向的根本原因。生命主义不是在未来被超级人工智能机器奴役的长寿主义，也不是启蒙运动时期那种审美的启蒙主义，而是把个体生命意义和情感体验放在首位的一种生态生长的自然境界。生命主义强调职业教育培养人才的思想性和创造性，智造时代必须激活思想与创造；在人的思想和创造面前，"机器"所取代的最多也只能是"艰苦劳动"，而新的"快乐劳动"很快就会出现。例如，生命主义职业教育话语体系不再有"实训中心"，取而代之的是"产学研创基地"；不再有"就业岗位技能"，取而代之的是"审美生活技能"[27]。事实上，审美生活技能已经成为

---

[27] "就业岗位技能"这个词语是效率主义语境中的，认为通过增加技能数量和提升技能质量就可以避免被智能机器所取代，因此笔者试图创造一个生命主义语境的词语"审美生活技能"来表明话语转向。"审美生活"这个词是福柯提出来的，他主张"生存美学"，把生活当作艺术品来创造。笔者认为，"就业岗位技能"之所以在效率主义经济环境中面临困局，是因为"就业岗位技能"的提升速度可能赶不上"去技能化"的速度。布雷弗曼（Braverman, 1974）分析现代制造业和服务业，提出劳动的"去技能化"（deskilling）概念。布雷弗曼认为，"去技能化"是刻意将完整的人变成局部工人的设计，人工智能技术很可能会进一步压缩技能工人的生存空间，使工人原本就被肢解的技能进一步被肢解，否则就无法高效完成工作；而"去技能化"则又会进一步降低技能工人的劳动尊严，否则就会失去工作。因此，按照布雷弗曼的理解，技术越发达则"去技能化"越严重，那么技能工人为了适应技术发展而提升技能，就是不可能完成的任务。不过，布雷弗曼的研究范式仍然是效率主义的，如果从生命主义语境去理解，技术发展到一定程度就会终结"技能化"与"去技能化"的死循环，实现新跨越。可以这样说，如果人类技能的发展是从农业时代的"全手工技能"到工业时代的"机器手工技能"再到智能时代的"审美生活技能"，那么人工智能技术则可能开启"审美生活技能"的新范式。如今很多年轻人已经从异化劳动的焦躁状态和不健康的繁复生活中走了出来，走向了职场生活的自由、简约和健美，追求日常生命状态的审美性。

当今国际教育领域的热点话题，它的核心内容是社会与情感能力，杨东平称之为"教育领域一场具有颠覆性的变革正在到来"[28]。

7

语言哲学家维特根斯坦说，对事物进行命名是一种"偶像崇拜式活动"，是命名者为了"揭示名称和所称的东西之间的独一无二的那个关系，盯着面前的一个对象，一遍一遍重复一个名称"，于是乎一种"奇特的联系当真发生了"。而且，"人们把属于表述方式的东西加到事物头上"，对不同名称进行比较，"以为这种比较的可能性就是对一般事况的感知"。维特根斯坦说，我们这些貌似清晰的语言逻辑都是在一种理想条件下进行的，所有的名称只有回归生活本身——"回到粗糙的地面上来"，才是有价值的[29]。

按照维特根斯坦的说法，"生命主义职业教育"可能还够不上一个值得推敲的独一无二的命名；而且就目前来看，生命主义职业教育话语体系及其语境还没有完全清晰地显明，但是当我们将这个

---

[28] 2022年底举办的中国教育三十人论坛主题是"教育的情感转向"，聚焦于当今世界教育热点话题"社会与情感能力"培养。"社会与情感能力"正是我们所谓"审美生活技能"的核心内容，也是国际教育界公认的21世纪人类战胜智能机器的关键技能和影响人的幸福与成功的关键技能，教育学正在经历由认知向情感的转向。国家教育咨询委员会委员、论坛成员杨东平认为，效率主义经济在当下的激烈竞争迫使大量劳动力不得不在低于其教育水平的工作岗位上就业，于是教育相应地必然出现对于知识技能的"过度教育"。杨东平表示，改变这一现状的必由之路是"技能转向"，它意味着"教育领域一场具有颠覆性的变革正在到来"，意味着"教育需要增进幸福感的作用，超越培养二流机器人的价值"（见中国教育三十人论坛相关报道）。

[29] 维特根斯坦. 哲学研究［M］. 陈嘉映, 译. 上海：上海人民出版社, 2005：24, 53, 54.

名称放在人工智能时代的职业实践场景中的时候，就会发现它的使用价值。例如，如果回到生命主义职业教育适用的日常生活中去观察，那么职业教育与普通教育两个名称已经消融其原来的特色区隔，我们看到职业教育实践并不只是与就业岗位技能息息相关，而普通教育实践也并不意味着高高在上的身份等级。换言之，当职业教育和普通教育都成为赋予职业幸福感体验的能量源时，两者作为"同等重要地位的类型教育"的意义就消失了。事实上，我们发现"挪用、重建、重新聚焦并关联其他话语，以形成自我秩序"[30]的职业教育新话语已有出现，例如"技能型社会"这个话语就包含有打破身份文化、圈层文化和卑弱文化的生活观念，它的语境在于使劳力大众不仅免于失业和贫穷恐惧，而且过上"快乐劳动"的尊严生活，理想目标是人人适从其业和乐从其性，没有人受压制，没有人被嘲笑，对劳动本身的热爱使每个劳动者的潜能得以释放，社会创造力也由此得以激发。

最新的变化清晰可见：新经济形态的复杂性、不确定性和不连续性使终身职业无以为继，善于应变的审美生活技能正在不断挤压特定岗位的工作技能，人们渴望在"流动的现代性"中获得一种美学生存的体验感。经济模式变了，就业生态变了，年轻人的就业心理也变了，例如"产销一体化"[31]经济使职业自由度越来

---

30 BERNSTEIN B. The structuring of pedagogic discourse [M]. London：Routledge，1990：159.
31 "产销一体化"是40多年前未来学家阿尔文·托夫勒预测未来提出的新职场形态的一个概念，托夫勒还因此预测了闲暇和忙碌的区别将会消失。现在看来，这些预测完全实现了。据我国国家统计局数据显示，截至2021年底，个人经营非全日制以及新就业形态等灵活就业规模达到两亿人。在互联网经济下，外卖小哥、网约车司机、居家直播等灵活就业形式正在成为越来越多年轻人的选择。两亿灵活就业者构成了托夫勒所说的"产销一体化"业态。谈到闲暇时间，（转下页）

越大，如果职业教育的话语体系还踌躇于衰朽的效率主义，那么必然带来的不仅是职业学校教育的身份焦虑，而且是职业教育在新经济模式和就业生态中的功能丧失。两个半世纪以前，裴斯泰洛齐在瑞士首创职业教育学校的时候叹问："一切都变了，学校还是依然故我！这哪能培养出现代的人才，哪能适合时代的需要？"[32] 今天，当"一切都变了"再次出现的时候，裴斯泰洛齐的叹问犹在耳边。

在多样化、非平衡、非线性和非确定的数字智能时代，实现生命主义职业教育转向的意义在于，它指向"产生生命的生活"诉求[33]，既关乎人的教育启蒙，也关乎人的技术体验，更关乎人的劳动解放[34]。我们发现，许多毕业生拿到专业技能证书之后很难就业，

（接上页）托夫勒写道："许多工人平均每周只工作三四天，或是休假一年半载追求教育和娱乐方面的满足。两人赚钱的家庭增加之后，这种情势会更为明显。劳力市场上将会有越来越多的人接受较短的工作时间。闲暇将会成为一个新问题。一旦我们发现所谓的闲暇时间其实大半是用来生产自用的货物和服务，以往工作和闲暇的界限即因此泯灭。"（托夫勒. 第三次浪潮[M]. 黄明坚，译. 北京：中信出版社，2006：178）

32 裴斯泰洛齐. 林哈德和葛笃德[M]. 北京编译社，译. 北京：人民教育出版社，2005：438.

33 马克思. 1844年经济学哲学手稿[M]//马克思，恩格斯. 马克思恩格斯文集1. 中共中央马克思恩格斯列宁斯大林著作编译局，译. 北京：人民出版社，2009：162.

34 这句话是我们对生命主义职业教育的判断，可以和前文"把个体生命意义和情感体验放在首位的一种生态生长的自然境界"这句话结合起来理解，两句话表达了同样的意思：生命主义职业教育强调生命探索的意义性和感受性，但是关键词是"解放"，即"人的解放"。这不是一个新鲜概念，在马克思主义经典作家的论述中，"人的解放"从来都是反抗劳动异化的关键概念。马克思在《1844年经济学哲学手稿》中写道："工人解放还包含普遍的人的解放；其所以如此，是因为整个的人类奴役制就包含在工人对生产的关系中，而一切奴役关系只不过是这种关系的变形和后果罢了。"在马克思这一解放思想基础上，马尔库塞建立了生态学马克思主义理论。马尔库塞指出，人的解放和自然的解放应当是和和美美的统一关系，因为自然也是独立的生命主体。那么，顺着生态学马克思主义的思路，职业教育难道不也是一种生命现象吗？

因为专业所对应的行业已经日薄西山了，相关企业纷纷裁员或倒闭；但是开设新的专业又无所适从，因为新的行业还没有诞生，相关企业还在创造和孕育之中。在这种剧烈变化的市场环境中，职业教育还要去哪里"拼效率"呢？职业教育的唯一前途是走生命之路和创造之路，用实用主义哲学的话说，即职业教育必须走"探索"之路，探索什么是有意义的生活，"发现一个人和他的工作的关系，能使他对他正在做的工作有兴趣"[35]。

8

生命主义职业教育体现了作为一种生命现象的职业教育的生命价值，这不仅是关乎技术与工作的职业教育学命题，而且也是关乎"生活着的、劳动着的和讲着话的人"[36]有无大写历史的社会学命题，更进一步地说，这是关乎能否看到"自由行为本身所固有的创造形式"[37]的哲学命题。

生命主义职业教育不是远在远方的风，而是路上看得见的美丽风景。当我们有职业教育系统思维和生态思维的时候，就能够找到滋养劳动者精彩人生的"水源"，不断促进全社会自主且充分就业，例如发展绿色职业教育、全纳职业教育、关心自我职业教育，针对性地培养绿色经济所需的生态意识、绿色技术和可持续发展价值观，用制度保障所有劳动者的生命尊严和生活幸福，所有人热爱

---

35 杜威. 民主主义与教育 [M]. 王承绪, 译. 北京: 人民教育出版社, 1990: 95.
36 福柯. 词与物: 人文科学考古学 [M]. 莫伟民, 译. 上海: 上海三联书店, 2002: 484.
37 柏格森. 创造进化论 [M]. 王离, 译. 北京: 新星出版社, 2013: 187.

并愿意接受关心自我的职业教育,愿意用"心之爱"连接手与脑,通过分散式合作课堂、生物圈学习环境等,"把教育从竞争性比赛转变成互相合作、充满关爱的学习体验"[38],这个时候的学校围墙已经消失,异化劳动的无意义感被自主劳动的意义感取代。

在生命主义职业教育话语体系中,人与工作的关系需要根据技术、商品、消费和幸福的生态联结而重新定义,职业教育和就业技能的关系需要根据人的天赋才能、职业志趣和职场生活的统一性而重新定义。生命主义的职业教育学应当被视为一门寻求意义的诠释性学科。

---

[38] 里夫金. 第三次工业革命:新经济模式如何改变世界[M]. 张体伟,孙豫宁,译. 北京:中信出版社,2012:249-262.

后记

在笔者看来,职业教育研究不只是"向外求"的热点追踪和"市场"需要,更是"向内求"的深入社会、人性和我们自己的生命世界。不过,从事"生命"和投入"生命"的研究必然是孤寂缓慢的,而且往往遭受排斥和冷落。诗人海子曾经想象自己有一天能够"只身打马过草原",但是无形的障碍难以逾越,他不得不把最重要的几本书整整齐齐装进书包,然后一个人悄悄地卧轨自杀。海子承认,现实并非坦途,谄媚和流俗让他难过,爱情也像远方的风一样远他而去,他竭力想从一种无生命状态中逃离出来,不是因为胆怯,而是因为忧郁。最终,他选择从喧嚣的世界里默默消失。在土地震颤和麦田呼唤当中追寻生命密码的诗人把生的意义交给了铁轨和疾驰而来的火车,交给了人类工业文明的标志性成果。那么,在繁茂的春天里,"十个海子全都复活"了吗?笔者只想说,那不过是一段卑微的木头,或是一缕干涩的马尾,在远方旷野孑然摇曳,表达对"野花一片"的渴望。

特别感谢我国青年版画家刘西省先生在百忙中为本书绘制插图,刘先生的作品屡获国内外大奖,被国际收藏家收藏,相信他的插图会使本书"活起来"。

本书出版颇费周折。特别感谢生活·读书·新知三联书店王海燕和王丹两位敬业又专业的老师为本书编辑出版而辛勤付出。

本书是深圳市人文社会科学重点研究基地深圳职业技术大学新时代中国职业教育研究中心成果，感谢在本书写作过程中给予笔者帮助的所有学人，特别感谢北京师范大学中国教育政策研究院周秀平老师的交流和指导，启发很大。